中国社会科学院文库
历史考古研究系列
The Selected Works of CASS
History and Archaeology

中国社会科学院创新工程学术出版资助项目

中国社会科学院文库 · 历史考古研究系列
The Selected Works of CASS · History and Archaeology

巴勒克拉夫全球史研究

A STUDY OF GEOFFREY BARRACLOUGH'S GLOBAL HISTORY

董欣洁 著

中国社会科学出版社

图书在版编目(CIP)数据

巴勒克拉夫全球史研究 / 董欣洁著. —北京：中国社会科学出版社，2017.10
ISBN 978-7-5203-1168-7

Ⅰ.①巴… Ⅱ.①董… Ⅲ.①世界史-研究 Ⅳ.①K107

中国版本图书馆 CIP 数据核字(2017)第 244828 号

出 版 人	赵剑英	
责任编辑	李庆红	
责任校对	周 昊	
责任印制	王 超	

出　　版	中国社会科学出版社	
社　　址	北京鼓楼西大街甲 158 号	
邮　　编	100720	
网　　址	http://www.csspw.cn	
发 行 部	010-84083685	
门 市 部	010-84029450	
经　　销	新华书店及其他书店	
印　　刷	北京君升印刷有限公司	
装　　订	廊坊市广阳区广增装订厂	
版　　次	2017 年 10 月第 1 版	
印　　次	2017 年 10 月第 1 次印刷	
开　　本	710×1000　1/16	
印　　张	13.75	
插　　页	2	
字　　数	218 千字	
定　　价	56.00 元	

凡购买中国社会科学出版社图书，如有质量问题请与本社营销中心联系调换
电话：010-84083683
版权所有　侵权必究

《中国社会科学院文库》出版说明

《中国社会科学院文库》(全称为《中国社会科学院重点研究课题成果文库》)是中国社会科学院组织出版的系列学术丛书。组织出版《中国社会科学院文库》,是我院进一步加强课题成果管理和学术成果出版的规范化、制度化建设的重要举措。

建院以来,我院广大科研人员坚持以马克思主义为指导,在中国特色社会主义理论和实践的双重探索中做出了重要贡献,在推进马克思主义理论创新、为建设中国特色社会主义提供智力支持和各学科基础建设方面,推出了大量的研究成果,其中每年完成的专著类成果就有三四百种之多。从现在起,我们经过一定的鉴定、结项、评审程序,逐年从中选出一批通过各类别课题研究工作而完成的具有较高学术水平和一定代表性的著作,编入《中国社会科学院文库》集中出版。我们希望这能够从一个侧面展示我院整体科研状况和学术成就,同时为优秀学术成果的面世创造更好的条件。

《中国社会科学院文库》分设马克思主义研究、文学语言研究、历史考古研究、哲学宗教研究、经济研究、法学社会学研究、国际问题研究七个系列,选收范围包括专著、研究报告集、学术资料、古籍整理、译著、工具书等。

中国社会科学院科研局
2006 年 11 月

序 言 一

　　这部即将面世的《巴勒克拉夫全球史研究》是董欣洁博士承担的中国社会科学院世界历史研究所的重点课题的最终成果。在当今国内外史坛,"全球史"始终是一个受到热议的话题。在近年成立的诸多的研究中心及新问世的令人眼花缭乱的出版物中,在高校历史系的课堂上,离不开"全球史"。在国内外,"全球史"并非风靡一时,尽管它已经"热"了二三十年,直到今天仍然是方兴未艾,这是一个不争的事实。

　　与欧美国家相比,这种"热"在中国往往还有自己的特点,即各种译著、译文、译文集数量很多,而中国学者自己的研究性成果则明显要少。而在这些不多的成果中,能够自觉地与当代中国历史科学的理论建设联系起来,从理论与实践的结合上提出问题、回答问题的就更少,这不能不说是一个缺憾。董欣洁博士的《巴勒克拉夫全球史研究》则为改变这种状况进行了积极的努力。从这个意义上讲,董欣洁博士的这部专著可被视为近年我国全球史研究的重要成果之一。

　　在中国史学界,大家对曾任英国历史学会主席的巴勒克拉夫（Geoffrey Barraclough,1908—1984）并不陌生,此人著述等身,主要代表作有《当代史导论》、《处于变动中的历史学》和《当代史学主要趋势》等,在国际史坛颇享盛名。《当代史学主要趋势》有两个中文译本,在中国广为流传。它原是联合国教科文组织出版的《社会科学与人文学科研究主要趋势》系列丛书的第三卷,对20世纪50年代以来的世界各国历史研究的主流和新趋势有系统、全面、详细的阐释和分析,被欧美大学列为史学史研究的必读参考书。自20世纪50年代起,巴勒克拉夫在上述著作中,对"全球史"的理论与方法,进行了较为系统的阐释，不少观点振聋发聩，令人耳目一新。尽管巴勒克拉夫晚年疾病缠身，在 1984 年辞世，但其"全球史"的理论，却随着全球化时代的到来，得到越来越多的关注。今日的国内外史坛，关于全球化或全球史的著述目不暇接，各种观点层出不穷，但究其理论渊源，大多离不开巴勒克拉夫。有论者认为，不懂得巴勒克拉夫，就不可能真正理解什么是"全球史"，这种说法似有些武断，但却不无道理。究竟是否如此，相信读者通过阅读《巴勒克拉夫全球史研究》，会有自己的判断。

历史学是一门实证的科学，即使是史学理论方面的研究，也要建立在实证研究的基础上，即所谓"论从史出"，而不是"以论代史"。在《巴勒克拉夫全球史研究》中，除学术史的回顾外，作者正是在"巴勒克拉夫全球史观的提出"、"巴勒克拉夫对欧洲历史的反思"、"巴勒克拉夫对全球史理论与方法的探索"和"巴勒克拉夫的全球史框架"等研究过程叙述的基础上，对"巴勒克拉夫全球史研究的价值与局限"进行理论性的描述。这样，作者提出的结论植根于"考实"的广厚基础上，与一般的空泛议论相比，就有更强的说服力。

作者认为，巴勒克拉夫作为一个变动剧烈的历史时代中的代表人物，他的全球史研究实践不仅对西方传统世界史编撰的理论基础提出了根本性的挑战，而且为西方史学界的世界史研究和编撰提供了一个新的、重要的出发点，大大扩展了人们对世界历史的认识。不过，他并没能构建出一个系统的世界史理论框架，其全球史研究无法从根本上摆脱"欧洲中心论"的束缚。巴勒克拉夫虽然"没能构建出一个系统的世界史理论框架"，但他毕竟清晰地看到了"二战"后随着帝国主义殖民体系的崩溃，世界政治版图所发生的深刻变化。他敏锐地认识到，民族解放运动的高涨催生了一系列新兴国家的诞生，一个新的历史时代到来了，新的时代需要新的历史，这已属难能可贵。

改革开放以来，我国的世界史研究，以及外国史学理论方法论研究，已有长足的发展，令世人瞩目。但是，有一个问题似仍在困扰着史学界，那就是研究外国史和外国史学理论的目的究竟是什么？对这个问题的回答，歧见纷呈，似乎几句话说不清楚，但笔者以为，这本著作本身就是对这个问题的最好回答，而且作者对这个问题认识的延伸，也同样给人以深刻的启迪。作者在结语中提出：新时代呼唤有中国特色的世界历史学。在全球化时代的世界史研究中，只有大力弘扬中华民族精神，不断彰显中国世界史研究鲜明的民族特色和时代特色，才能进一步推动马克思主义理论中国化的进程，进一步深化中国史学优秀传统与当代世界史研究实践的紧密结合，进一步加强中国世界史研究与国际史坛的交流与合作，广泛汲取营养，从而将当代中国的世界历史学推向新的发展阶段。

董欣洁博士早年先后就读于吉林大学和中国社会科学院研究生院，从历史系的本科生到世界历史系的博士生，接受了系统的、严格的历史学专业的培养和训练。她好学深思，自施压力，努力从历史与现实的结合上培养自己的理论思维，提高理论素养，完善知识结构；在研究实践中关注现实，不断深化对人类历史矛盾运动的规律性认识。在其漫长的学术生涯中，这部著作的问世，只是一个良好的开端，相信她会百尺竿头更进一步，今后有更多的优秀成果问世。

我作为她博士研究生阶段的指导教师，有机会对这部书稿先睹为快，阅读的过程中，自然会联想到在校就读时对一些问题的讨论情况，对书稿中的内容，也难免产生一些新的想法，现一并记下，是为序。

于 沛

2017 年 9 月

序 言 二

在当今史学界，全球史已经成了历史研究和教学中一道亮丽的风景，冠之以"全球视角"（global perspective）的各种学术活动和研究成果越来越多，这是史学工作者面对全球化浪潮做出的一种积极回应，或者说是现实生活中的全球化在史学研究领域中产生的一种必然回响，是时代潮流所使然。

一般认为，全球史兴起于美国，然后扩展到世界各地。如果我们回顾一下全球史作为一个历史学分支学科的兴起过程，这种看法颇有几分道理。20世纪80年代以前，世界史在西方国家没有发展成为教育体制上的一个学科，西方的世界史大多仍然以通俗读物或历史哲学的面貌出现。但从20世纪80年代起，这种情况发生了变化。随着现代通信技术的发展和西方世界经济一体化的加强，突破民族国家框架的历史研究和著作越来越多，世界史（全球史）作为一种学术趋势在西方国家也日益显现，同时世界史（全球史）专业学科建设也提上了议事日程。在美国，随着世界史研究的深入和教学的推广，继威斯康星大学麦迪逊分校之后，夏威夷大学、俄亥俄州立大学、罗格斯大学、明尼苏达大学等在20世纪80年代末也出现了世界史博士生培养项目。到90年代，美国东北大学、乔治亚州立大学以及加州大学的河滨分校、尔湾分校、圣克鲁兹分校，也加入到了这一行列。与此同时，由杰里·本特利担任主编的《世界历史杂志》也在1990年创刊，为世界史（全球史）成果的发表提供了一个重要平台。1992年，美国从事世界史研究和教学的从业人员，在费城召开了第一届独立举办的世界史学会的年会，而且世界史学会也有逐渐发展成为一个国际性学术组织的趋势。到20世纪90年代末，美国出台了世界史的国家教学标准,从此"世界史"教学在美国得到了官方认可。这样,"世界史"(全球史)作为一个专业或学科在美国出现了。

美国的许多学者在从事其全球史研究和教学时,并没有使用"全球史"而仍然沿用了"世界史"(world history)这一名称。但是,这些"世界史"在史学理念、研究方法和书写内容上已不同于传统的世界史。这一新兴领域以跨地区、跨国家、跨文化、跨民族的历史现象为研究对象,从广阔视野和互动视角来考察历史,包括世界通史编撰和历史上的世界体系、跨文化贸易和交流、离散社群与移民、帝国与扩张、海洋区域、大范围生态环境变迁、大历史等主题,而地区史和国别史被排除在外。[①] 随后,美国的"世界史"(全球史)也迅速发展成为一种新兴的历史研究视角和方法,运用于历史学各个领域,并在史学界产生广泛影响。与此形成鲜明对照的是,同一时期的欧洲大学相对保守,全球史研究和教学并没有普遍开展起来。

全球史研究既然首先在美国如火如荼地开展起来,大多数学者在追寻这一新兴史学潮流的兴起时,自然要追溯到20世纪中叶为此做出过巨大贡献的几位美国学者:马歇尔·霍奇森、威廉·麦克尼尔和列夫顿·斯塔夫里阿诺斯。霍奇森在其早年发表的《世界史和世界观》一文中,批评了以欧洲为中心的世界史观,提出"历史学家和社会科学家要从总体上建立一种'全球的'(global)世界观"。[②] 1954年他发表《作为一种世界史方法的半球区际史》一文,开始探索全球史的研究方法。其后他的《伊斯兰文明的历程》更是得到学术界的高度评价。麦克尼尔于1949年出版的教材《西方文明史纲》,在内容编排上体现出了一种世界史视野的萌芽。他在1963年出版的成名作《西方的兴起:人类共同体的历史》中,用中心与边缘之间文明互动和文化传播来解释世界历史的变迁。随后,他出版了一系列具有开拓

[①] 关于美国的"world history"与中国的"世界史"之间的异同,以及中国的"世界史"与"全球史"之间的异同,参见刘文明《全球史理论与文明互动研究》,中国社会科学出版社2015年版,第4—5页。

[②] Marshall G. S. Hodgson, *Rethinking World History: Essays on Europe, Islam, and World History*, Edited by Edmund Burke III, Cambridge University Press, 1993, p. 38.

性的全球史著作。1962年，斯塔夫里阿诺斯主编的教材《人类全球史》对整个人类历史作了概要性描述，并试图克服以往世界史中那种以欧洲为中心的历史叙事。这一点在其后来的《全球通史》中得到更明确的表达。这三位学者对全球史的开创之功，得到当今全球史学界的广泛认可，并有越来越多的学者撰文探讨他们的全球史思想。

然而，与上述美国学者几乎同时代的英国史学家杰弗里·巴勒克拉夫，同样在20世纪中叶便大力提倡全球史观，却似乎没有在当今西方的世界史学界获得其美国同行那种殊荣。在当今西方诸多全球史著作中，威廉·麦克尼尔、斯塔夫里阿诺斯、霍奇森、菲利普·柯丁、贡德·弗兰克、杰里·本特利等人及其著述被大量提及和引用，而巴勒克拉夫似乎被遗忘了。例如，在近年颇有影响的几本概论性全球史著作中，包括帕特里克·曼宁（Patrick Manning）的《世界史导航》（2003），柯娇燕（Pamela Kyle Crossley）的《什么是全球史》（2008），入江昭（Akira Iriye）的《全球史与跨国史》（2013），迪戈·奥尔斯坦（Diego Olstein）的《全球性地思考历史》（2015），塞巴斯蒂安·康拉德（Sebastian Conrad）的《什么是全球史》（2016）等，书中均未提及巴勒克拉夫。在夏德明（Dominic Sachsenmaier）的《全球视野中的全球史》（2011）中，虽然提及巴勒克拉夫及其著作《变动世界中的历史学》，但也是在介绍周一良、吴于廑主编的《世界通史》时提到的。更有意思的是，罗斯·邓恩（Ross E. Dunn）在2000年主编的《新世界史》一书中收录了巴勒克拉夫的《世界史的前景》一文，但在2016年的新版《新世界史》中，该文被删去了。在该书第二章"定义世界史：一些关键表述"中，编者试图向读者介绍一些对"全球史"的权威界定，旧版收录的是马歇尔·霍奇森、杰弗里·巴勒克拉夫、埃里克·沃尔夫、菲利普·柯丁和威廉·麦克尼尔的文章，而新版中删去了巴勒克拉夫和沃尔夫，保留了霍奇森、麦克尼尔、柯丁，增加了贡德·弗兰克、杰里·本特利和梅里·维斯纳-汉克斯（Merry Wiesner-Hanks）。[①] 迄今为止，在英文学术期刊库JSTOR

[①] Ross E. Dunn, ed., *The New World History: A Teacher's Companion*, Bedford/St. Martin's, 2000. Ross E. Dunn, Laura J. Mitchell, and Kerry Ward, eds., *The New World History: A Field Guide for Teachers and Researchers*, University of California Press, 2016.

中，能够检索到的研究巴勒克拉夫史学思想的论文仅有一篇，即肯尼思·杜瓦（Kenneth C. Dewar）在1994年发表的《巴勒克拉夫：从历史主义到历史科学》，而这篇文章也不是专门探讨巴勒克拉夫的全球史思想。

事实上，虽然全球史作为一个历史学分支学科首先兴起于美国，并且作为一种史学思潮首先在美国发展起来，这并不意味着美国学者拥有全球史的"发明"专利，董欣洁博士的专著《巴勒克拉夫全球史研究》表明，英国学者巴勒克拉夫为全球史的兴起与发展贡献出他的智慧和思想。关于巴勒克拉夫在全球史兴起过程中的学术地位，笔者在此想借用与他同时代的全球史学家斯塔夫里阿诺斯的话来加以说明。斯塔夫里阿诺斯于1965年在评价巴勒克拉夫的《当代史导论》时说："正如威廉·麦克尼尔的《西方的兴起》展示了一种探讨人类史的全球方法（global approach）所具有的可行性和创造性，杰弗里·巴勒克拉夫的这一研究再次表明了全球视角（global perspective）的丰硕成果，即使其时段限制在不到一个世纪的范围内。"[①] 这句话表明，斯塔夫里阿诺斯不仅把《当代史导论》看作在运用全球史方法及其创造性上可以与《西方的兴起》媲美，而且认为它是一部不同于通史性《西方的兴起》的全球史著作，因为它探讨的仅仅是1890—1961年间的世界史。所以他又评价说："这一部重要的和激动人心的著作，原因不是由于作者所选主题的新颖，而是由于研究视角及其思想的原创性。"[②] 如果考虑到《西方的兴起》（1963）和《当代史导论》（1964）两书的出版时间相距甚近，而且两位作者分别身居美国和英国，那么很难说巴勒克拉夫的著述受到了威廉·麦克尼尔的影响。更何况，巴勒克拉夫早在1955年便出版了以全球视野来考察历史的文集《变动世界中的历史学》，这本文集收录了他20世纪40年代以来的15篇论文。

[①] L. S. Stavrianos, "Reviewed Work（s）: *An Introduction to Contemporary History* by Geoffrey Barraclough", *The Journal of Modern History*, Vol. 37, No. 2, Jun., 1965, pp. 274-275.

[②] Ibid..

巴勒克拉夫在《变动世界中的历史学》中主要聚焦于对欧洲历史的反思。一方面，他提出把欧洲历史置于更广阔的视野来理解，认为欧洲与外界的联系是塑造欧洲历史的极为重要因素。另一方面，他认为欧洲由于经历两次世界大战和欧洲之外强国的兴起，造成了欧洲在国际政治中的地位下降，欧洲均势时代走向终结，世界进入一个全球政治的新时代。因此，他反对以欧洲为中心的世界历史叙事，主张从全球观和整体观出发来考察历史。这一治史理念的实践集中体现在其《当代史导论》和《泰晤士世界历史地图集》（1978）。如果说巴勒克拉夫在反对"欧洲中心论"和提倡全球史观方面与同时代的美国全球史学者有什么不同的话，可能主要表现在他对历史主义的批评和在全球化趋势下对当代世界的整体把握。他认为，历史主义强调特殊性、个别性和连续性，妨碍了人们对普遍性、整体性和非连续性的把握，只有放弃了这种历史主义，才能避免"欧洲中心论"并且用全球史观来审视历史。巴勒克拉夫看到了世界进入20世纪后"朝向全球联系的局势的演变"，人类进入一个欧洲走向衰落和全球政治时代来临的"新世界"，因此他特别强调以全球观来理解当代世界变迁。最终，巴勒克拉夫将其对世界史（全球史）的理论思考在1978年出版的《当代史学主要趋势》中作了集中阐述。他说："现代意义上的世界历史决不只是综合已知的事实，或根据其相对重要性的次序来排列的各个大洲的历史或各种文化的历史。相反，它是探索超越政治和文化界限的相互联系和相互关系。这种世界历史与其说是关心时代的发展及历史的目标和意义（非西方文化基本上不关心这些西方所关心的问题），还不如说是关心各个地方的人类所面临的不断出现的问题，以及对这些问题的不同反应。对于今天越来越多的历史学家来说，这才是世界历史的本质。"[①] 换言之，在他看来，全球史的本质就是从相互联系和相互关系来探讨世界各地所面临（而不是西方所关心）的问题。

巴勒克拉夫对全球史的研究代表了欧洲学者的一种探索性思考。

---

① [英]杰弗里·巴勒克拉夫：《当代史学主要趋势》，杨豫译，上海译文出版社1987年版，第258页。

因此，探讨巴勒克拉夫的全球史思想，对于全面理解全球史的兴起及推动全球史的发展具有重要的学术意义。

《巴勒克拉夫全球史研究》一书在国内外学术界第一次对巴勒克拉夫的全球史观及其全球史治史实践作了全面探讨，包括巴勒克拉夫提出全球史观、对欧洲历史的反思、对全球史理论和方法的探索、书写全球史的实践及其基本框架等，将这个几乎被当今西方全球史学者遗忘了的英国史学家对全球史的先驱性探索呈现给了读者。不仅如此，作者还从历史和现实的维度评述了巴勒克拉夫的全球史研究，指出巴勒克拉夫的全球史研究框架对世界史编撰理论和方法的探索具有重大意义。"作为一个变动剧烈的历史时代中的代表人物，巴勒克拉夫全球史研究的意义也许更多地在于他提出了什么问题和为解决这些问题提供了何种可能的途径，而不是他到底解决了多少问题。在这个意义上，巴勒克拉夫最杰出的贡献就是在20世纪中期为西方史学界甚至整个国际史坛的世界史研究和编撰提供了一个新的出发点。"

从全球史发展的学术史来看，国内外学术界对于什么是全球史一直存在争鸣，而董欣洁博士在《巴勒克拉夫全球史研究》中将巴勒克拉夫的观点放在这种学术争鸣的背景下来理解，凸显了巴勒克拉夫作为20世纪中期全球史观首倡者的洞见及其前瞻性。她指出："巴勒克拉夫的一些主要观点，成为西方全球史发展过程中的重要参考系。"例如，帕特里克·曼宁、尤尔根·奥斯特哈梅尔、迪戈·奥尔斯坦、塞巴斯蒂安·康拉德等全球史学者在思考全球史的本质特征时，都强调联系和互动，这正是巴勒克拉夫在几十年前所表述的"相互联系和相互关系"。

《巴勒克拉夫全球史研究》一书不仅在全面把握当今西方全球史学术状况的基础上，对巴勒克拉夫的全球史研究作了系统的阐述，而且还探讨了其对于中国世界史研究的意义，体现了作者对当今中国世界史学科建设的现实关怀及相关思考。该书以"新时代呼唤有中国特色的世界历史学"作为结语，印证了作者书写这一专著的现实出发点。

在全球化日益深化和全球史实践蓬勃发展的当今世界，正是由于巴勒克拉夫的开拓性学术贡献被西方世界史学界所遗忘，对巴勒克拉夫的全球史研究进行全面探讨和阐述也就显得尤为必要和重要，这正是《巴勒克拉夫全球史研究》一书的主要学术价值所在。

刘文明
首都师范大学全球史研究中心教授
2017 年 9 月

前　言

　　从世界范围来看，对"欧洲中心论"的批判和超越，已经成为非西方国家学术界普遍面临的问题。在一些西方国家，学者们对这个问题也予以高度的重视。众多的研究者都从不同视角、不同层面对"欧洲中心论"进行了反思和批判。20世纪中叶，由英国历史学家杰弗里·巴勒克拉夫最早明确提出的全球史观就是其中一种较有影响的观点。随着经济全球化进程的日益深入发展，全球史观与全球史研究实践在世界范围内产生了广泛的影响。

　　巴勒克拉夫的全球史观自20世纪中期提出以来，距今已经半个多世纪了，国内外学术界虽然对全球史问题多有关注，但是至今还很少见到关于巴勒克拉夫全球史研究的系统专著，较有影响的成果尚不多见。

　　对巴勒克拉夫全球史研究实践进行考察，从史学理论层面来看，能够为我国世界史研究整体发展提供一定程度的理论支持；从现实层面来看，有助于进一步促进我们对全球史、对经济全球化进程本身及其引发问题的深刻思考，开拓研究视野和开发新的学术增长点。因此，对这一问题的研究具有重要的学术价值和积极的现实意义。

　　本书对巴勒克拉夫的全球史研究进行了系统考察，指出其学术价值与局限，对其进行合理的历史定位。在研究方法上，本书以马克思主义唯物史观为指导，在尽可能地充分占有外文资料的基础上，进行系统的归纳、比较与理论分析。

　　基本写作框架简要介绍如下。

　　导论系统梳理了西方全球史学者对"什么是全球史"这个基本问题的认识和理解，并从史学理论及史学史的角度，将全球史界定为全球化时代的世界史,指出其发展的内在阶段性,认为中国的全球史与西方全球史都是广义全球史的组成部分,这有利于理顺全球史与世界史的学科关系,将全球史纳入到我们自身的世界史框架之内;同时,这也为巴勒克拉夫全球史研究在西方全球史发展中的历史定位提供了学术背景。

第一章主要内容为巴勒克拉夫全球史研究问题的学术史回顾,不仅介绍了相关著作的版本资料情况和国外学者对巴勒克拉夫全球史研究的评析,还介绍了巴勒克拉夫全球史观在中国的传播和中国学者对这一问题的研究成果。

第二章对全球史观产生的社会历史时代背景即全球化问题进行了分析,全球史观不仅是历史学本身不断演变的产物,而且也是时代发展的产物。本书从世界形势的变化和历史学领域的变革两方面入手,分析了巴勒克拉夫全球史观在20世纪中期的提出,指出对世界形势和欧洲形势变化的敏锐把握与深刻理解成为巴勒克拉夫批判"欧洲中心论"和探索全球史观的研究切入点和独特视角。

第三章分析了巴勒克拉夫从全球史的宏观视野出发对一系列传统欧洲历史观念进行的反思和重新解读。他对欧洲历史的解读主要从五个方面的内容入手:欧洲与欧洲的"统一"、欧洲文明、欧洲历史的"终结"、欧洲的遗产、欧洲的困境。通过对欧洲历史的深入解读,巴勒克拉夫从理论前提上完成了对"欧洲中心论"的反思和批判,同时为全球史观的提出奠定了理论基础。

第四章归纳和总结了巴勒克拉夫对全球史理论与方法的探索,概括指出巴勒克拉夫全球史观的基本理论特征。在历史认识论方面,他批判了传统的历史主义,并对传统的线性进步史观持怀疑态度,认为应当采取文明循环理论。他强调对历史的中立判断,在历史研究中要超越民族和地区的界限,理解整个世界,公正地评价各个时代和世界各地区一切民族的建树。在方法论方面,他认为,全球史观应当通过对一切时代和地区的人类制度、习俗、思想等进行比较研究来实现,借此开辟通往"真正的世界史"的道路。他认为全球史是科学的历史学题中应有之义。

第五章归纳了巴勒克拉夫从全球视野出发对当代史和世界历史所做的宏观阐释。通过《当代史导论》和《泰晤士世界历史地图集》这两部作品，巴勒克拉夫在全球范围内描绘了人类历史演变的宏观图景。他一方面希望能够揭示世界历史演变的整体框架，另一方面希望能够揭示长期以来人类社会发展中表现出来的各种重大问题或者说转折点，进而建立起全球史的宏观阐述体系。

第六章在以欧盟为例分析经济全球化时代国际政治本质的现实基础上，在探讨从马克思世界历史理论出发研究全球史的理论基础上，分析了巴勒克拉夫对西方全球史研究的学术贡献，指出其对中国的世界史研究而言具有一定程度的参考和借鉴意义，同时分析指出他在阶级、时代和学术方面的局限。作为一个变动剧烈的历史时代中的代表人物，巴勒克拉夫的全球史研究实践不仅对西方传统世界史编撰的理论基础提出了根本性的挑战，而且为西方史学界的世界史研究和编撰提供了一个新的、重要的出发点，大大扩展了人们对世界历史的认识。不过，他并没能构建出一个系统的世界史理论框架，其全球史研究无法从根本上摆脱"欧洲中心论"的束缚。

结语提出：新时代呼唤有中国特色的世界历史学。在全球化时代的世界史研究中，只有大力弘扬中华民族精神，不断彰显中国世界史研究鲜明的民族特色和时代特色，才能进一步推动马克思主义理论中国化的进程，进一步深化中国史学优秀传统与当代世界史研究实践的紧密结合，进一步加强中国世界史研究和国际史坛的交流与合作，广泛汲取营养，从而将当代中国的世界历史学推向新的发展阶段。中国世界历史学的发展，意味着为中国民族文化的发展开辟更加广阔的世界舞台，使世界对中国人的历史和现实有更加深入的了解和认同，进而更好地塑造和树立中国的国际形象。

由于笔者才疏学浅，本书在对巴勒克拉夫全球史研究的总体把握和对西方全球史的材料取舍等方面可能还存在疏漏。学无止境，在今后的工作中，笔者将不断对相关问题进行充实和完善。

目 录

导论　什么是全球史 …………………………………………（1）

第一章　巴勒克拉夫全球史研究的学术史回顾……………（27）
    一　英国历史学家杰弗里·巴勒克拉夫 …………………（27）
    二　国外研究状况 …………………………………………（30）
    三　国内研究状况 …………………………………………（33）

第二章　巴勒克拉夫全球史观的提出 ………………………（40）
    一　全球化的历史与现实 …………………………………（40）
    二　历史学领域的变革 ……………………………………（48）
    三　全球史观的提出 ………………………………………（54）

第三章　巴勒克拉夫对欧洲历史的反思 ……………………（60）
    一　欧洲与欧洲的"统一" …………………………………（61）
    二　欧洲文明 ………………………………………………（65）
    三　欧洲历史的"终结" ……………………………………（71）
    四　欧洲的遗产 ……………………………………………（78）
    五　欧洲的困境 ……………………………………………（83）
    六　巴勒克拉夫的结论 ……………………………………（86）

第四章　巴勒克拉夫对全球史理论与方法的探索 …………（90）
    一　对历史主义的批判 ……………………………………（91）
    二　对全球史的理论探索 …………………………………（100）
    三　全球史的比较研究方法 ………………………………（109）
    四　历史学的实质性意义 …………………………………（115）

第五章 巴勒克拉夫的全球史框架 ……………………（121）
 一　全球视野中的当代史 ……………………………………（121）
 二　全球视野中的世界历史 …………………………………（129）

第六章 巴勒克拉夫全球史研究的价值与局限 ……………（136）
 一　经济全球化时代的国际政治现实：以欧盟为例 ………（136）
 二　从马克思世界历史理论出发分析全球史 ………………（143）
 三　巴勒克拉夫对全球史研究的学术贡献 …………………（151）
 四　巴勒克拉夫全球史研究的历史局限 ……………………（159）
 五　巴勒克拉夫全球史研究对中国世界史研究的意义 ……（162）

结语　新时代呼唤有中国特色的世界历史学 ………………（166）

参考文献 ………………………………………………………（174）

导论　什么是全球史

在变动剧烈的当今世界，全球史的蓬勃发展已经成为世界史学界甚至整个哲学社会科学界的一种重大而显著的学术现象。自 20 世纪中期以来，人类生活的方方面面，从自然环境，到物种细菌；从诸般器物，到思想观念；从名不见经传的弹丸之地，到连通各地的人类交流网络；从微观的衣食住行，到宏观的上层建筑；从一时一地的断代史、国别史，到纵贯古今、地域广阔的通史，各种主题的全球史研究几乎已不可胜数。"全球史观"、"全球史视野"、"全球视角"、"全球史中的"、"全球视野下的"等话语，成为众多论著表明自身学术背景与研究方法的界定词。层出不穷的全球史成果，展示出当代人挖掘历史的研究能力，同时也表明，"全球史"这个术语已经成为理解与把握人类社会的关键词之一了。全球史的发展也相应地推动了跨专业、跨学科的各种研究项目的进展，可以视作世界历史学对哲学社会科学整体发展的重要贡献。

一

目前全球史所取得的众多学术成果，可以笼统地分为两类：一类是通史研究，另一类是专题研究。很明显，这种研究内容的开放性，促使人们不断追问：什么是全球史（global history）？

什么是全球史？这个问题要从什么是世界史（world history）谈起。今天我们所说的"世界史"或者"世界历史"这个概念，演变至今，已经成为人类社会生活中的一个重要词汇，具有丰富的内涵。

"世界历史"不仅指代着人类社会发展的历史进程,而且包含着认识、理解人类历史发展的历史哲学,同时也涵盖着描述、总结人类社会生活的历史叙述形式。世界史学科成型的时间较晚,交叉的学科较多,而世界史研究的范围又非常广阔,说它研究的是全人类的问题也不为过。从全球范围来看,上述情况导致了世界史的研究和编撰在理论上的复杂性以及研究方法的多元性。

也正因此,中西方的世界史研究在各自的发展过程中都出现了自身的问题。

就我们中国来看,近代中国世界史研究的萌芽从19世纪中期中国先进知识分子"睁眼看世界"开始,与"救亡图存"的时代主题紧密联系在一起。这就使得我们的世界史研究一方面是与中国社会发展的时代脉搏密切相连,始终表现出关注现实和求真致用的精神理念;另一方面,则是在相当长的时期内,在学科设置和教学中,表现出把世界史等同于外国史的某种惯性思维。

而在西方,则表现为西方史学界在世界历史的研究和编撰上形成了根深蒂固的"欧洲中心论"传统。西方历史学中的"欧洲中心论"传统由来已久。19世纪随着欧洲实力的迅速增强,"欧洲中心论"的具体表现就是东方已经被欧洲学者排除在世界历史之外,而欧洲的自我中心、欧洲白种人肩负领导世界责任的种族优越论和帝国主义理论粉墨登场。黑格尔认为,所谓世界历史,就是一部世界历史民族不断更替的历史,世界历史民族是创造历史新纪元的统治民族,它具有绝对权力成为世界历史目前发展阶段的担当者,对它的这种权力来说,其他各民族的精神都是无权的,他们都属于"非世界历史民族",被排除在世界历史的主流之外。[①] 黑格尔的上述理论对西方历史学的发展演变产生了深远的影响。19世纪上半叶,西方的历史学家大肆宣扬西欧种族优越论,把西欧地区的进步视作整个世界历史发展的主题,其代表人物就是德国历史学家兰克。兰克认为,世界历史是西方的历

---

① [德]黑格尔:《法哲学原理》,范扬、张企泰译,商务印书馆1982年版,第415—416页。

史。① 另如西方学者指出：阿克顿勋爵策划的14卷《剑桥近代史》中充斥着欧洲社会科学的假设、隐喻、分类法及理论；E. 拉维斯（1842—1922）和 A. N. 朗波（1842—1905）编撰的12卷《世界通史》，只为西方以外的世界留出十几页的空间；亨利·托马斯·巴克尔（Henry Thomas Buckle，1821—1861）著述的三卷本《英国文明史》，直白地提出文明分为两个部分，欧洲部分的人类比自然更加具有力量，而在欧洲以外的部分，自然力量则战胜了人类。②

世界史编撰中的"欧洲中心论"在20世纪发展到极点，1932年出版的由美国史学家海斯（Hays）等三人编写的《世界史》一书认为，从伯利克里（Pericles）和恺撒（Gaius Julius Caesar）的时代直到现在，历史的伟大戏剧中的主角都是由欧洲的白种人担任的。欧洲是世界文明的摇篮，进步的源泉，自15世纪以来，欧洲各国就一点一点地把他们的文明传播到全世界，而要引导（实际上是殖民主义性质的强迫）千百万的陌生人（黄色、棕色和黑色皮肤的民族）走上欧洲文明和进步的道路，是一个负担，而且是一个沉重的负担。③还有学者如K. M. 潘尼卡（K. M. Pannikar）在《亚洲与西方的统治》中认为欧洲优势时代从1498年就已经开始，直到1947年才结束。④ 1998年美国历史学家戴维·S. 兰德斯（David S. Landes）的《国富国穷》⑤是当代西方国家"欧洲中心论"的代表性著作，强调欧洲经验和源自欧洲的现代文明的普世性。

"欧洲中心论"的发展还与西方学者的东方学研究有紧密的联系。萨义德曾经指出，东方学是欧洲对于东方的集体白日梦。⑥ 在西方学

---

① 何兆武主编：《历史理论与史学理论》，商务印书馆1999年版，第669页。

② Patrick O'Brien, "Historiographical Traditions and Modern Imperatives for the Restoration of Global History", *Journal of Global History*, Vol. 1, Issue 1, March, 2006, pp. 3-39.

③ ［美］海斯等：《世界史》下册，中央民族学院研究室译，生活·读书·新知三联书店1975年版，第1059—1060页。

④ K. M. Pannikar, *Asia and Western Dominance*, London, 1953, p. 11.

⑤ 新华出版社2001年版。

⑥ ［美］爱德华·W. 萨义德：《东方学》，王宇根译，生活·读书·新知三联书店1999年版，第65页。以下仅注作者、书名、页码，余同。

者眼中，东方是西方的附属物，研究东方是为西方服务，东方及东方人是研究的对象，其标志是这一对象的他在性，研究对象被认为（仿佛就应当如此）是被动的、非参与的，他们被赋予一种首先是就非主动性、非自治性而言的"历史"依附性，甚至对自身都没有主权；这是一种哲学上异化的存在，是由其他东西规定的，在其他东西的推动下运动的。①东方学的一切都置身于东方之外，其意义更多地依赖于西方而不是东方。②

"欧洲中心论"实际上意味着把不同于欧洲和西方的历史和文化视野排除在世界历史的阐释体系之外，它集中体现了西方狭隘的民族主义、种族主义和地域主义。③"欧洲中心论"等于是一个扭曲的透镜，严重歪曲了对人类历史的整体考察。不可否认，"欧洲中心"或者"欧美中心"都曾经是客观存在的历史事实。欧洲在一定历史时期内是世界经济发展的中心这个事实和"欧洲中心论"这种狭隘理论本身是两个根本不同的概念。正如有学者指出，要承认欧洲是这一时期的中心，但不能唯"欧洲中心论"。④事实上，包括"欧洲中心论"在内的各种"中心论"或"中心主义"都是片面的自我中心，强调本民族或国家的优势地位，对人类的历史缺乏辩证的认识，甚至别有用心地歪曲客观历史。人类历史在其发展过程中的不同时期出现过多个不同的文明中心，每个时代都有领导时代发展潮流的力量中心。但

---

① ［法］阿努瓦·阿布戴尔-马里克：《文明与社会理论》，张宁、丰子义译，浙江人民出版社1989年版，第99—100页。

② ［美］爱德华·W. 萨义德：《东方学》，第29页。

③ 沃勒斯坦认为，社会科学在其整个制度化的历史中一直是"欧洲中心论"的。他指出，社会科学可以说至少在五个不同的方面表现出"欧洲中心论"，这些方面相互重叠，不能形成逻辑严密的分类，但是，按照这种分类，分别考察各种说法应该是可行的，可以说，社会科学的"欧洲中心论"分别表现为：①历史编纂学；②普遍主义的狭隘性；③关于（西方）文明的假设；④东方学；⑤强加于人的进步论（伊曼纽尔·沃勒斯坦：《"欧洲中心论"及其表现：社会科学的困境》，瞿林东主编：《史学理论与史学史学刊》2002年卷，社会科学文献出版社2003年版，第63—76页）。时至今日，作为一个历史的概念和命题，"欧洲中心论"已经渗透到整个西方人文社会科学界的方方面面。

④ 李世安：《全球化与全球史观》，《史学理论研究》2005年第1期。

是，不论"欧洲中心"或者是任何其他"中心"的存在，都不能抹杀非中心的其他国家或地区历史的存在和它们对人类文明发展做出的贡献。辩证地认识不同历史时代的不同文明中心才是科学和谨慎的历史研究态度。

到 20 世纪中期，两次世界大战之后，随着社会历史大时代的变化、经济全球化的发展加快，这种具有明显"欧洲中心论"色彩的西方世界史研究已经暴露出严重的问题，西方学者自身也在不断地反思，世界史领域相应地发生了变化，出现了世界史重构的潮流，以便使新的世界史研究能够适应整个世界形势的变化。这种世界史重构潮流的产物，就是全球史，其突出特点就是对"欧洲中心论"的反思和批判，强调历史学研究的广阔视野。其基本历史观念，也就是全球史观。在 20 世纪中期，首倡全球史观的正是英国当代著名的历史学家杰弗里·巴勒克拉夫。他被誉为"世界史火炬的主要接棒者"。[1]

在英文中，Global 一词有两个核心义：一是指全世界的，全球的；二是指整体的，综合的。[2] World 一词有四个核心义：一是指世界，天下；二是指地区，国家集团；三是指社会生活，社会交往；四是指（类似地球的）星球。[3] Universal 一词做形容词理解时，其核心义为：全体的、共同的、影响全体的、万有的、普遍的；做名词理解时，有两个核心义：一是指全称命题，二是指共相，一般概念。[4] 可见，全球史（global history）、世界史（world history）与普遍史（universal history）的英文名称之间存在着紧密的联系，含义十分接近。刘家和先生曾经指出，如果从概念的外延（就时空角度而言）来看，这三者

---

[1] ［英］约翰·布罗：《历史的历史：从远古到 20 世纪的历史书写》，黄煜文译，广西师范大学出版社 2012 年版，第 480 页。

[2] Angus Stevenson and Maurice Waite, eds., *Concise Oxford English Dictionary*, Oxford University Press, 2011, p. 605. 英国牛津大学出版社编：《牛津现代英汉双解大词典》第 12 版，外语教学与研究出版社 2013 年版，第 1082 页。

[3] Angus Stevenson and Maurice Waite, eds., *Concise Oxford English Dictionary*, p. 1663. 英国牛津大学出版社编：《牛津现代英汉双解大词典》第 12 版，第 2990 页。

[4] Angus Stevenson and Maurice Waite, eds., *Concise Oxford English Dictionary*, p. 1580. 英国牛津大学出版社编：《牛津现代英汉双解大词典》第 12 版，第 2835 页。

是等值的，其间的区别并非十分重要。① 它们所表达的精神实质则是人类对撰写宏观历史的永恒追求。全球史的贡献主要是在经济全球化连通世界的前提下切实拓展了历史研究的空间层次。

实际上，无论在东方和西方，撰写宏观历史的努力都是一种久远的趋向。在西方史学界，从希罗多德的《希波战争史》、波里比阿的《通史》、欧洲中世纪的基督教编年史学，到新航路开辟以来各种世界史写作的尝试，尽管无法避免各种各样的局限，但都表现出西方历史学家努力采取世界性眼光来把握人类历史发展进程的意图。18世纪伏尔泰的《论各民族的风俗与精神》，其突出特点在于摈弃了以基督教文明为中心的传统世界史体例，建立了以人类文明为中心的崭新的世界史体例。以伏尔泰为代表的启蒙时代世界主义编年史传统，可以视为今天全球史的早期源头。此后，维柯、孔多塞、赫尔德、施吕策尔、穆勒等人都对世界历史理论进行了探讨。例如，被誉为"世界史之父"的施吕策尔强调对世界史的宏观考察，明确提出世界历史是人类的历史而不是各民族历史的简单汇编，历史应当说明地球和人类作为一个整体是怎样从过去演进到现在的。② 上述理论探索为世界历史的研究和编撰提供了丰厚的营养。

也正因此，巴勒克拉夫在20世纪中期首倡全球史观时，提出尽管全球史不流行已经很久了，但是现在是重新回到全球史的时候了，其中的困难不可低估，但是对全球史的需要也不应当低估。针对大部分的历史学家（至少在英国）对全球史或者通史的怀疑，例如他们说人类的知识不能延伸得那么远，不可能达到必要的精确程度，如果尝试在全球规模上写作历史的话就只会发生误导，巴勒克拉夫指出，这种逻辑是很容易反驳的，因为如果不能在这种规模上写作历史，不能使之相互关联，那么只见树木不见森林的做法不是一样在误导吗？巴勒克拉夫坚信历史学中更大的主题和更广阔的视野是必须而且可能

---

① 参见刘家和先生在2014年11月22日中国人民大学"什么是世界史"学术研讨会上的发言稿。

② 参见张广智、张广勇《史学：文化中的文化——西方史学文化的历程》，上海社会科学院出版社2013年版，第16—52页。

的，如果历史不能发现一个更大的主题、一种更广阔的视野，从而能与人们生活在其中的世界状况更加协调一致，那么历史学是不可能唤起更多响应的。只有通过全球的历史，即超越欧洲和西方，关注所有地区和时代的人类的历史，才能实现这一点。① 同样，帕特里克·奥布莱恩在《全球史复兴的史学传统与现代必要性》中，将西方全球史学家所持的对世界认识的扩大即全球视野追溯到伏尔泰，认为追求扩大视野、关注其他地区的尝试与努力一直存在于欧洲的史学实践之中，但也一直受到"欧洲中心论"的遮蔽。直到 20 世纪，欧洲的社会科学知识已经无法解释全球进程的演变，"欧洲中心论"也遭到了日益增多的批评，全球史才逐渐获得发展的空间，这也正是其论文标题"全球史复兴的史学传统与现代必要性"的含义所在。②

1955 年巴勒克拉夫的《变动世界中的历史学》在描述他所提倡的真正的世界史（truly universal）观念即全球史观（1978 年他的《当代史学主要趋势》采用的是 universal view of history③）的时候，虽然没有直接使用 global history，但是已经使用了全球政治（global politics）和全球文明（global civilisation）的修饰语。④ 20 世纪六七十年代，出现了一批努力采用全球观点来研究和撰写世界史的著作。1962 年，L. S. 斯塔夫里阿诺斯与人合著的美国高中历史教科书《人类全球史》（*A Global History of Man*），书名直接采用了 global history。⑤ 他在《世界历

---

① Geoffrey Barraclough, *History in a Changing World*, University of Oklahoma Press, 1955, pp. 17-19.

② Patrick O'Brien, "Historiographical Traditions and Modern Imperatives for the Restoration of Global History", *Journal of Global History*, Vol. 1, Issue 1, March, 2006, pp. 3-39.

③ Geoffrey Barraclough, *Main Trends in History*, New York: Holmes & Meier, 1991, p. 153.

④ Geoffrey Barraclough, *History in a Changing World*, pp. 184, 220.

⑤ L. S. Stavrianos, Loretta Kreider Andrews, John R. McLane, Frank R. Safford, and James E. Sheridan, *A Global History of Man*, Boston, Allyn and Bacon, 1962.

史组织的全球视角》一文的标题中使用了 global perspective。① 1970年、1971年，斯塔夫里阿诺斯的两卷本《全球通史》问世，书名主标题就采用了 A Global History。1963年威廉·H. 麦克尼尔的著作《西方的兴起：人类共同体史》中出现了全球居住区（global ecumene）、全球规模（global scale）、全球的世界主义（global cosmopolitanism）、全球（the globe）、全球现实（global reality）等词语，②但没有出现全球史的字样。1964年巴勒克拉夫的《当代史导论》出现了国际政治的全球格局（global pattern of international politics）、全球时代（global age）等词语，同时也在使用世界史（world history）、世界规模的单一经济（a single economy on a world scale）、世界文明（world civilization）等词语。③ 1972年，约翰·A. 加拉第和彼得·盖伊合编的《世界的历史》第三卷《现代世界》出版，编者在封底写明：在这套三卷本的《世界的历史》中，第一卷《1500年以前的世界》综述了公元1500年之前的人类文明的发展，第二卷《走向现代性》探讨了16、17、18世纪的现代世界的出现，第三卷《现代世界》描述了过去200年中世界上各个社会的发展与互动。来自历史学、政治学、经济学、哲学、天文学、地质学、生物学、人类学的40位学者，合作撰写了这部真正的全球史（truly global history），涵盖了人类历史的所有主要方面，这可能是第一次将非西方地区的历史从他们的开始讲述到现在，而不仅仅是停留在西方对他们的某些印象上。④

20世纪七八十年代，专题性的全球史著作不断涌现。杰里·本特利曾经归纳了研究现代跨文化互动的代表性全球史著作，其中包括伊

---

① L. S. Stavrianos, "A Global Perspective in the Organization of World History", in Shirley H. Engle, ed., *New Perspectives in World History*: 34th Yearbook of the National Council for the Social Studies, Washington, D. C., 1964, p. 616.

② William H. McNeill, *The Rise of the West*: *A History of the Human Community*, With a Retrospective Essay, The University of Chicago Press, 1991, pp. 297, 726, 727, 764, 765.

③ Geoffrey Barraclough, *An Introduction to Contemporary History*, London: C. A. Watts & Co. Ltd., 1964, pp. 18, 101, 48, 264.

④ John A. Garraty and Peter Gay, eds., *A History of the World*, Volume Ⅲ, *The Modern World*, Harper & Row, Publishers, Inc., 1972, back cover.

曼纽尔·沃勒斯坦的《现代世界体系》（第一卷出版于 1974 年）、威廉·H. 麦克尼尔的《瘟疫与人》（1976 年出版）、埃里克·R. 沃尔夫的《欧洲与没有历史的人民》（1982 年出版）、菲利普·D. 柯丁的《世界历史上的跨文化贸易》（1984 年出版）、阿尔弗雷德·W. 克罗斯比的《哥伦布交流：1492 年的生物和文化后果》（1972 年出版）和《生态帝国主义：900—1900 年欧洲的生物扩张》（1986 年出版）、丹尼尔·R. 赫德里克的《进步触角：1850—1940 年帝国主义时代的技术转移》（1988 年出版）。[①] 1988 年，布鲁斯·马兹利什在参加一个"全球问题"研讨会时，发现自己是这个由经济学家、人类学家、社会学家和政策制定者组成的小组中唯一的历史学家，"什么是全球史？"这个问题在此情况下立即引起他的兴趣，这促使他后来与人合编了《概念化的全球史》（*Conceptualizing Global History*）一书。[②]

到 1990 年，麦克尼尔的《二十五年后再评〈西方的兴起〉》一文不仅使用了全球史（global history）、全球基础（global basis）等词语，而且使用了全球史学（global historiography）。[③] 这篇论文发表在创刊于 1990 年的《世界史杂志》（*Journal of World History*）第 1 期上，[④] 颇能印证西方学界的全球史与世界史的内在紧密联系。可以看出，全球史的发展是 20 世纪中期以来西方众多学者努力的结果。同时可以说，全球史代表着当今西方国家世界史研究和编撰发展的新阶段。

[①] Jerry H. Bentley, "Cross-Cultural Interaction and Periodization in World History", *The American Historical Review*, Vol. 101, No. 3, 1996, pp. 749-770.

[②] Bruce Mazlish and Ralph Buultjens, eds., *Conceptualizing Global History*, Westview Press, Inc., 1993, p. 22.

[③] William H. McNeill, *The Rise of the West: A History of the Human Community, With a Retrospective Essay*, The University of Chicago Press, 1991, "The Rise of the West after Twenty-five Years", pp. xv, xx, xxii.

[④] William H. McNeill, "The Rise of the West: After Twenty-five Years", *Journal of World History*, Vol. 1, No. 1, 1990, pp. 1-21.

二

迄今为止，西方史学界已经出版了两部冠以"什么是全球史"之名的著作。第一本是柯娇燕出版于 2008 年的作品。在这本导论性质的著作中，柯娇燕综述了有关全球史的各种构想与写作方式。她认为，全球史是用来"描述一切试图致力于广泛、大规模或普世视野的历史"①，全球史学家正是以其方法而不是史实，区别于那些研究地区史或国别史的学者，全球史学家弥补区域史学家所缺乏的东西，反之亦然。全球史研究者利用其他史学家所做的研究对其进行比较，关注较大模式，并提出理解变迁的方法，以便阐明全部人类历史的性质和意义。② 柯娇燕认为，全球史为自身设置的一个难题是如何讲述一个没有中心的故事，最终的全球史方法如果得以实现，很有可能是能够将事件和统计数据同时从资料和设计的视角进行排序，若能从同时并存的无数视角中客观地概括出若干模式则尤为理想，但是她认为把形式和内容匹配起来的时机还没有到来。柯娇燕从分流、合流、传染、体系四种概括出发，梳理了界定全球史的基本理论与方法，评述了全球史现在所处的位置和它可能的走向。③

第二本是塞巴斯蒂安·康拉德出版于 2016 年的作品。康拉德认为，全球史是一种独特的研究方法，注重全球一体化或全球层面的结构转换。④ 他指出：与"全球的"这个术语最直接相关的关键词是"联系"（connections），一系列相关术语如交换、交流、连接、纠缠、网络和流动（"exchange" and "intercourse"，"links" and "entanglements"，"networks" and "flows"），集中表达了跨越边界发生相互作

---

① ［美］柯娇燕：《什么是全球史》，刘文明译，北京大学出版社 2009 年版，第 99 页。
② 同上书，"导言"，第 2—3 页。
③ 同上书，"导言"，第 4—9 页。
④ Sebastian Conrad, *What is Global History?*, Princeton University Press, 2016, p. 62.

用的流动性和波动性,全球史将流动性(mobility)提升到历史研究的核心地位,即充分利用传统世界史所提供的优势,并将其与对历史变革的更灵活和更流畅的敏感性结合起来。[1] 换言之,将"联系"嵌入到全球范围内的结构转型过程之中,这是全球史方法的特点。[2] 康拉德认为,将全球史与世界史的老传统对照会更有利于理解全球史的特征;世界史的概念已有几个世纪的历史,至今它仍是很多国家的学校里的教学科目,通常指包含整个世界或相对广大地理区域的叙事,因此,世界史通常遵循一个宏观议程,努力描绘地球过去的全貌,或者正如许多非西方国家的特点,它们研究"世界其他地方"即发生在自己国家之外的一切;这类研究的宏观视角运用大规模的社会比较或者更典型的整体文明比较,在大多数的传统世界史中,这些巨大的"积木"之间的互动与交流没有被忽略,但是主要焦点是各种文明的不同轨迹,其动力主要被描述为从内部产生,然后这些平行历史由从权力中心到外围的日益增长的扩散联系起来,在现代时期,这种扩散通常被假定为从西方向"其他地区"转移的形式;欧洲中心的偏见长期以来是各种世界史的一个相当普遍的特征,传统世界史通常采用这样的方法,即将对不同文明的比较和寻求它们之间的联系这两者结合起来,后者由扩散的过程来解释。[3] 他进一步指出,可以从以下七个方面来说明什么是全球史。第一,全球史学家并不单独地关注宏观视角,许多人试图在更广泛的潜在全球背景下定位具体的历史问题和现象。第二,全球史尝试运用空间概念的替代物,他们通常不采取政治或文化单位如民族、国家、帝国、文明作为出发点,相反,他们提出分析问题并追随问题的指引。第三,全球史具有内在的相关性,这意味着一个历史单位如文明、国家和家庭,不是孤立发展的,而只能通过与他人的互动来理解,事实上,许多团体只是凝结为看似固定的单位以响应交换与流通;注意到历史中的关系性也挑战了世界历史中长期被接受的解释如"西方的兴起"和"欧洲奇迹",欧洲和西方的发

---

[1] Sebastian Conrad, *What is Global History?*, Princeton University Press, 2016, p. 64.
[2] Ibid., pp. 64-65.
[3] Ibid., pp. 62-64.

展不能从内部解释为自主过程,而必须至少部分地被看作各种交换过程的产物。第四,作为人文学科中的一门学科,全球史构成更大的"空间转向"的一部分,全球史学家特别关注的是个人、社会与其他人、其他社会的互动方式,而非内生的变化。因此,空间隐喻如领土、地缘政治、流通和网络倾向于取代较旧的时态词汇如发展、滞后、落后,这也意味着拒绝现代化理论的目的论,以及从传统到现代性的社会变革方向是预先确定的观念。这一点的直接结果是强调历史事件的同步性,即第五,许多全球史学家认为应优先思考同时性。第六,许多全球史在欧洲中心主义问题上是自我反省的,这是将全球史方法与世界历史写作的大多数古老变体区分开来的明确特征之一。这也意味着,第七,全球史明确承认要思考全球历史的关系结构,历史学家可以写出整个地球,但他们从一个特定的地方这样做,他们的叙述将部分地受到地方动态的影响。很显然,在16世纪后期墨西哥城所写的世界史将与在伊斯坦布尔所写的世界史截然不同,但即使在今天,从阿克拉、基多或哈佛(Accra, Quito, or Harvard Yard)看到的"世界"可能也完全不同。①

实际上,对"什么是全球史"这个问题的相应探讨,贯串在西方全球史半个多世纪的发展过程之中,成为理解和把握全球史的一条基本线索。1993年,布鲁斯·马兹利什和拉尔夫·布尔延斯主编的《概念化的全球史》提出,全球史就是当代的历史,全球史作为一种新的学术视角、新的历史意识以及新的历史分支领域,必须被概念化并加以示范。② 布鲁斯·马兹利什认为,虽然普遍史、世界史和全球史的术语模糊、用法多种多样,但仍然有所区别。"普遍史"努力包括所有的历史,不只是最近的过去,但是普遍史看似普遍,实际却是狭隘的,其实践只以全球的一小部分为中心,例如,中国和印度的历史在其中是不存在的。今天还十分活跃的世界史与普遍史不同,它努

---

① Sebastian Conrad, *What is Global History*?, Princeton University Press, 2016, pp. 65 - 67.

② Bruce Mazlish and Ralph Buultjens, eds., *Conceptualizing Global History*, Westview Press, Inc., 1993, pp. 2, 21.

力超越欧洲中心主义（只有部分成功）并平等地表达所有人民的过去，威廉·麦克尼尔、菲利普·柯丁等人都是其中杰出的从业人员，在一个宽广的历史脉络里写出了示范性的学术著作，世界史的问题在于：它超越了民族国家还是经常过于简单地罗列民族国家的历史？在促进多元文化主义和避免单一观点的努力中，它是否忽略了塑造事件的关键因素？它是否适用于更远的过去而不是现代时期？[1] 马兹利什认为，世界史中的许多努力和普遍史的一些尝试，都是非常有价值的，有时与全球史重叠，但仍然不是他要概念化的全球史：第一个根本区别就是全球史学家从今天全球化进程开始研究的有意识选择（这个视角可以延伸到过去多远，是进一步思考和工作的主要议题）；全球史的第二个假设是它试图超越将民族国家作为历史的焦点，同时承认民族将继续作为一种强有力的社会行动形式，民族历史将持续被书写，新希望在于也能通过全球史的视角对民族史进行新观察；第三个关键特性是没有被预期的单一的全球史，尽管全球化存在确定因素，但必须避开一种新版本的辉格式的历史即其中所有的线索都导致了一个预定命运，目前已经存在并将会有许多全球经验，例如，当地情况和全球压力的相遇，或特定民族与全球化力量的相遇，这些经验中的每一种都将需要它自己的历史，作为人们日益增长的对全球史的认识的一部分。[2] 在此基础上，马兹利什提出，全球史的概念包含如下几个因素：它既不是欧洲中心的，也不是集中于民族国家，也不是单一的、辉格式的历史；它始于全球化的现有因素及其相互作用，着重于各种新的行为者，它极大地关注全球和地方的辩证法，认识到全球有助于更多地创造作为反应的地方主义；它包含叙事和分析的方法，以适应被调查的具体现象，并且它必然依赖于跨学科和团队研究；全球史最显著的特征是它结合了全球化生活现实的视角、意识和观念，这种基于前面列举特征的全球视角，被用于指导历史研究兴趣并提供确定的选择性原则。[3] 马兹利什认为，全球史的意义在于，全球史设想

---

[1] Bruce Mazlish and Ralph Buultjens, eds., *Conceptualizing Global History*, p. 3.
[2] Ibid., p. 4.
[3] Ibid., pp. 5-6.

未来的变化发展是开放的,由世界所有人口塑造,即使存在各种差异;此外,人们开始意识到,肆无忌惮的经济发展给环境和其他部门带来了不可承受的成本,所谓的西方模式即使被认为是可取的,也不能再追求,正是这种视角有助于指导全球史的写作。[1]马兹利什还提出"如何做全球史?"的问题,他认为答案可能会有很多,并依赖于被研究的特定主题,但是,无论如何,理论和实证研究必须携手合作,正如在所有的历史研究中一样。[2]布鲁斯·马兹利什还进一步提出了"新全球史"的概念,他指出,新全球史的研究最初在全球史的主题下展开,与全球史有明显的重叠,"新"字在于表明其研究的重点是全球化的当代表现;并指出世界史的特点是潜在地囊括一切,全球史以世界史上无所不在且日渐增强的相互联系、相互依赖的全球过程为线索展开,而新全球史聚焦于全球化的当代进程,强调研究和教学并重。[3]

2003年,帕特里克·曼宁出版了《世界史导航:历史学家创造全球历史》(中译本名为《世界史导航:全球视角的构建》)。该书试图在学术和教学领域对世界历史进行纵览和评判,为人们从事全球史问题的研究提供一些指导原则。[4]从该书的题目可知,曼宁认为世界史与全球史存在紧密的内在联系。他指出:世界历史作为一个研究领域,关注的是那些通常被认为并不相关的独立实体和体系之间的相互联系;世界史学家的工作就是描述人类历史上对边界的跨越和各个体系之间的联系,其研究资料范围很广,可谓无所不包;世界历史的工作不是简单地总结过去,它还创立了一些模式,例如,与人口比较史有关的模式、主要文明模式、全球经济的早期联系模式、地球生态演化模式以及定位世界主要区域间重要交流的模式;尤其应当优先考虑

---

[1] Bruce Mazlish and Ralph Buultjens, eds., *Conceptualizing Global History*, p. 8.
[2] Ibid., p. 20.
[3] [美]布鲁斯·马兹利什:《世界史、全球史和新全球史》,刘新成主编:《全球史评论》第2辑,中国社会科学出版社2009年版,第13—15页。
[4] [美]帕特里克·曼宁:《世界史导航:全球视角的构建》,田婧、毛佳鹏译,商务印书馆2016年版,"前言",第1页。

非洲的例子，尽管非洲在几千年前就丧失了对人类和人类历史的支配地位，但它在此后的岁月里一直是大量人口的家园，是革新的重要中心，是一个与世界其他大多数地区保持联系的地区，强调非洲的例子正是由于这些例子重视世界历史上的相互联系而不是支配地位。① 曼宁把全球视角下的世界史发展方向归纳为两条路径：一是历史学家的路径，二是科学—文化的路径。他认为：前者是通往世界历史的"内在"道路，即从全球联系的角度看待既有的历史资料（特别是在政治、贸易、文化领域）；后者是通往世界历史的"外在"道路，包含大量的新信息，它们都产生于传统的历史学范畴之外，例如生物学、环境科学、语言学、考古学、化学等学科，扩大了历史学研究的边界，各个领域的专家都采用全球性的视野考察历时性的变化，这有助于把其他研究领域融合到历史学研究之中；这两条路径意味着"历史资料及观察视角的内部变化与外部变化"，它们不断互动和拓宽，使得现在的"历史"比以前涉及更大的地理空间、更长的时间段和更广的研究主题。②

2006年3月，专门的《全球史杂志》（*Journal of Global History*）正式创刊，主办方为伦敦政治经济学院，出版方为剑桥大学出版社，其编委会汇集了一批有影响的西方全球史研究者。作为这本新杂志的绪论的是第一期上刊发的论文《全球史复兴的史学传统与现代必要性》，作者为帕特里克·奥布莱恩。奥布莱恩认为当代全球史领域存在两种主要方法。一是地区史和考古学长期以来建立的"联系"方法，威廉·麦克尼尔是运用这一方法的典型代表，麦克尼尔的研究工作激励了当代历史研究者放宽时间限制，建立各大洲、各大洋以及国家之间的长时间跨度的联系网络，研究历史中的联系使得历史学家可以避免文化上的优越感、时间上的狭隘性、本国主宰历史的自大感以及后现代主义对元叙事的怀疑，总体的联系被分解成各种类型，例如，贸易、投资、战争、宗教、移民、知识的传播、生物交流以及疾

---

① ［美］帕特里克·曼宁：《世界史导航：全球视角的构建》，第14、9页，"前言"，第3页。

② 同上书，第10—11、19页。

病传播，等等；一旦这些主要联系之网得以确立，人们的视野就会扩大，可获取的知识量也随之会显著增加，但其缺点则在于可能会降低在全球化背景下书写整体历史的可能性。① 二是比较的方法，这种方法从地理上扩大了历史学家的研究范围，汇总了大量复杂的地方史的细节资料，通过至少从两方面来进行对比观察，努力提供令人信服的研究结论，比较方法带给那些专注于研究几个不同地区的手工制品、组织机构、社会行为、社会态度及社会信念等主题的史学家很大启发，他们在几个特定区域的研究已经十分深入，现在则可以将这些成果在不同地域之间进行比较并分析其中的经济、政治、社会的不同特征。② 奥布莱恩在文中还梳理了欧洲、非洲、南亚、中国、日本和伊斯兰世界的史学传统。③

2008 年出版的《全球史学史——从 18 世纪至当代》一书，赞同帕特里克·曼宁对通往世界历史的两条路径的观点。该书认为，进入 20 世纪 80 年代尤其是 1990 年以后，世界史的写作走向了两个不同的方向：一个方向开始得较早，大约在 70 和 80 年代以安德烈·贡德·弗兰克、埃里克·沃尔夫和伊曼纽尔·沃勒斯坦等社会科学家以及关心现代西方资本主义对世界上其他地区产生影响的经济学家和社会学家为开端；麦克尼尔则代表第二种方向，他对经济和政治因素的兴趣不那么大，乐于把更早年代的历史包含进来，这也是 1990 年创刊、杰里·本特利任主编的《世界史杂志》(Journal of World History) 的基本思路，到目前（2007 年 3 月）为止，这份杂志刊登的许多文章都沿着本特利和曼宁所建议的方向，尽可能地逐步把重点移向在广泛的社会和文化的综合背景下的研究。④《全球史学史——从 18 世纪至当代》指出，1990 年以后，"全球史"一词变得越来越流行了，但是

---

① Patrick O'Brien, "Historiographical Traditions and Modern Imperatives for the Restoration of Global History", *Journal of Global History*, Vol. 1, Issue 1, March, 2006, pp. 3-39.

② Ibid..

③ Ibid..

④ [美] 格奥尔格·伊格尔斯、王晴佳著，苏普里娅·穆赫吉参著：《全球史学史——从 18 世纪至当代》，杨豫译，北京大学出版社 2011 年版，第 411—413 页。

全球史指的是什么，人们在谈论全球史时可以从哪些角度出发，到目前为止对这些问题尚未取得一致的看法；全球史一词与世界史往往相互重叠，混为一谈，但全球史更倾向于研究15世纪"地理大发现"以后的时代，指的往往是20世纪最后30年以来的全球化进程，世界史则可以把对前现代的社会和文化的研究包括进来；对1990年以来的主要杂志以及这些杂志上刊登的书评进行考察，会发现向世界史或全球史的转变已经开始了。[①]

2011年，多米尼克·萨克森迈尔出版了《全球视野中的全球史：连通世界中的理论与方法》一书。他在书中指出：正因为通常包含在"全球史"名下的研究是如此多样，以至于不能将其限制在严格的定义和精确的分类之中；把"全球史"和其他几个专有名词如"世界史"或"跨国史"分隔开也不可行；因此，他便主要在这样的意义上使用"全球史"的术语，即表示很多研究类型，它们超越了以往那些暗含在把历史概念化的诸多（学术的或其他的）方式中的空间观念。[②] 他这里强调的还是全球史在空间上的全球视野。萨克森迈尔指出，目前全世界的史学家对采用跨国的和全球的方法研究过去都具有日益增长的兴趣，但是，围绕全球史的讨论仍然在很大程度上局限于国家的或地区的学术机构对全球史研究目标、研究责任和研究潜力的理论交流层面上，他试图通过对全球和地方流动、知识社会学和历史学实践内在层次的一系列全新考察来纠正这种不平衡现象；他选取了美国、德国、中国作为主要的个案，考察它们研究全球史的不同方法的特征，以及它们迥异的社会、政治和文化情境，并认为这种新的全球趋势需要不断增强的跨国对话、合作与交流的支持方可获得实现。[③]

2013年，美籍日裔学者入江昭的《全球史与跨国史：过去、现在

---

① [美]格奥尔格·伊格尔斯、王晴佳著，苏普里娅·穆赫吉参著：《全球史学史——从18世纪至当代》，第413页。

② Dominic Sachsenmaier, *Global Perspectives on Global History: Theories and Approaches in a Connected World*, Cambridge University Press, 2011, p. 2.

③ Dominic Sachsenmaier, *Global Perspectives on Global History: Theories and Approaches in a Connected World*, the relevant sections.

与未来》指出，从一开始，全球史就区别于并对以国家为中心的历史学提出了挑战，全球史与跨国史两个术语的差别是很小的，可以互换使用。他认为全球史和跨国史有两个最根本的特点：首先，它们都超越国家边界，寻求探索跨越国界的相互联系；其次，它们特别关注与人类整体相关的问题和现象，而不仅仅是少数国家或世界的某一地区；最后，跨国史的一个重要贡献就是丰富人们对国家历史和国际历史的理解，全球史服务于同一目的，这使得全球史和跨国史的视角共同挑战现有的历史学。①

2014年，美籍印度裔学者杜赞奇、慕唯仁等人主编的《全球史思想指南》一书，也着重从空间的角度理解全球史。该书认为，全球是一个将空间和时间汇聚在一起的概念，因此全球空间性意味着全球史，反之亦然；世界是由不同的地区组成，它们逐渐形成相互关联，产生了人们所知的地球，不同的空间继续产生独特的历史进程和传统，要识别不同的空间，不可能独立于这些过程；全球史这种全球时空的视角的重要性在于掌握联系和独特过程的变化性质。②

2015年，迪戈·奥尔斯坦在《全球性地思考历史》一书中指出，全球史采用由全球化过程创造的相互联系的世界来作为它更大的分析单位，这个相互联系的世界为分析任何历史实体、历史现象或历史过程提供了最终背景；所以，全球史研究和出版物的第一个显著特征，是研究一个特定主题（如一个社会、一种商品或一种发明）与一个全球化世界的相互作用；第二个主要特征是，当全球视野保持恒定时，特定研究主题的界定既可以非常狭窄和具体，也可以非常宽泛和普遍，其整体的尺度范围要适用于定义研究主题；例如，如果研究一个特定空间与全球化世界的联系，这个空间可能小如一个村庄，大如整个大陆；如果研究主题是一个时间段，其期间可能短如一年，长如几个世纪，关键是试图把特定研究主题与全球化世界联系起来，无论其

---

① Akira Iriye, *Global and Transnational History: The Past, Present, and Future*, Palgrave Macmillan, 2013, pp. 11, 17.

② Prasenjit Duara, Viren Murthy and Andrew Sartori, eds., *A Companion to Global Historical Thought*, John Wiley & Sons, Ltd., 2014, p. 1.

规模多大或多小。①

2016年，詹姆斯·贝里奇、约翰·达尔文、玛格丽特·弗伦茨和克里斯·威克姆编辑出版了《全球史的前景》一书。尤尔根·奥斯特哈梅尔在其中的《全球史与历史社会学》（"Global History and Historical Sociology"）一文中提出，就其本质而言，全球史是一项理论性的事业，不能满足于单纯的描述，全球史需要理论投入；这可以从时间、空间和研究方法三个方面来理解：在时间上，根据研究者的构建意图，全球史的时间框架和分期是开放的；在空间上，全球史的研究空间是几乎无限的各种空间单位和层次，它不同于"宏观史"（即研究广阔空间、漫长时段、庞大问题的历史）之处在于全球史可以将世界和地方包括在一个相同的分析框架内；在研究方法上，全球史可以运用各种方法以及这些方法的具体组合，对全球史来说，叙事不是理论的对立面，而是理论整合的有效媒介。②

西方全球史的重要实践者威廉·麦克尼尔和杰瑞·本特利都对"什么是全球史"进行了探讨。威廉·麦克尼尔认为：全球史致力于研究地球人整个的历史，试图描绘人类事务的方方面面如何实现跨越时空永无休止的互动。③杰瑞·本特利认为，全球史研究的视角可以理解为，历史是个连续体，是现世与过去不间断的对话，曾经深刻地影响了当今世界的强劲的全球化势头驱使着史学家们关注人类早期的跨文化互动和交流过程。④他还指出，对英语世界的大多数史学家而言，世界史与全球史之间并无区别。⑤

还有其他的全球史研究者表达了对"什么是全球史"这一问题的理解和认识。例如，菲利普·费尔南德兹—阿迈斯托认为，全球史

---

① Diego Olstein, *Thinking History Globally*, Palgrave Macmillan, 2015, pp. 144-145.

② James Belich, John Darwin, Margret Frenz and Chris Wickham, eds., *The Prospect of Global History*, Oxford University Press, 2016, pp. 25-27.

③ http://www.global-history.org/? p=377, 2013年12月7日访问。

④ [美]杰瑞·H.本特利：《当今的世界史概念》，刘新成主编：《全球史评论》第1辑，商务印书馆2008年版，第156页。

⑤ 夏继果：《理解全球史》，《史学理论研究》2010年第1期。

"致力于概括地界定、描述过去,如果可能的话,理解世界各地发生的变化,或者至少是人类所定居生物圈的绝大部分地区发生的变化"。① 马蒂亚斯·米德尔指出,全球史主要不是或者说不仅仅是某种根本上统领着世界机制的综述和阐释,全球史有别于旧的世界史,它是一种研究方向,重在对全球交织的多样性展开经验研究,揭示与这种交织相联系的政治和经济利益。②

三

上述学者的观点,既是对西方全球史的定义、性质和意义的探讨,同时也表明了西方全球史发展的内在脉络。全球史自20世纪中期兴起以后,经过众多学者的积极努力,到20世纪90年代、特别是21世纪以来,其研究方法与研究实践获得了越来越广泛的重视。在西方,正如《全球史学史——从18世纪至当代》一书指出的,美国和英国所有重要的社会科学杂志以及法国的《年鉴》和《社会运动》、俄国的《奥德修斯》、意大利的《过去和现在》、德国的《历史与社会》,都转向跨国的历史研究,甚至有时还转向全球史的研究;在奥斯陆举行的第19届国际历史科学大会和在悉尼举行的第20届历史科学大会上,世界史和全球史都被列入分组讨论的议程。③ 事实上,2015年8月在中国山东济南召开的第22届国际历史科学大会上,第一个主议题就是"全球视野下的中国";同时,第22届大会也是这一被誉为史学界"奥林匹克"的盛会首次在亚洲地区召开。

可以看到,上述各家观点既有共通之处,也存在着细微差别。很

---

① *What is Global History?* by Pamela Kyle Crossley, Cambridge, 2007. Reviewed by Felipe Fernandez-Armesto, *Journal of Global History*, Vol. 5, Part 2, July, 2010. pp. 349-351.

② 何涛:《跨民族史学研究:缘起、方法与进程——马蒂亚斯·米德尔教授访谈录》,刘新成主编:《全球史评论》第2辑,中国社会科学出版社2009年版,第205页。

③ [美]格奥尔格·伊格尔斯、王晴佳著,苏普里娅·穆赫吉参著:《全球史学史——从18世纪至当代》,第404页。

多学者从方法论的角度将全球史界定为受经济全球化影响而产生的历史研究的新方向或新方法，但同时也承认全球史与世界史之间的关联。另一些学者则强调全球史是与世界史不同的思维模式，认为世界史是各个文明的历史，全球史是这些文明之间的联系与互动的历史。[1] 归纳起来，从全球史的时间断限上看，各家观点大致可以分为三类。第一类认为全球史是自远古以来的人类历史，第二类认为全球史是1500年以来的历史，第三类认为全球史是当代史，应重点关注全球化的当代进程。不过，即便是研究全球化的当代进程，显然也无法脱离其深远的历史背景。全球史的地理空间范畴则包括各地方、各地区，大陆、海洋和大洋盆地，甚至覆盖全球。

笔者认为，不应将全球史与世界史对立或割裂开来，世界史是人类整体的历史，从学科专业的角度来看，全球史是发生在世界历史学范畴内的观念与实践创新，是全球化时代的世界史。全球史与世界史的时空范畴是相同的，但全球史的切入点与注重民族或国家的传统世界史则有明显的不同。无论是通史研究，还是专题研究，全球史内在的时空框架是通过全球视野下的跨文化互动研究（即地球上不同人群接触后发生的多种交往）搭建起来的。随之而来的问题就是应当如何理解"全球史视野"、"全球视角"等话语？它们实际上指的是在全球化时代认识和研究历史的一种尽量宏观的视角、一种尽量全面的思维方式。这些话语内含的问题实质则是：全球史研究在认识论和方法论上的特点是什么？全球史的突出特点在于，试图超越长期以来无视甚至否认西欧北美以外国家和民族历史的"欧洲中心论"，将人类世界视作一个有机整体，通过多重的空间和网络，探讨不同群体之间的接触、联系和影响，从全球的角度来考察人类文明的产生和发展，揭示人类复杂社会生活的诸多真相。全球史是时代发展的产物，同时也是历史学本身不断演变的产物。从史学理论及史学史的角度而言，可以从以下五个方面考察全球史并给予其适当的定位。

---

[1] Jürgen Osterhammel and Niels P. Petersson, *Globalization: A Short History*, Princeton and Oxford: Princeton University Press, 2005, pp. 19–20.

首先，全球史是人类探索自身、研究人与外部世界关系的智力成果的重要组成部分。其产生和发展具有深刻的社会历史根源，即与人类社会的经济全球化进程存在着紧密和必然的联系。从古至今，从宏观和相互关联的角度考察历史演变的尝试，在世界范围内皆有所体现。今日全球史从多种社会层面和多重空间形式来研究人类历史的学术抱负，与以往的普遍史、总体史均有渊源。但是，直到20世纪中期以后，全球史才应运而生，这是由于经济全球化进程不仅为历史学家考察和分析人类历史提供了一种切实的全球性视角，而且还提供了进行综合性研究的物质基础及工具手段。跨文化互动研究得以发展的现实前提，是20世纪中期以后人类不同群体之间的交往在范围和程度上都极大扩展，物质交往和精神交往的形式也更为多样，呈现出明显的世界一体化特征，从而推动研究者历史性地加以思考，说明人类交往历史的演进过程。有统计表明，从1947年到20世纪90年代末，世界贸易总值从570亿美元猛增至60000亿美元。[①] 菲利普·D. 柯丁的全球史名著《世界历史上的跨文化贸易》初版于1984年，其时代背景显而易见。在经济全球化的推动下，全球史提倡的这种把世界作为一个整体、从全球的角度系统研究历史的观念和撰写历史的方法，才会取得日益丰硕的成果。

其次，全球史对世界史的重构和发展，主要体现在重新确定了世界史研究的视野，扩展了世界史研究的对象，更新了解释人类历史进程的模式。如前所述，世界史和全球史两个术语都是对人类客观历史进程的指代和描述，其中所内含的定语转换，不仅意味着历史研究的全球视野的确立，而且意味着研究对象在不同层面中的深化、在不同空间内的扩展。全球史所标榜的跨文化互动研究，构建出跨国、跨地区、跨大陆、跨半球、跨海洋直至全球的多重地理空间，以及贸易、移民、技术、文化等多种社会性交流网络，全球史便具体化为在这些空间和网络内的各种人类活动。在此基础上，既可以研究空间和网络

[①] ［美］曼弗雷德·B. 斯蒂格：《全球化面面观》，丁兆国译，译林出版社2013年版，第35页。

内的地方，也可以研究不同空间和网络之间的交流，还可以研究多个空间和网络的交叉互动。这样，就可以在同一个分析框架内兼顾地方和全球，说明它们如何受到空间和网络的影响，以及它们如何影响空间和网络。全球史因此而具备了层次感和立体感，同时也自然而然地要求新的解释模式：全球与地方的复杂互动，各种空间和网络的相互影响，共同参与了全球历史的塑造，所以，这在微观和中观层面是对不同规模的各种具体变化进行描述和分析，进而在全球层面试图说明重大历史变迁的类型与机制。这其中涉及的无数的历史和现实活动，显然都是可资利用的研究资料。所以，对于全球史而言，综合运用历史比较和跨学科的研究方法，借鉴吸收社会学、人类学、考古学、生物学、经济学、法学等学科资源，已经成为一种内在的需求。

再次，可以从狭义和广义两个方面来把握全球史的概念及其发展的内在阶段性。狭义的全球史就是指西方的全球史。英国历史学家杰弗里·巴勒克拉夫在20世纪中期首倡全球史观，标志着全球史在西方史学界的兴起。全球史的发展在欧美各国的突破点不同。正如奥斯特哈梅尔指出的，全球史在英国源于帝国史，在美国源于西方文明课程，在德国源于其深厚的世界史传统和马克思主义研究方法。[①] 这显然与各国具体的国情联系在一起。其中的共性则在于对西方历史学中的旧有观念进行检验和反思，超越欧洲和西方，关注所有地区和时代的人类历史。这就是第二次世界大战后西方历史学的重新定向。实际上，受到"二战"直接的、强力的刺激，全球范围内的历史反思都在萌生。正如有学者指出的，对全球史的兴趣并不仅限于西方，近些年来，许多穆斯林历史学家和印度历史学家，也在试图超越西方的范畴和方法，还有一些学术界人士甚至回到了宗教的视角。[②] 西方的这种史学潮流与其他国家和地区正在发生的史学反思或变革不断地互动融合，进入21世纪特别是最近十年以来，形成了"全球的"全球史，

---

① James Belich, John Darwin, Margret Frenz, and Chris Wickham, eds., *The Prospect of Global History*, Oxford University Press, 2016, p. 23.

② [美] 格奥尔格·伊格尔斯、王晴佳著，苏普里娅·穆赫吉参著：《全球史学史——从18世纪至当代》，第405页。

也就是广义的全球史。历史研究的客体不再是个别的国家、民族或地区,历史研究的单位逐渐向"全球"转变。广义的全球史已经不再为西方所独有,它受到来自各国、各地区史学传统的学术滋养,成为目前被国际史坛广泛接受的研究方法与编撰理论,成为不同领域的研究者可以达成一定程度的共识、进而共享共建的史学资源。这在中国表现得尤为明显。中国的世界史研究者一方面从史学理论的角度积极参与全球史的概念界定和方法论探讨,另一方面从自身历史出发,努力推进全球史的各种实证研究。首都师范大学全球史研究中心、北京外国语大学全球史研究院、山东大学全球史与跨国史研究院等专业性机构的设立,表明全球史对中国学者来说,已经不仅仅是一种域外的史学流派或史学思潮,它与中国的通史传统、整体世界史观和马克思主义史学逐渐交融,内化为中国世界历史学自身学科建设、理论研究和实证研究的一部分。这正是中国的全球史,它与西方全球史都是广义全球史的组成部分。

又次,应当充分认识到西方全球史目前存在的问题。西方全球史在转换研究视角方面取得的成就,突出体现在通过探讨生物生态及环境的全球变化来理解世界史上的人类变迁,这也是西方全球史的研究热点之一,其中的两个重要术语是"哥伦布交流"和"生态帝国主义"。"哥伦布交流"描述的是对哥伦布航行美洲及其后果的研究。艾尔弗雷德·克罗斯比提出,在哥伦布航行带来的改变中,最重大的一项是属于生物性的改变;[1] 欧洲帝国主义的成功具有生物、生态的因素在内,[2] 所以称之为"生态帝国主义"。约翰·麦克尼尔评价其为开启了"观看美洲、拉丁美洲、欧洲、非洲以及整个世界历史"的新

---

[1] [美]艾尔弗雷德·W. 克罗斯比:《哥伦布大交换——1492年以后的生物影响和文化冲击》,郑明萱译,中国环境科学出版社2010年版,"初版作者序",第XVI页。该书的英文名为"*The Columbian Exchange*: *Biological and Cultural Consequences of 1492*",笔者认为,将"The Columbian Exchange"译为"哥伦布交流"似更为妥当。

[2] Alfred W. Crosby, *Ecological Imperialism*: *The Biological Expansion of Europe*, 900 – 1900, Cambridge University Press, 2004, p. 7.

视角,"成为近代史标准论述的重要一环"。① 实际上,"哥伦布交流"描述的历史现象意味着欧洲人一系列的探险、商业、贸易和侵略活动,其生物生态影响遍及全球,自不待言,但也无法掩饰其内在强烈的政治、经济甚至意识形态意图。正如有学者指出:"哥伦布交流"与"西方历史中最悲惨、恐怖而重要的一个片段:跨大西洋奴隶贸易"紧密联系在一起;大约 1250 万非洲俘虏从非洲上船,1080 万人活着抵达美洲;而奴隶贸易和奴隶制度的结束也并未消灭其意识形态遗产:白人至上主义;现代美洲人、欧洲人和非洲人还在应付其后遗症。② 换言之,"生态帝国主义"的相关研究可以使人们更加了解历史发生的细节,但不足以改变对欧洲殖民主义和帝国主义的定性。这反映出西方全球史面临的三个核心问题:一是如何对参与跨文化互动的双方或多方主体的历史作用做出准确的界定与判断;二是如何把握历史叙述内在的平衡,不回避对重大互动进程的历史定性,避免滑入相对主义的泥潭;三是如何从全球层面提炼跨文化互动本身的动力和规律。

最后,作为全球化时代的世界史,全球史在现有基础上的新的主要增长点,应当是本体论上的创新。前述西方全球史所面临的问题,揭示的正是其在本体论上的瓶颈,即历史理论的停步不前。如何把握经济全球化时代的人类历史?有学者指出,全球化决不会导致同质化,甚至经济领域也不例外,全球性的经济扩张使世界各地经历了消费模式的改变,而这种消费模式源于当地的传统、习俗和观念;正是在这一方面,历史学家的研究工作具有重要的意义,能把全球化进程产生的转变置于更宽广的历史背景中加以研究。③ 事实上,生产与交往的高度发展,社会财富的高度集中,以及全球贫困、环境污染恶

---

① [美]艾尔弗雷德·W. 克罗斯比:《哥伦布大交换——1492 年以后的生物影响和文化冲击》,"30 周年版前言",约翰·麦克尼尔"以生态观点重新解读历史",第 iv 页。

② [美]丽莎·A. 琳赛:《海上囚徒:奴隶贸易四百年》,杨志译,中国人民大学出版社 2014 年版,"绪论"第 1—5 页,第 231、204 页。

③ [美]格奥尔格·伊格尔斯、王晴佳著,苏普里娅·穆赫吉参著:《全球史学史——从 18 世纪至当代》,第 415 页。

化、核安全等各种全球性问题，使得人类整体的历史日益清晰地显露面貌，"人类命运共同体"成为正在演进的现实，无人可以独善其身。未来取决于现在和过去，全球化时代正是为人类命运求解的时机。可以说，在全球化时代如何把握人类社会历史演变的性质和特点，这个史学本体论上的挑战是历史学研究者面临的一道全球性命题，保持研究者的主体性与克服各种"中心论"如何平衡，显然是其题中应有之义。包括中国在内的第三世界国家的历史，与西方国家的历史，彼此联系，互为他山之石，都是人类作为一个物种而言的整体历史的组成部分。人类的整体历史也就是人的生产和交往演化的历史。民族、部族、国家、文明甚至整个世界都是人的生产和交往的集合形式，同时也构成世界历史发展的各种支点。在生产的时间延续和交往的空间扩展中，即使生产在某一个或某几个空间位置上表现出超越其他空间位置上的先进性，即出现领导时代发展潮流的力量中心，也不妨碍、不能抹杀各种支点的存在。人类社会的整体性和多样性在生产和交往的辩证统一基础上才能得以说明。这个变动剧烈的当今世界，对世界历史学提出了前所未有的挑战，同时也提供了前所未有的机遇。

第一章

巴勒克拉夫全球史研究的学术史回顾

一 英国历史学家杰弗里·巴勒克拉夫

对于中国世界史学界而言，批判"欧洲中心论"并肃清其影响是世界史学科发展中的一个十分重要的问题，这与创建有中国特色世界史研究理论体系有直接的联系。作为一个史学理论研究工作者，笔者对这一重大理论问题十分关注。从世界范围来看，对"欧洲中心论"的批判和超越，已经成为非西方国家学术界普遍面临的问题。在一些西方国家，学者们对这个问题也予以高度的重视。众多的研究者都从不同视角、不同层面对"欧洲中心论"进行了反思和批判。20世纪中叶由英国历史学家杰弗里·巴勒克拉夫（Geoffrey Barraclough，1908—1984）最早明确提出的全球史观就是其中一种较有影响的观点。随着经济全球化的日益深入发展，全球史观在世界各国史学界都产生了广泛的影响。

巴勒克拉夫是当代英国一位著名的历史学家。1908年5月10日，巴勒克拉夫出生于英国约克郡的布拉德福特，早年曾受教于约克大学、牛津大学等学校。1929—1931年，他求学于德国慕尼黑大学。1931—1933年，他在罗马的英国学院从事教皇史研究。1934年，巴勒克拉夫返回英国。第二次世界大战期间，他曾经在英国外交部和英国皇家空军部任职。1956年，巴勒克拉夫接替汤因比成为伦敦大学"斯蒂芬森国际关系史研究讲座"教授，并兼任英国皇家国际事务学会的研究部主任，负责主编该会年刊《国际事务概览》。1964—1967年，巴勒克拉夫任英国历史学会主席。从1965年开始他先后在美国的加利福尼亚大学和布兰德斯大学执教。从70年代初到1981年，巴勒克拉夫在布兰德斯大学度过了近十年的平静时光，成果频出。他担任了两套著名的系列丛书的主编，分别是"欧洲文明丛书"（Library of European Civilization）和"世界文明丛书"（Library of World Civilization）。从布兰德斯大学退休后，1984年12月26日，巴勒克拉夫在英国牛津郡勃福特逝世。在数十年的学术生涯中，巴勒克拉夫足迹遍及欧美，作品频出。① 他早期专治欧洲中世纪史，后来以此为基础不断扩展研究领域，成为西方一代史学大师。②

巴勒克拉夫早年深受西方传统史学的影响。正如《牛津英国传记大词典》指出的，在29岁时，他就已经成为英语世界中的德国中世纪史研究的顶级权威；他出版于1946年的《现代德国的起源》一书，展现了历史学家对德国问题的长远视野，他所建议的政策也被英国和美国采纳。③ 20世纪上半叶，世界形势和欧洲形势都发生了翻天覆地的变化，"欧洲中心论"遭遇到严肃的理论挑战，一些西方史学家开始重新审视欧洲之外的地区和欧洲与世界的关系。第二次世界大战之后，在西方的世界史重构潮流中，巴勒克拉夫率先明确主张采用全球视野来研究和撰写世界史并对"欧洲中心论"进行系统批判。巴勒克拉夫积极倡导建立全球史观，即"不仅放眼世界，展示全球，而且不带成见和偏私，公正地评价各个时代和世界各地区一切民族的建树"的史学新观念，以适应一个发生剧烈变动的世界的需要。④ 巴勒克拉

---

① "G. Barraclough, 76, Historian", *The New York Times*, January 10, 1985.

② 巴勒克拉夫的主要著作包括：《教皇的圣职委任制》（*Papal Provisions*: Aspects of Church History, Constitutional, Legal and Administrative in the Later Middle Ages, Oxford, 1934）；《现代德国的起源》（*The Origins of Modern Germany*, Oxford, 1946）；《中世纪帝国：观念与事实》（*The Medieval Empire*: Idea and Reality, London, 1950）；《中世纪的教皇》（*The Medieval Papacy*, W. W. Norton & Company, Inc., 1968）；《从阿加迪尔到大决战：剖析危机》（*From Agadir to Armageddon*: Anatomy of a Crisis, New York, 1982），等等。

③ H. C. G. Matthew and Brian Harrison, eds., *Oxford Dictionary of National Biography*, Volume 4, Oxford University Press, 2004, p. 27.

④ ［英］杰弗里·巴勒克拉夫主编：《泰晤士世界历史地图集》，生活·读书·新知三联书店1982年版，"前言"，第13页。

夫在兴趣点和方法论上的转变证明了战后历史编纂学的重新定向。①随着时代的发展和世界形势的变化，巴勒克拉夫不断进行严肃的学术探索。他的这种全球性的历史观念及实践在其1955年出版的《变动世界中的历史学》、1964年的《当代史导论》、1978年的《当代史学主要趋势》和《泰晤士世界历史地图集》中均有体现。

在巴勒克拉夫全球史的相关作品中，《变动世界中的历史学》(*History in a Changing World*, Oxford) 最早发表于1955年，1956年由奥克拉奥玛大学出版社（University of Oklahoma Press）再版，1957年由布莱克韦尔出版社（Basil Blackwell）再版。《变动世界中的历史学》一书收录了巴勒克拉夫在20世纪四五十年代的15篇相关论文。它被汤因比称之为"这里有足够的炸药，能把19世纪的西方历史主义烧为灰烬"。

《当代史导论》(*An Introduction to Contemporary History*, Harmondsworth) 最早发表于1964年，1967年由佩利肯出版社（Pelican Book）再版，1979年作为企鹅（Penguin）丛书之一再版。该书从巴勒克拉夫1956年在牛津当代史小组（Oxford Recent History Group）的发言扩展而来，主体为他1963年在牛津鲁斯金学院的查尔斯·比尔德讲座（Ruskin College, Oxford Charles Beard lectures）和1964年在加利福尼亚大学洛杉矶分校的演讲内容，其中1964年的演讲内容有所扩展。

《当代史学主要趋势》(*Main Trends of Research in the Social and Human Sciences: History*, Mouton Publishers) 最早发表于1978年。1976年，巴勒克拉夫受联合国教科文组织的委托，开始撰写《社会与人文科学研究主要趋势》系列丛书的历史学卷，历时两年完成，其单行本就是《当代史学主要趋势》。该书对20世纪50年代以来世界各国历史学研究的新趋势进行了全面阐释和系统分析，其后分别于1979年和1991年再版。1991年的版本由迈克尔·伯恩斯（Michael Burns）撰写了前言和后记，对其学说进行了评介。

---

① Kenneth C. Dewar, "Geoffrey Barraclough: From Historicism to Historical Science", *Historian*, Vol. 56, No. 3, 1994, pp. 449–464.

《泰晤士世界历史地图集》(The Times Atlas of World History, Maplewood) 最早发表于 1978 年, 后被译为法、德、意、荷、日、希伯来等语种出版发行。英文本在 1978 年版本的基础上, 分别于 1979、1980、1981 和 1984 年再版。1978 年版本的前言强调打破"欧洲中心论", 关注非文明中心地区, 如中亚游牧民族, 研究暴力手段导致的版图的变化及征服和影响。1984 年版本的前言指出新版在地名、年代和词汇表上有改动和改正, 其中地名表全部重写, 强调 1945—1984 年间世界版图的重大变化。具体差别主要为: 第 44 页非洲的降雨和植被图、语言分布图更加细致, 名词更多; 第 270 页中 1978 年版有原子弹爆炸和 1942—1944 年盟军分布图, 1984 年版改为伯马 (Burma) 战役; 第 276 页, 1978 年版为从帝国后退 (Retreated from Empire 1939—1977), 1984 年版改为从帝国后退 (Retreated from Empire 1939—1983); 另外, 1984 年版的书末地图截止时间为 1983 或 1984 年。

巴勒克拉夫明确提出要建立全球的历史观, 即超越民族和地区的界限, 理解整个世界的历史观。他的全球史研究的理论和实践是逐渐发展起来的。这种全球性的历史观念在西方学术界有一定的代表性。不过, 全球史观实际上涉及了一个根本性的理论问题, 即史观也是一种社会意识形态, 自身具有民族性和时代性的烙印, 所以, 全球史观实际上无法形成严密的理论框架, 它更多的是一种把世界视为一个整体, 并从宏观的、联系的角度考察和分析人类社会历史演变的一种研究方法和历史思维。巴勒克拉夫通过自身的史学实践努力探索世界历史研究和编撰的新路径, 他的努力一方面取得了比较突出的成果, 另一方面也表现出明显的历史局限性。

二 国外研究状况

近年来国外学术界虽然日益关注对全球化和全球史的研究, 但是至今还很少见到关于巴勒克拉夫全球史研究的系统专著, 较有影响的成果尚不多见。其中，迈克尔·伯恩斯在1991年再版的《当代史学主要趋势》的前言和后记中对巴勒克拉夫的学说进行了评介。肯尼思·杜瓦（Kenneth C. Dewar）在1994年的《历史学家》（Historian）杂志上发表了《巴勒克拉夫：从历史主义到历史科学》（"Geoffrey Barraclough: From Historicism to Historical Science"）一文，对巴勒克拉夫的学术成就进行了评价。他们的观点为研究巴勒克拉夫的全球史实践提供了重要的参照。

迈克尔·伯恩斯指出，总体来看，在巴勒克拉夫半个世纪的学术生涯中，他在身体和思想上都是一个全球漫游者；随着时间的推移，他突破了对中世纪欧洲的研究，开始了他称之为"全球的"或"总体的"、广泛的综合性历史研究；他是一个博学的、卓越的学者，也是一个穿越历史时空的不知疲倦的、孤独的旅行者。首先，从一开始巴勒克拉夫的学术生涯就具有"社会目的"，"历史必须用科学精神来研究，并被灌注了社会目的"。[①]他的作品不是对"技术性、专门化和沉闷的"议题的分析，而是"为了一般大众，出于对以往伟大历史运动的兴趣"进行研究；一直以来，他都试图探索"那些既属于现在也属于过去的事实"，他尊重历史研究的基本规则，并要求学生和同事也这样做，他对没有灵魂的抽象缺乏耐心，对死记硬背时间、地点和人物也没有耐心；他相信，不能把历史事实从它们的历史中脱离出来而理解。第二，受到"二战"剧变的影响，他再次回顾遥远的过去，以便获得对现在更好的理解。与他同时代的许多学者一样，巴勒克拉夫置身于一个道德被从政治中摒弃的世界，置身于一个历史经验要么因为不幸的结局而被曲解，要么因为悲惨的后果而被忽略的世界；他的见解是要采取能够"适应全球政治和文明的新环境"的新观点，拯救"已经沉没在19世纪历史哲学沉重车轮造成的深深轨迹中"的历史科学。[②]第三，巴勒克拉夫采取了全球视野，他的史学探索超越了

[①] Geoffrey Barraclough, *Main Trends in History*, New York: Holmes & Meier, 1991, p. 215.

[②] Geoffrey Barraclough, *History in a Changing World*, University of Oklahoma Press, 1955, p. 206.

西方历史的地平线；他对非欧洲事务和后来被称为第三世界的地区表现出明显的兴趣；20世纪40年代晚期，他以此为中心的论述，远远在大多数西方历史学家扩展自己观念之前，并在今天获得了共鸣；他还试图理解亚洲、非洲、拉美和其他社会的情况。①

迈克尔·伯恩斯认为，《变动世界中的历史学》和《当代史导论》是巴勒克拉夫早期的综合性研究。他指出，《当代史导论》给"当代史"做了一个严格的划分，巴勒克拉夫考察国际关系的变化环境，大众民主的兴起，欧洲帝国主义的微光，对西方霸权的全球挑战和1890—1960年新世界的其他路标；这本书对一些读者来说，是对20世纪根本的结构变化的详细分析；对另一些读者来说，它描绘了一幅巨大并有疑问的概括性图画；但有一件事情是确定的，它再次确认了巴勒克拉夫的全球史观，这就像伞兵的视野超越了菌类采集者的视野；这本书奠定了他以后经常重复的主旨：欧洲时代结束了，文学和政治一样，突破了欧洲的束缚，未来的文明将成为一种世界文明，所有的大陆都将在其中发挥作用。②《当代史学主要趋势》一书在时间上集中于"二战"后的30年，通盘考察了作为主要研究中心的欧洲和北美的关键趋势，也考察了苏联、中国、日本、印度、印度尼西亚、非洲和拉美的情况；不过，尽管在范围上是全球的，这本书不是对历史的特别的先见之明或者解释的宣言，而是分享了前述两书的主旨。③

迈克尔·伯恩斯对巴勒克拉夫探索历史学发展新趋势的努力表示肯定。他认为，正如巴勒克拉夫洞察的那样，新趋势将像笨拙的青年那样，会超越初期的犯错阶段而不断前进，所以新趋势的发展会伴随着社会学、心理学、文化人类学和后结构主义在历史学领域的应用；如果说在一门怀疑规则的学科中存在着确定法则的话，那就是很多今天的新趋势将是明天历史学家研究的主要工具的一部分；新的推动力和有前途的革命性探索，将会出现并在历史学专业的前一代人和后一

---

① Geoffrey Barraclough, *Main Trends in History*, Foreword, pp. ix-xi.

② Geoffrey Barraclough, *An Introduction to Contemporary History*, Harmondsworth: Penguin, 1979, p. 268.

③ Geoffrey Barraclough, *Main Trends in History*, Foreword, pp. xii-xiii.

代人之间引发新的争论，而巴勒克拉夫肯定会积极参加这种争论，他会拥抱那些能开辟专门化研究中遗漏的空白领域和扩展历史学家视野的趋势。① 这实际上对巴勒克拉夫给予了高度的评价。

肯尼思·杜瓦指出，从 20 世纪 40 年代晚期到 60 年代早期，当历史学科遭受来自各方面的审查时，巴勒克拉夫成为一个历史学的批判者；在同时代的历史学家中，巴勒克拉夫并不是唯一为历史学复兴而努力的人；他的贡献主要不在于理论的创意性或者精致性，而是在于他观念上的活力及其激进表现；巴勒克拉夫是努力对历史理解的本质和目的进行重新定义的人物之一，他在兴趣点和方法论上的转变证明了战后历史编纂学的重新定向；在战后对史学的信任危机问题上，"现在的要求"成为巴勒克拉夫的修正主义的试金石，他变成了对历史学中的实质性意义（relevance）的传道者；巴勒克拉夫的目标是历史的普遍性，即一种总体史，当他写作《当代史导论》时，他发展了一种全球史的普遍观念并证明其合理性和有实行的可能；《当代史导论》使用的方法表明巴勒克拉夫对"欧洲中心论"的拒绝已经转变为对历史主义的拒绝，尽管他不是马克思主义者，但马克思主义对他的影响是明显的；20 世纪 70 年代末期，尽管很多人不会同意巴勒克拉夫对出现历史编纂学上的牛顿的预期设想，但是大多数人可能都会同意历史学家已经带着对历史知识价值的新信仰从战后的重新评价中走出来了。②

另外，西方全球史学者如布鲁斯·马兹利什、杰里·本特利、尤尔根·奥斯特哈梅尔、丹尼尔·沃尔夫等人，对巴勒克拉夫的学术成果也有一些评论，后文均有涉及，根据行文需要，此处便不再赘述。

三 国内研究状况

依据笔者收集到的资料来看，我国最早对巴勒克拉夫的全球史实

---

① Geoffrey Barraclough, *Main Trends in History*, Foreword, p. xiv.
② Kenneth C. Dewar, "Geoffrey Barraclough: From Historicism to Historical Science", *Historian*, Vol. 56, No. 3, 1994, pp. 449-464.

践开展研究的学者是吴于廑先生。1959 年，吴于廑依据《变动世界中的历史学》一书撰写了《巴拉克劳夫的史学观点与欧洲历史末世感》一文，[①] 对巴勒克拉夫的学说进行了评介。吴于廑认为，巴勒克拉夫作为西方资产阶级历史学家，不可能完全摆脱西方传统史学的影响，但是他对传统史学的异议确实具有全面否定的性质。吴于廑认为巴勒克拉夫存在的问题如下。首先，巴勒克拉夫否认物质进步是衡量历史发展的标准，也就不能理解历史是各个社会形态由低级到高级的发展，因此他也不可能正确批判西方传统史学中的一线发展论；西方传统史学把整个人类的历史视为一线发展并最后达于西欧近代文明的顶峰，这当然是荒谬的、自大的；但是这一思想承认历史不断发展、承认后一阶段的历史总是在前一阶段的基础上继续前进，这就说明其中有可以肯定的合理的因素；巴勒克拉夫不但看不见这些合理的因素，以唯心主义的论点把一线发展论全盘否定，而且还抬出历史周期论，说历史有始有终，像有机体一样逃不脱生命的周期；这就不难看出，他的学说比传统西方史学更多一层宿命论的色彩，在本质上是一丘之貉；资产阶级的历史遭遇改变了，西方史学的主调也跟着改变，这是必然之理；今日的巴勒克拉夫和当年的朗克（兰克）一样，其所提出和阐明的历史命题，也是由西方资产阶级所经历的时代决定的；所不同者，朗克（兰克）奏的是爽朗的进行曲，而巴勒克拉夫则是沉吟着彷徨无路之歌。其次，之所以这样，是因为巴勒克拉夫看不到社会阶级力量发生了变化，西方资产阶级史学界显然已染上一种对欧洲历史前途无望的时疫，而且看来这个症候还无药可医；巴勒克拉夫的阶级意识和感情，支配他看不出未来历史的方向，因而也就不能为欧洲历史寻求出路，从他的笔下就可以随处看到一种茫然的末世之感；他"重新定向"的结果，却是承认历史是相对主义的，西欧资产阶级的历史命运，决定巴勒克拉夫是如此想有所作为，却又如此地彷徨

[①] 吴于廑：《巴拉克劳夫的史学观点与欧洲历史末世感》，《吴于廑学术论著自选集》，首都师范大学出版社 1995 年版，第 231—254 页。

无计。①

在我国，目前除了《变动世界中的历史学》，关于巴勒克拉夫全球史研究实践的代表性著作都已翻译出版。

其中，《泰晤士世界历史地图集》由生活·读书·新知三联书店在1982年根据1979年英文版翻译出版。1983年，三联书店把这本地图集的文字部分结集单独出版，题名为《世界史便览》。三联书店在中文版出版说明中明确指出，这本地图集中有关中国历史疆界的地图，以及有关中印、中苏、中蒙等边界的图示，存在明显错误：有的图把中国领土西藏、台湾作为独立的政治单位或经济单位来表示，对金门、马祖、西沙群岛、南沙群岛、黑龙江同乌苏里江合流处等我国领土，作为"有争议地区"，等等；不过，这本地图集在一定程度上改变了过去以欧洲为中心阐述历史的旧观点，并从宏观历史的高度来阐述人类历史的形成和发展，避免了事件的堆砌和割裂历史。②"巴拉克劳夫主编的《泰晤士世界历史地图集》及其文字说明，自译为中文出版后，其所持'放眼世界，展示全球'以及'公正地评价各个时代和世界各地区一切民族的建树'的观点，在我国从事世界史研究者中引起良好反应。"③

《当代史学主要趋势》（杨豫译）由上海译文出版社在1987年根据1978年英文版翻译出版。中译本第一版印制了八万册，是《当代学术思潮译丛》中的一辑。译者指出，这本著作是以当代历史学发展的新方向和新趋势贯穿全书，内容丰富，观点鲜明，资料翔实，取材广博，评价公允客观，读者从中足以窥见当代历史学研究的全貌；这本著作不仅被欧美各大学列为史学史的必读参考书，对于我国史学工作者也会有一定的学术参考价值。④ 中译本序言的作者爱丁堡大学历

---

① 吴于廑：《巴拉克劳夫的史学观点与欧洲历史末世感》，《吴于廑学术论著自选集》，第233—252页。
② ［英］杰弗里·巴勒克拉夫主编：《泰晤士世界历史地图集》，"中文版出版说明"。
③ 吴于廑：《世界史学科前景杂说》，《吴于廑学术论著自选集》，第40页。
④ ［英］杰弗里·巴勒克拉夫：《当代史学主要趋势》，杨豫译，上海译文出版社1987年版，"译者的话"，第3页。

史系教授哈里·狄金森认为,虽然巴勒克拉夫坚信科学的历史学正在一往无前地迈进,陈旧的历史研究方法和态度正在退却,不过,"巴勒克拉夫教授对于科学的历史学的胜利也许过于乐观了(同时,由于他过多地强调了计量史学,从而忽视了文化史和思想史,尤其是忽视了民众精神的历史),但是毫无疑问,这部著作仍然是介绍五十年代至七十年代末新型历史学研究发展的一部最优秀的著作,也是一部最基本的著作;对于希望了解历史学这门学科近几十年来的变化的每个严肃认真的历史工作者来说,巴勒克拉夫证明自己是一位胜任的专家和导师;他极为公允地评价了这些变化:他赞扬了这些重大的变化,同时也深刻地认识到有必要对有些历史学家为什么会抵制这些变化的原因作出解释"。① 杨豫的译本于2006年由北京大学出版社再版。

随着《泰晤士世界历史地图集》和《当代史学主要趋势》的翻译出版和广为流传,巴勒克拉夫的全球史观及全球史研究实践在中国学术界获得了比较高的评价,他的一些经典论断被研究者广泛引用。

《当代史导论》(张广勇、张宇宏译)由上海社会科学院出版社在1996年根据1967年英文版翻译出版。张广智先生在《"放眼世界,展示全球"——巴勒克拉夫的世界史理论与实践》(代序)中对巴勒克拉夫的学术生涯和史学思想进行了述评。他强调,巴勒克拉夫所要建立的全球历史观是与陈腐的西欧中心论的对立,从这种对立及其演变中,人们莫不感受到西方史学乃至整个国际史学不断前进的步伐,由此,我们可以察觉到巴勒克拉夫论见的时代意义与史学意义。② 他认为,《当代史导论》的成功从根本上来说,是因为该书充分地体现了巴勒克拉夫的宏观世界史的理论和方法,在相当大的程度上反映了20世纪五六十年代以来西方勃兴的世界史整体研究的新史学潮流,不失为当代西方新史学的名著之一;它不是一本以时间为序的逐一记述的当代政治军事史,而是广泛涉及当代世界历史发展的各个层面,这

---

① [英]杰弗里·巴勒克拉夫:《当代史学主要趋势》,杨豫译,上海译文出版社1987年版,"序言",第3—4页。

② [英]杰弗里·巴勒克拉夫:《当代史导论》,张广勇、张宇宏译,上海社会科学院出版社1996年版,"代序",第8页。

种范围广阔、色彩丰富的当代史,与内容狭隘、枯燥乏味的西方传统史学著作迥然不同;巴勒克拉夫对当代史研究内容的拓展,对我国的世界史研究与教学,将有着借鉴意义;巴勒克拉夫已为当代史研究提供了许多具有方法论意义上的构想,这些对于现当代世界史的研究者来说,也不失其参考价值。[①] 另外,罗思东先生在《国际关系研究的历史学视角——兼评巴勒克拉夫的〈当代史导论〉》一文中指出,巴勒克拉夫的全球史观(当代史观)强调历史的整体性和一致性,这一研究趋向势必涉及国际关系领域里的一些宏观问题;巴勒克拉夫虽没有提出系统的现代化理论,但对现代化进程中的一些具有全球意义的关键问题,进行了精辟的论述;巴勒克拉夫对现代化进程的这些论述,是与他对"欧洲中心论"的批评一脉相承的;例如,巴勒克拉夫主要论述了立足于科学技术发展的大规模工业化和城市化以及在此基础上成长的大众社会,选举权的扩大及其所带来的大众政治参与,大众政治参与影响下的政党政治和国家政策的转变等问题,并赋予了这些问题对于当代历史的特殊意义;他谈到了促使亚非民族走向独立的传统,然而没有论及这种传统性是如何同欧洲带来的现代性发生相互作用,以推动亚非国家的现代化进程的;这种言犹未尽有其客观原因,毕竟这一时期亚非国家绝大多数刚刚独立,或独立不久,以现代性与传统性互动为内容的现代化进程处于起步阶段,对这种内容的进一步研究更多地由经济学家和政治学家承担起来。[②]

2011 年,张广勇、张宇宏两位先生翻译的《当代史导论》作为"西方博雅典库"中的一辑,由上海社会科学院出版社出版。张广勇先生在"导论——从文明中心的到全球文明的当代史"中,在系统梳理西方世界史编撰源流的基础上,对巴勒克拉夫的《当代史导论》所提出的当代史和全球史研究的宏观体系进行了分析。他指出,该书从以下四个方面集中体现了巴勒克拉夫所倡导的当代史和全球史的理论与研究方法:当代史的基本结构、当代史的概念、当代史的独特性及

[①] [英] 杰弗里·巴勒克拉夫:《当代史导论》,"代序",第 11—17 页。
[②] 罗思东:《国际关系研究的历史学视角——兼评巴勒克拉夫的〈当代史导论〉》,学术批评网(www.acriticism.com)2002 年 12 月 22 日首发。

其与以往时代历史的联系、当代史的研究方法；并提出该书是巴勒克拉夫一生众多著作中最为成功的一部，建立了总体历史的方法论体系，是他对当代历史学做出的重要贡献。[1]

近年来我国学者对全球史的关注和研究日益增多。对全球史的不断深入研究，有助于人们更加深刻地考察巴勒克拉夫学说的价值和局限。于沛先生在《全球史观和中国史学断想》一文中指出，巴勒克拉夫强调的历史研究的这种"全球性"，平心而论，只不过是恢复了社会历史进程的本来面目，以及在此基础上强调历史研究从事实出发应有的研究思路和价值取向，在"欧洲中心论"占绝对统治地位的欧美史学界，不仅在理论上提出与"欧洲中心"相悖的"全球性"，而且还将这一理论具体体现在研究实践中，这确实是不容易的。[2] 刘德斌先生在《"全球历史观"的困局与机遇》一文中指出，巴勒克拉夫等人所代表的"全球史观"，主要以突破西方学术界根深蒂固的"欧洲中心论"（或称"西欧中心论"、"欧美中心论"和"西方中心论"）的限制为特征，在全球化进程不断深入，构建全球史学已经成为史学界多数人共识的今天，我们重读半个世纪以来巴勒克拉夫等人的史学作品，不能不被他们的先见之明所折服；没有他们的努力，很难想象今天西方的世界历史诠释体系会是一种什么样子。[3] 他还指出，在我们今天努力彰显巴勒克拉夫等人所倡导的"全球历史观"的同时，却不能对这种历史观所面临的多种挑战视而不见：首先，我们必须看到，"全球历史观"的影响力似乎仍然有限，尽管巴勒克拉夫所倡导的"全球历史观"已经问世近半个世纪，尽管像斯塔夫里阿诺斯《全球通史》这种代表全球历史观的作品不断再版，已经畅销三十余年，但西方人文社会科学的基础基本上还是建立在"欧洲中心论"的历史解读之上的，这说明"全球历史观"还没有能够进入西方人文社会科学的精髓；第二，我们必须承认时代背景的转换已经对"全球历史

---

[1] ［英］杰弗里·巴勒克拉夫：《当代史导论》，张广勇、张宇宏译，上海社会科学院出版社2011年版，"导论"，第36—42页。

[2] 于沛：《全球史观和中国史学断想》，《学术研究》2005年第1期。

[3] 刘德斌：《"全球历史观"的困局与机遇》，《史学理论研究》2005年第1期。

观"提出了新的要求,当年推动巴勒克拉夫等人提出"全球历史观"的历史背景,是20世纪特别是20世纪中期世界历史的巨大变化,这种形势迫使欧洲学术界的精英做出改变,重新认识非西方国家的历史地位,而今天,推动"全球历史观"再次成为人们关注焦点的是全球化进程的不断深入,是经济、政治乃至文化全球化把世界各地区、各民族日益紧密地联系在一起,形成一种前所未有的相互依存关系的现实;全球化的进展正在赋予全球史观以新的含义,在这样一种情况下,历史学的任务应该是对这种现实的到来给予令人信服的说明;"全球历史观"的主要特征已经不再仅仅体现为对非西方国家历史公正阐释的追求,不再体现为将欧洲还是将亚洲置于近代以来世界历史核心地位的权衡,而是体现为一种新的世界历史诠释体系构建,体现为对"西方中心论"和原来意义上"全球历史观"的双重超越,很明显,这样的作品目前还不多见。[1]

综上所述,巴勒克拉夫的全球史研究从他20世纪中期首倡全球史观以来,距今已经半个多世纪了,国内外学术界虽然对全球史研究多有关注,但是至今还很少见到关于巴勒克拉夫全球史研究的专著,有影响的系统成果还不多见。笔者以为,对巴勒克拉夫的全球史研究进行考察,从史学理论层面上看,能够为我国世界史研究整体发展提供一定程度的理论借鉴和支持;从实践层面上看,则反映出经济全球化进程中对世界历史编撰的深刻思考。因此,对这一问题的研究具有重要的学术价值和现实意义。本书从巴勒克拉夫全球史观的提出、他对欧洲历史的反思、对全球史理论与方法的探索、全球史的宏观阐释框架等方面,对巴勒克拉夫的全球史研究进行了系统的探讨和总结。同时,这也有利于深化对西方全球史演变脉络的把握,推动全球史研究领域和研究层次的进一步拓展。

---

[1] 刘德斌:《"全球历史观"的困局与机遇》,《史学理论研究》2005年第1期。

第二章

巴勒克拉夫全球史观的提出

一 全球化的历史与现实

从国际范围来看，世界史在编撰问题上存在着诸多争议，而作为一种历史编撰的方法论，全球史观则为世界史编撰提供了一种具有可操作性的世界史体系。历史观作为一种社会意识形态，在本质上主要是指历史学家对历史和历史学的基本观点。英国历史学家爱德华·H. 卡尔（Edward H. Carr）曾经指出：我们一生下来，这个世界就开始在我们身上起作用，把我们从纯粹的生物单位转变成社会单位，在研究历史之前，应该先研究历史学家；在研究一个历史学家之前，应该先研究他的历史环境和社会环境，历史学家是单独的个人，同时又是历史和社会的产物。① 如果要充分理解和深入研究全球史观及全球史编撰问题，对其产生的社会历史时代背景即全球化进行回顾和分析是十分必要的。全球化的"化"作为一种过程，既是横向的，也是纵向的，与史学中的经纬坐标有着密切的关系。② 全球史观作为一种历史认识观念，其产生和发展都与人类社会的经济全球化进程有着紧密和必然的联系，经济全球化进程为历史学家认识人类社会发展提供了一种宏观的全球视角和进行综合研究的物质与思维基础。

"全球化"一词发端于 1960 年马歇尔·麦克卢汉（Marshall

---

① [英]爱德华·H. 卡尔：《历史是什么?》，吴柱存译，商务印书馆 1981 年版，第 29—44 页。

② 《全球化与全球史观》"编者按"，《史学理论研究》2005 年第 1 期。

McLuhan)提出的"全球村"(global village)概念。①《韦氏大词典》和《牛津英语词典》分别于1961年和1962年收录了"全球"(globe)一词;1985年,提奥多尔·拉维特(Theodre Levitt)首次提出了"全球化"(globalization)的概念。②从此,"全球化"一词开始迅速风靡全球,成为一个在人文社会科学各个领域都被频繁使用和发生重大影响的术语。研究者往往从经济、文化、技术、政治、全球性问题等诸多角度出发得出各自的结论。在当代世界,所谓"全球化"不仅成为一种流行符号,而且已经成为学术研究的知识背景或者经验前提。由于全球化现象本身的错综复杂,而且也因为众多的研究者从不同的立场和观察角度出发,根据自己独特的全球化体验做出理论上的解读和诠释,这就导致了关于全球化的不同定义的出现,以及全球化理论的多样性。

笔者认为,正如有学者指出的,"全球化"这一术语所描述的内容实际上是自远古以来人类社会历史进程中一直存在的社会生活国际化的继续和发展。③全球化进程实际上就是在生产力发展和科学技术不断进步的前提下,世界各国在经济、文化、政治、生态等各方面联系日益紧密的国际化过程。换言之,全球化现象本身早已发生和存在,只是在20世纪中期以后因其凸现而被概念化而已。20世纪中期以后,全球化进程的基本动力和主要表现形式就是经济全球化的迅猛发展。90年代以来向纵深发展的信息革命,强有力地推动了经济全球化的进展。发展迅猛的经济全球化实际上是以美国为核心或者说由西方国家主导的一个历史过程(并将继续发展演变)。全球化往往被认为是一种二律背反,其突出表现之一就是在全球化进程中出现了反全球化现象。从时间上看,20世纪90年代中叶之后,全球化在发展过程中日益暴露出它在经济、文化、政治、社会、环境生态等方面存在

---

① Marshall McLuhan, *Understanding Media*, London, 1964, pp. 34, 93, 358.
② Alan M. Kantrow, ed., *Sunrise…Sunset: Challenging the Myth of Industrial Obsolescence*, John Wiley & Sons, Inc., 1985, pp. 53—68. 参见程光泉主编《全球化理论谱系》,湖南人民出版社2002年版,"总论",第1页。
③ 于沛:《全球化和"全球历史观"》,《史学集刊》2001年第2期。

的缺陷及引起的矛盾和问题，这就催生了反全球化现象。反全球化的抗议现象最早出现于1995年，1999年在世界贸易组织西雅图会议期间首次表现为有组织的群众性政治示威运动，引起了世界的广泛关注。此后，在多次重要国际会议期间都发生了反全球化的抗议和示威活动。反全球化现象发展迅速，其本身已经演变成某种形式的全球化了。

巴勒克拉夫首倡的全球史观从20世纪中叶开始崛起史坛，有其深刻的社会历史根源，全球史观反映了历史学家对包括经济全球化在内的世界形势剧变现象的认知和研究，反映出20世纪中后期西方学者在全球化进程中对"欧洲中心论"的反思，也反映了当代世界范围内史学思想演变的一种趋向。当代意义上的全球史观，是指与20世纪中叶以来世界一体化发展相适应的，把世界作为一个整体，从宏观和相互联系的角度出发来系统考察和研究人类社会历史演变的观念和进行世界历史编撰的方法。作为一种社会意识形态，全球史观反映出历史学家在新的社会时代背景下所发生的史学观念上的重大转变。不过，它更多地表现为历史学家认识历史和研究历史的一种全球视角和思维方式。在经济全球化的背景下，全球史作为一种新的史学思潮，已经并将继续对当代国际史坛产生广泛和深刻的影响。

具体而言，20世纪中期，世界形势发生了翻天覆地的变化，一种全新的世界格局出现了。这个在广度和深度上都前所未有的"变动世界"对历史学家的传统思维发生了猛烈冲击。对"变动世界"中各种复杂情况的观察和思考成为巴勒克拉夫探索全球史观问题的出发点。通过对"二战"前后两个历史阶段的对比考察，我们可以更加清楚地把握这一时期世界形势发生的根本变化。

"二战"之前，从19世纪中叶以后到1918年，这段半个世纪左右的时间是资本主义向帝国主义阶段发展的重要时期，同时也是全球性的国际关系最终形成的历史时期。西方国家的新技术革命和第二次工业革命推动了资本主义工业生产力的巨大发展，生产与资本的高度集中导致了垄断组织和金融资本统治的确立。到19世纪末20世纪初，英国、法国、美国、德国、意大利、俄国、日本等主要资本主义国家陆续进入了以垄断为特征的帝国主义阶段，为了掠夺资源、输出资本和扩大国际贸易，帝国主义国家掀起了瓜分世界和争夺霸权的狂潮。殖民主义全球扩张把亚洲、非洲、拉丁美洲和大洋洲都拉进资本主义主导的世界经济网络。

1914年爆发了帝国主义国家重新瓜分世界的第一次世界大战。"一战"的打击促使德意志帝国、俄罗斯帝国、奥匈帝国和奥斯曼土耳其帝国均告崩溃，欧洲很多被压迫民族获得了独立，在上述帝国的废墟上建立了一大批民族国家。具体来看，德、奥、土三大帝国崩溃后，其主体民族建立了德国、奥地利、匈牙利、土耳其。在中欧、北欧、东欧和东南欧的广大地区出现了一批新的民族国家，包括芬兰、波兰、爱沙尼亚、拉脱维亚、立陶宛、白俄罗斯、苏维埃俄国、捷克斯洛伐克、南斯拉夫（即塞尔维亚—克罗地亚—斯洛文尼亚王国）等国家。英国和法国的实力则被削弱，其国际地位发生动摇。[1]

在"一战"后的二十年中，战胜国试图重建世界秩序的凡尔赛—华盛顿体系由于"分赃"不均和德国因素的影响，在德意日法西斯侵略的日益深化中破产。1939年第二次世界大战全面爆发，世界范围内的力量对比发生根本变化。"二战"后的欧洲已经衰落，其力量虽然随着欧洲一体化的发展有所恢复，但是欧洲以往对世界的主宰地位已经一去不返。美国和苏联崛起为超级大国。在多种因素推动下，第三次民族独立浪潮蓬勃发展，西方殖民主义体系瓦解，大批新独立的发展中国家登上历史舞台，而且成为当代国际体系的重要组成部分。主权国家遍布全世界。世界大国按照雅尔塔等国际会议确立的基本原则，重新划分世界版图和势力范围，建立新的国际关系格局，这就是雅尔塔体系。它与战后一系列国际争端都有着直接或间接的关系，美苏双方都力图在这个体系内保持和扩展有利于自身的势力范围。1947年，美国开始实施全面的冷战政策，冷战全面展开。1949年北大西洋

---

[1] 英国的版图和国家构成发生了变化。由于"一战"期间爱尔兰爆发了大规模的独立斗争，英国被迫于1921年允许爱尔兰南部26郡成为享有自治权的"自由邦"。爱尔兰北部6郡划归英国，成为大不列颠及北爱尔兰联合王国的一部分。1936年爱尔兰改自由邦为共和国。爱尔兰共和国仍留在英联邦之内，直到1948年宣布脱离英联邦。

公约组织和1955年华沙条约组织先后成立，这标志着以美苏为首的两大军事政治集团对峙局面的形成。这种国家集团的大规模对峙局面是空前的。冷战虽然带有浓厚的意识形态色彩，是资本主义和社会主义两种制度的对抗，但它也是19世纪大国争霸的延续。

"二战"改变了殖民主义与反殖民主义的力量对比，原殖民地半殖民地国家开始崛起。20世纪初，世界上的经济发展落后地区和国家，几乎都变成了几个资本主义大国的殖民地。这些殖民地半殖民地的面积约占地球土地面积的70%。[①] "二战"后，德日等战败国的殖民地获得解放是"二战"结果的一部分。英法等早期资本主义体系的支柱国家受到重创，因其自身国力衰微，也无法维持其殖民帝国。殖民地半殖民地国家的力量在"二战"中得到加强，民族解放运动蓬勃兴起。第三次民族独立浪潮对殖民主义形成巨大的冲击，持续四十多年的革命浪潮导致了全球范围内的殖民主义大撤退和一百多个新国家的独立。殖民主义国家失去了直接支配的3600多万平方公里的殖民领土；"二战"结束之后到1959年，世界上新建了19个民族国家，60年代新建了38个国家；1970—1990年，新建了15个国家；到1993年，世界上已经有183个国家。[②] 国家主权原则最终得以在全世界范围内确立，成为公认的国际法和国际关系基本原则。

"二战"后世界资本主义的变化也对殖民主义发生重要影响，殖民主义的原有形式已经不再适应资本主义体系的新结构和现代文明发展的新要求。这主要是由于战后资本主义的发展进入了国家垄断资本主义阶段，国家本身成为拥有大量资本的资本家。以美国为中心的资本主义体系的新结构建立在战后第三次科技革命的基础上，要求资本的自由流动和世界市场的不断拓展，越来越多地表现出全球化的特征。在这样的时代背景下，有形的殖民地已经不再是控制世界经济的前提，不再有利于资本效益的提高。跨国公司是发达国家对外经济扩张的新形式，跨国公司通过吞并其他公司可以实现获取利润最大化的

---

① 李棕：《第三世界论》，世界知识出版社1993年版，第2页。
② 参见宁骚《民族和国家》，北京大学出版社1995年版，第302页；[英] 罗宾·科恩、保罗·肯尼迪：《全球社会学》，文军等译，社会科学文献出版社2001年版，第126页。

功能。它的活动范围要比传统殖民帝国的疆域广阔得多，因此跨国公司成为战后资本主义国家垄断资本、掠夺资源和控制发展中国家的有效形式。伴随着国际形势的巨大变化，殖民主义传统的政治功能和经济功能受到了严重的冲击，它再不能对殖民地实行直接的政治统治，也无法通过超经济强制的方法来攫取殖民利益。殖民主义已经难以继续维持下去。这也是殖民主义退出历史舞台的重要原因。

随着殖民体系的土崩瓦解，世界政治地图被改写，全球范围内的现代文明得以构建。亚非拉大批新独立的国家登上了世界政治舞台，以它们为主体形成的"第三世界"成为国际政治中不可忽视的重要力量。"第三世界"在世界经济范畴中是对处于世界经济体系的"边缘"、现代化进程中相对落后的"发展中国家"的泛称，而在国际政治范畴中则是指介于美苏为首的两大国家集团之间的"中间地带"。由于中间地带国家大多是"发展中国家"，所以无论从哪个范畴着眼，"第三世界"所指称的对象基本上是同一类国家，即大部分位于亚洲、非洲和拉丁美洲，历史上曾沦为殖民地或半殖民地、多数在第二次世界大战后才获得独立的新兴国家。[①] 1955年4月18日在印度尼西亚的万隆召开的亚非会议，是第三世界在国际舞台上崛起的标志。发展中国家虽然取得了政治独立，但是由于现代经济发展起点低、起步晚，发展中国家在国际经济竞争中明显处于劣势。除少数国家外，大部分发展中国家与发达国家的差距进一步拉大。根据联合国和世界银行发布的数据，被列为最不发达国家的贫穷国家的数目逐年增加。这样的国家在1964年有24个，1980年有31个，1990年有43个，其中大部分在非洲，其他分布在亚洲和拉丁美洲。由于在地理位置上发展中国家多数位于发达国家的南方，因此国际上习惯把发展中国家与发达国家之间的经济关系称为南北关系，或称南北问题。其实质是，原来殖民宗主国与殖民地的矛盾发生了变化，这种矛盾演变成了南北矛盾。南北矛盾是欧洲发达资本主义国家对广大的亚非拉地区实行殖民

[①] 王斯德主编：《世界通史》第3编，《现代文明的发展与选择——20世纪的世界史》，华东师范大学出版社2001年版，第267页。

主义的结果，它体现的是世界体系整体上的不平等结构。发展中国家与发达国家之间巨大的贫富差距，也就是通常所说的南北矛盾，成为一个日益凸显的世界性问题。

在巴勒克拉夫生活的欧洲，这种世界格局大变动的表现是非常明显和剧烈的。

首先，欧洲东西分裂，并陷入冷战的激烈斗争之中。1961年8月柏林墙的筑立，将德国划分成东西两半，柏林墙成为冷战的欧洲分界线。美国与西欧结盟，苏联与东欧结盟，欧洲被两大阵营看成是生死攸关的战略枢纽地带。西欧是美国最大的投资市场和商品销售市场。苏联本身就是个地跨欧亚两洲的庞大国家，它的欧洲部分面积虽然只占全国领土的1/4，但人口和工农业产值占全国的3/4以上。苏联的15个加盟共和国中有九个全部在欧洲，还有两个部分在欧洲。另外，苏联的对外贸易近一半都在东欧。北约和华约两大组织在欧洲布置重兵对峙。美苏两国以各自控制的军事集团为依托，竭力向对方控制的欧洲部分进行渗透。双方配置在欧洲的军队和武器，比世界上任何其他大陆都多。欧洲完全被一分为二，并且被置于冷战的最前沿。

其次，战后欧洲还发生了一个突出的现象，就是欧洲经济一体化的发展及其产生的影响。冷战期间，基于地缘因素而进行的国家合作呈现出不断加强的趋势。在美苏两大国都各自控制并极力扩张自己的势力范围时，一些地区的国家特别是规模较小的国家出于自身长远发展的考虑，开始采取组建集团的形式来谋求共同发展。"区域的合作不仅有利于技术上的互补和建立集团优势，而且有利于各国政治上的共存共处。"① 在这样的背景下，一些地区性的力量如非洲统一组织、欧洲共同体、东南亚国家联盟开始出现。② 其中西欧国家联合的成果最为突出。战后西欧国家的联合是有深刻历史原因的。"二战"的深刻打击及引起的反思，各国的普遍衰落，与美苏两国的巨大反差，受制于人、充

---

① 刘从德：《地缘政治学：历史、方法与世界格局》，华中师范大学出版社1998年版，第248页。

② 非洲统一组织诞生于1963年，欧洲共同体诞生于1965年，东南亚国家联盟诞生于1967年。

当美苏冷战最前线的尴尬与不满,加之欧洲联合思想的日益成熟和传播,消除欧洲国家间的仇视、避免战争、寻求发展的迫切愿望,种种因素都使西欧国家思考联合图强的可行性。"二战"之后欧洲联合的历史实际上就是一部欧洲民族国家寻求利益最佳结合点的历史。

作为殖民宗主国的英国、法国、荷兰和比利时,都加入了欧洲经济共同体。欧洲经济共同体的发展使各成员国获益良多,在这种情况下,殖民地对这些宗主国的重要性自然相形下降。这也是欧洲殖民主义国家从殖民地撤退的一个重要原因。以英法为首的西方国家对殖民地国家采取了非殖民化的政策。非殖民化强调的是殖民国家在殖民帝国瓦解过程中,采取的旨在尽可能地维护自身利益的各种行动,包括各种撤退战略、策略与手法。①例如,英国通过非殖民化实现了把大部分新独立的原殖民地国家纳入英联邦之内的目标;法国的大部分海外殖民地到1962年都实现了非殖民化。

最后,随着欧洲共同体的逐渐发展,西欧国家的边界功能弱化现象日益显现。这种发生在特定领域的主权让渡和边界开放现象,开始引起世人的深入思考。边界表达出国家以自我为中心的观念。② 不过,在经过两次世界大战的打击和战后一体化的发展之后,西欧国家对军事入侵导致领土丧失的警惕性已经下降,转而更加看重各国在地域上的互利因素。从边界的法律功能来看,西欧的边界在维护国家主权和防止外敌入侵等方面的作用已经有所减弱。从税收功能和管制功能来看,西欧国家通过相互开放边界以消除贸易壁垒,实现经济一体化,相应地这两种功能也在逐步减弱。1975年,西欧国家在边界问题上达成了不改变现状的原则共识。西欧国家的边界情况一般比较稳定,甚至可以说是世界上国家间领土争议最少的地区。尽管发生在西欧地区的边界开放现象对世界其他地区发展区域一体化而言,是否具有普遍意义,目前还没有确切的答案,但是这个问题已经切实摆在了人们的面前。

总之,20世纪中叶以后,世界历史已经发生了深刻变化,人类社会

---

① 张顺洪:《论英国的非殖民化》,《世界历史》1996年第6期。

② Daniel Nordman, *Frontières de France. De l'espace au territoire XVIe – XIXe siècle*, Gallimard, 1998, Bibliothèque des histoires.

生产力迅速发展,世界日益成为一个有机整体。各国之间政治、经济、文化等方面的联系空前紧密,整个世界进入了前所未有的一体化发展阶段。冷战初期,东西方对抗表现尖锐。到了20世纪70年代末期,僵硬的两极格局出现松动,东西方对抗有所缓和,因各国经济发展不平衡而导致的南北矛盾日益凸现出来。科学技术的进步和生产力的发展为全球史观的产生提供了物质条件。信息技术的普及应用有力地推动了世界经济的一体化进程,经济要素的流动在一定程度上突破了传统的民族国家界限和传统的时空局限,这就为全球性思维和观念的形成提供了可能。而且,战后世界中的环境恶化、能源紧缺、人口爆炸等影响人类生存和发展的各种全球性问题日益凸现,上述问题只有依靠国际社会的协调合作才有望获得解决。这在客观上也要求和推动了全球视野和观念的形成。

二 历史学领域的变革

世界大格局的变化自然会为历史学的发展注入新的要素,历史学领域也相应地发生了新的变化。殖民体系崩溃、发展中国家崛起和欧洲国家衰落,这种世界大格局的变动不仅使"欧洲中心论"的破产成为历史的必然,而且也为全球史观的产生准备了条件。历史学是人类社会意识形态的一个重要组成部分,世界形势的深刻变化推动着欧洲的历史学家对历史学中的传统观念进行反思和批判,重新认识非西方国家的历史作用和地位,探索世界史研究的新理论和新体系。

事实上,20世纪初期以来,突破以兰克为代表的传统史学的呼声日渐高涨,历史研究中的全球性视野日益超越国别性和地区性视野而被研究者们所注重。正如有学者指出的,历史研究的范围扩大了,"以欧洲为中心的偏见被打破,……欧洲以外的世界越来越多地成为研究的领域"。[①] 20世纪中叶以后,在全球一体化进程的推动下,研

---

① [美]格奥尔格·G.伊格尔斯:《历史研究国际手册》,陈海宏等译,华夏出版社1989年版,第16页。

究者对世界的整体性和联系性的认识日益增强。以国家为中心的传统历史研究框架遭到挑战,对人类历史进行总体研究的认识日益深入。从国际范围来看,狭隘的"欧洲中心论"遭到越来越多的反思和批判,各国之间的史学交流及学术合作日益发展。

20世纪西方历史学演变的根本趋势就是从传统史学向新史学的转变。传统史学是指以19世纪兰克客观主义史学为代表的并在西方长期居于主导地位的历史学。19世纪之所以被称为"历史学的世纪",正是由于传统史学在发展过程中其理论与方法渐趋成熟,从而推动历史研究在19世纪出现了空前的繁荣景象。① 随着时代的发展,传统史学的弊端和局限日益暴露,西方历史学在新史学的指引下开始了新的摸索。新史学的趋势出现于20世纪初期。德国首先拉开了批判包括兰克史学在内的新史学序幕。② 1912年,美国历史学家J. H. 鲁滨逊首先举起了"史学革命"的大旗,他的代表作《新史学》宣称历史学也需要一个革命,以鲁滨逊和他所在的哥伦比亚大学为中心,形成了著名的新史学派。新史学开始风靡欧美。20世纪上半叶是新史学与传统史学新旧交替的转变阶段。传统史学虽然受到挑战,但地位并没发生根本性的动摇。

"二战"之后,在世界形势变化的影响特别是新技术革命浪潮的冲击下,在历史学自身规律和内在发展要求的推动下,传统史学向新

---

① 伊格尔斯把从古希腊史学到兰克史学为止的西方传统史学的共同点归纳为:(1)历史叙述是描写真实存在过的人、真实发生过的行为,它必须符合这种真实性,也就是说要符合真实;(2)它以对时性(diachnonisch)的顺序跟踪这些行为,换言之,它只了解一定变量的时间,在这段时间里,后来的事件紧随先前的事件,并且通过它而为人所理解;(3)它以人的行为反映行为者的意思为其前提假设。伊格尔斯还指出:"真实性、流驶的时间和有图的行为这三种前提假设决定了从修昔底德到兰克、从恺撒到丘吉尔的历史叙述的特点,而正是这些前提假设在20世纪的大变革的过程中却逐渐地成为了问题"。[美]格奥尔格·G. 伊格尔斯:《二十世纪的历史科学——国际背景评述》,何兆武、王燕生译,《史学理论研究》1995年第1期。

② 20世纪初,K. G. 兰普雷希特发表了《文化史的方法论》,他认为历史事实不仅要说明"是什么",而且要回答"为什么",他大力倡导扩大历史研究领域的"文化史观",主张建立"新文化史学派"。

史学的转变步伐加快,这一转变过程最终完成,新史学确立了在历史学领域的主流地位。传统史学虽然继续存在和发展,但从整体上说已经无法占据主导地位了。虽然新史学的发展过程在西方国家并不完全同步(在传统史学的故乡德国步伐稍慢),不过其总体发展趋势一致。从50年代中期开始,特别是六七十年代,西方新史学的发展可谓高歌猛进,主要的新史学流派包括英国马克思主义历史学派(新社会史学派)、法国年鉴学派、美国社会科学史学派、德国比勒菲尔德学派等。其中成果最显著的就是法国年鉴学派。新史学在发展过程中不断发生嬗变,同时也不断受到批评和质疑,有关新史学的争论也日益激烈。到20世纪70年代末80年代初,关于新史学危机的呼声日益高涨。不过,新史学没有简单地回归到传统史学,而是通过自身的反思和调整过程继续发展。

巴勒克拉夫指出,事实上,新历史学之所以能够被人们广为接受,其关键就在于它的目标不是为了推行某种新教条或新哲学,而是要求一种新态度和新方法;它不是把历史学家限制在某种严格的理论框框中,而是开拓新的视野;布洛赫和费弗尔坚信,历史学的复兴在于实践而不在于理论,因此,关于历史学究竟是一门艺术还是一门科学的旧的争论在年鉴学派的影响下便化为乌有。布洛赫指出,理解现在的唯一方法是离开现在并把现在看作连续过程中的一个部分,正是这种历史学的维度,具有将现时"置于"背景之中的能力,使经济学家、政治学家和唯历史论的历史学家免受"短视"痛苦的能力,才是历史学家对社会科学做出的真正贡献。[①]

巴勒克拉夫进一步分析指出,年鉴学派纲领的核心所在是坚持要求拓宽历史学的研究领域,扩大历史学家的视野,这种新的历史学所关心的是人类的全部活动,这就与常规的"事件构成的历史"形成了明显的对照;新史学必须利用人类的一切创造物——语言、符号、农村的证据、土地制度、项圈、手镯——以及任何其他可利用的史料,

---

[①] [英]杰弗里·巴勒克拉夫:《当代史学主要趋势》,杨豫译,北京大学出版社2006年版,第49—51页。

必须广泛吸收其他学科——地理学、经济学、社会学和心理学——的发现和方法;同时,它又必须抵制诱惑,防止把自己分割为许多个各行其是的"专门化"部门(经济史、思想史等)。历史学家的工作最重要的是提出问题。对历史学的科学可靠性的信念——即便它还是"襁褓中的科学"——是从布洛赫到布罗代尔反复讨论的课题。巴勒克拉夫认为,布洛赫和费弗尔的新颖之处在于他们为旧历史学转向新历史学开辟了道路,他们的主要贡献不在于他们提出了总的历史观念,而在于他们不仅成功地说明了新历史学在实践中有可能实现,而且说明了如何才能实现;他们带来的变化是在方法论上,他们不满足于采纳某个理论立场,而是撰写这类历史从而树立了实际榜样。①

对比来看,传统史学(以兰克史学为代表)与新史学(以年鉴学派为代表)在史学观念、研究方法、历史学与其他学科的关系、研究领域等方面都存在着差异甚至对立。首先,从史学观念来看,新史学认为历史研究是一个认识过程,这个认识过程同时也就是历史学家对过去构建的过程;历史学家通过过去来理解现在,通过现在来理解过去。这种历史认识论突出强调了作为认识主体的历史学家在历史研究中的重要作用和中心地位,这就与强调通过文本考证来追求历史真实的传统历史学家严格区分开来。从传统史学向新史学的转变,实际上就是从叙述性的史学向解释性的史学转变,解释性的史学注重的就是充分发挥历史研究者的认识功能。"传统史学由于根本忽视认识主体的能动作用,作为认识主体的历史学家只是被动地从故纸堆中搜集资料去进行详尽的考订并加以描绘。新史学把历史学研究看作是现代历史学家根据可靠资料对过去的建构。在这种建构的过程中,历史学家只能是从现在出发,带着自己对历史的看法,对历史继承性的理解,带着自己的价值观念。这样通过作为认识主体的历史学家,现在和过去在认识的链条上就有机地联系在一起。"②

其次,从研究方法来看,传统史学注重文字史料,强调对史料的

---

① [英]杰弗里·巴勒克拉夫:《当代史学主要趋势》,第42—46页。
② 陈启能:《略论当代西方史学的观念变革》,《学习与探索》1996年第1期。

考据和校勘；新史学注重对方法论的探讨，强调在研究过程中应用各种新的研究方法和新技术。在战后各学科交叉发展和相互渗透日益紧密的情况下，社会学、人类学、经济学、人口学、计算统计学、地理学等多学科的研究方法被历史学家广泛运用到历史研究中。尤其是计量分析的方法，推动了历史学革命性的发展。这些方法的共同特点就是要求打破传统的学科划分体系，注重跨学科的研究。在这一时期的方法论探讨中，跨学科方法受到高度重视。六七十年代的跨学科研究不是局限于从其他学科借用资料和方法，而是要求各学科研究对象的统一甚至是构建跨学科的研究对象。六七十年代被视为发生"方法论革命"的年代。

再次，从研究范围来看，传统史学强调研究政治史和精英人物传记，新史学则认为历史研究的范围应当扩展到整个人类文明的发展进程，扩展到人类生活的各个方面，这推动着历史研究朝着众多的方向发展，史学研究的范围日益宽广。同时，新的研究方法的不断出现也推动历史研究新领域的不断扩展。从历史学科自身发展的角度来看，一方面，全球史观的勃兴和发展动摇了"欧洲中心论"在学界的地位，促使更多的历史学家更加关注欧洲和西方之外的所有地区和时代；另一方面，英国马克思主义史学家倡导的"从底层往上看的历史学"的思想有力地推动了历史研究主题多元化的趋向，在西方史学发展史上产生了重要影响。上述因素交互作用，使得西方历史学的研究范围和研究视野都获得极大的扩展。

西方历史哲学在20世纪完成了从"思辨的历史哲学"向"批判与分析的历史哲学"的转变。这里强调指出的是，作为影响最大的一种思辨的历史哲学，文化形态史观对20世纪的世界历史编撰产生了重要的影响。文化形态史观发端于德国历史哲学家斯宾格勒，集大成于英国史学家汤因比。文化形态史观认为所谓的历史就是文化或文明，文化或文明才是人类历史的真正载体；所有的文化或文明都具有同等价值，属于同一时代，并无优劣高低之分；因此，历史研究应当抛弃狭隘的欧洲文化中心论，转向深层次的文化形态或文明社会比较研究。

最后，从世界范围来看，马克思主义史学和西方新史学都对国际史坛发生了深刻影响。马克思主义史学理论产生于19世纪40年代。20世纪上半叶，资本主义爆发了世界性的经济危机和社会危机之后，马克思主义史学在西方的影响迅速扩大，"到1955年，即使在马克思主义的反对者中，也很少有历史学家会怀疑聪明睿智的马克思主义历史研究方法的积极作用及其挑战"①。以 E. J. 霍布斯鲍姆和 E. P. 汤普森为代表的英国马克思主义社会史学派强调对总体的社会历史的研究，倡导"从底层往上看的"历史观，这是马克思主义阶级斗争理论的直接延伸。马克思主义史学和西方新史学之间的融合渗透和分歧矛盾对双方都产生了重大影响。当代西方史学中很多有价值的研究成果是受益于马克思主义史学理论的，而西方马克思主义史学的发展也反映了西方历史学家在新的历史条件下对马克思主义理论的审视和解读。

巴勒克拉夫认为，战后西方历史学进入了一个前所未有的修正时期。他具体指出，早在1939年之前，一些历史学家如赫伯特·巴特菲尔德（Herbert Butterfield）等人就已经开始用新的视角来看待过去。但是对大多数欧洲人而言，是战争的冲击开阔了人们的视野，看到了以往人们学到和被教导的历史学的局限（在某种程度上是歪曲的）；特别是在记录以前半个世纪历史痕迹的档案文件大量开放的影响之下，历史学研究进入了一个过去从没有过的积极修正时期。②首先，世界上某个地区发生的事件不再可能像过去那样对其他地区不发生影响，20世纪的历史名副其实是全世界的历史；其次，科学和技术不可遏制地进展，在所有地区都形成了新型的社会和知识模式；再次，欧洲的重要地位已经下降，欧洲从海外收缩，美国和苏联的优势上升，亚洲和非洲正在崛起；最后是自由主义体系的解体，共产主义制度到1960年已经扩大到占世界人口三分之一居住的地区，在世界其他地区，尤其在非洲，正在出现一种新型的政治体制。③在上述因素的影

---

① ［英］杰弗里·巴勒克拉夫：《当代史学主要趋势》，第34页。
② Geoffrey Barraclough, *History in a Changing World*, pp. 8-9.
③ ［英］杰弗里·巴勒克拉夫：《当代史学主要趋势》，第1—2页。

响下，对历史思想的基础及其基本观点重新加以考虑的时刻已经来到了。①大约从1955年起，历史学研究进入了迅速转变和反思的时期。②用新的研究方法和态度去解决历史学遇到的问题和处理历史资料的时代已经到来，这一认识超越了意识形态和环境的差异。③世界各地的历史学家都在吸收、探索和提炼其他地区的同行们提出的新手段和新的认识能力。④"这个转折点，正像人们有时提到的那样，从其规模和重要程度来说，相当于预示着近代物理学诞生的哥白尼天体运行说。"⑤正是在这个史学研究进入迅速转变和反思的时期，巴勒克拉夫最早明确并比较系统地提出了全球史观。

三 全球史观的提出

对世界形势和欧洲形势变化的敏锐把握与深刻理解成为巴勒克拉夫批判"欧洲中心论"和探索全球史观问题的研究切入点和独特视角。他认为历史学家普遍面临的情况是：当前每个思考着的、想要寻求关于现代世界中困境之答案的人，不论在英国还是在德国，在美国还是在苏联，都不可避免地把目光转向过去，希望在历史中发现关于现代趋势和倾向的线索；人们对当前政治的实际问题所做的思考，与其头脑中形成的关于历史发展过程的模式，特别是现代欧洲的历史发展，有着紧密的联系；换言之，人们对今日所面临问题的思考，来自人们头脑中对过去的分析——例如，对俄国意图的估计，就是根据人们所知的沙皇亚历山大二世的政策做出的——所以对人们来说，现在很大程度上是对过去的延伸，这是很自然的；但是生硬的应用则会很危险，因为没有考虑到在人们历史经验范围之外的以新的方式出现的

---

① [英]杰弗里·巴勒克拉夫：《当代史学主要趋势》，第2页。
② 同上书，第1页。
③ 同上书，第4页。
④ 同上书，第36页。
⑤ 同上书，第117页。

因素，如果人们以之为基础做出比较和分析的历史发展观念本身是片面的，或者其根据就是错误的，那么情况就加倍地危险了。这里巴勒克拉夫努力指出的就是，人们很多的历史观念是片面的和带有错误根据的，因此在对当前国际问题的估计中存在着大量的混乱，人们对欧洲历史的当前观念需要根本性的修正。①

巴勒克拉夫从自身的经历出发，提出第一个（但是从那时以后绝不是唯一的）关于传统历史学致命局限的线索就是它让人对"二战"后的世界完全没有准备，无法应对这样一个事实，即东欧国家显然一定会扮演至少比它们过去曾经扮演的（或者说超过传统历史学假设它们扮演的）重要得多的角色。传统历史学显然无法解释1943年俄国在斯大林格勒的胜利对欧洲历史所做的强制性完全修正。巴勒克拉夫发现，在英国大学中的三年和德国大学中的两年时间造成他对东欧历史的无知，除了当东欧在某种意义上作为与西方的外交关系的结果成为引人注目的中心的时候。更使他惊愕的是，在很长一段时间内，他带着"合理的成就感"对大量学生讲授历史，而没有感到任何补救这种过失的必要性。为了说明问题，巴勒克拉夫列举了一些具体细节。例如，"我知道大量关于13世纪和14世纪宗教裁判制度的知识和圣典学者的著述，但是我一点都不了解波兰的皮亚斯特王朝（Piasts），捷克的普热米塞王朝（Przemyslids）和基辅罗斯的留里克王朝（Ruriks），也没有感到去了解它们的强制必要，除非它们的活动碰巧与德国历史发生联系。我对查理四世在历史上的地位有些概念，但对与他同时代的匈牙利君主路易（Louis the Great）和波兰君主卡齐米尔（Casimir the Great）则除了名字外一无所知。我读过所有留存下来的圣博尼费斯（St. Boniface，德国人最初的传道者）的信件，但是没有读过斯拉夫人的传道者圣西里尔（St. Cyril）和圣米所迪乌斯（St. Methodius）的任何东西"。②

巴勒克拉夫并不认为他所遭遇到的这种困境是唯一的，但是这种

---

① Geoffrey Barraclough, *History in a Changing World*, p. 168.
② Ibid., pp. 9–10.

困境造成的烦扰却并不因此而减少，事实上这更加让他烦恼。每个历史学家都更加尖锐地认识到他对过去的巨大无知要超过他在自己专门领域知识上的局限，重要性在于这种差距的本质、程度和意义。巴勒克拉夫开始怀疑那种他被教育并几乎理所当然接受的历史观点可能描绘了很多并非真实的内容。它是一种片面的观点，反映了一个特定阶段或者时期，可能是一个特定的限制范围的观念，其后续事项的有效性是可疑的。为了知道传统史学是否真的能给人们提供一种关于过去的正确对待世界舞台上各种力量的观点，也是为了了解传统史学贡献给人们生活在其中的世界的实质性意义是什么，巴勒克拉夫开始更加批评性地看待以前曾经毫无保留接受的理论，开始了一个重新定向（reorientation）的探索过程。重新思考的过程本身不论有何局限，都象征着开始而不是结束。所以，巴勒克拉夫不认为他的观点反映了一种严密的理论，他也不认为这是解决当今历史学家所遭遇到问题的唯一可能的方法。因为对于历史学来说，不可能像魔术师从帽子里变出兔子那样，突然制造出"一种新的历史编纂的规则"。巴勒克拉夫甚至指出，如果有任何人声称能做到这一点，人们都应该对其可信度进行检验。对于自己的观点，巴勒克拉夫认为它们不仅反映了呈现出需要重新思考的特殊意义的特殊时机，而且是对那些他相信需要重新解释的问题的试验性尝试。巴勒克拉夫认为，不可能所有的问题都能够被解决，因为当它们被解决时，新的方面不断展现出来，历史学家开辟了一条道路，但无法将之关闭。在他看来，必要的并非关于原有事实的新视野带来的新知识，并非证明原有的陈述在新的条件下的不充分。他试图要做的是，首先探索新视野的前提，然后在具体的事例中应用这种新视野。[①]

巴勒克拉夫认为，用一种更具体的方法也就是实证研究来处理历史解释的真实意义能获益更多。由于欧洲历史仍然极其密切地与人们发生接触，因此他选择了欧洲历史的一些关键问题或方面进行讨论。在巴勒克拉夫看来，研究和竭力理解欧洲历史上其他剧烈变动时代、

---

① Geoffrey Barraclough, *History in a Changing World*, pp. 10–11.

转折点和当欧洲经历重大危机时的精神混乱时期，这种做法对理论研究来说可能特别有促进作用。他认为，欧洲目前面临的变动时代，在某种意义上不同于一般的每个时代都可以被描述为一个变动时代的含义。出于这个原因，他特别关注所谓的"种子时代"，即后期古代、11世纪末期政教之争的意义和法国大革命的影响，并且试图考虑与上述时代相比，目前时代的类似转变期能持续多久。他认为尽管可能有人不同意他所做出的特殊的重新评价，但是很少有人会否认这种重新评价是必要的和已经迟到的。这是因为历史学家必须发现一条能避免那些困扰新的历史知识形成的问题的道路，而且，"每个时代都需要自己的历史观，今天我们需要对欧洲历史的新观念，以适应全球政治和文明的新环境"。①

在历史研究中，巴勒克拉夫非常重视对既有的概括和解释进行反思和批判。他特别关注在欧洲历史研究中每个转折点都会遇到的广泛的概括，正是这些广泛的概括使得欧洲的历史通常被看作是由广泛的解释组成的。而在一系列的"事实"中，往往在经过进一步的检查后发现某个陈述（就像破损的硬币一样）被证实根本不是"事实"而只是"既不能不言而喻也不是不能反驳的乏味的断言"。人们读到的历史，尽管是在事实的基础上，但严格说来并不是完全真实的，它只是一系列可被接受的判断。就是这些没有显著特点的判断，因为它们似是而非和容易被吸收，所以构成和歪曲了那些不能了解自己所信赖的理论框架之脆弱性的人们的观念。因此在巴勒克拉夫看来，下面的做法是势在必行的，就是在目前欧洲文明历史的临界结合点上，再度重新检验诸如"欧洲的遗产"、"欧洲文明的价值"、"欧洲统一的观念"等传统历史观念。对这些观念的批判是不能避免的，因为这些基本观念就历史学家将要建立的理论框架的清晰度问题而言是十分重要的，所以必须通过检验来判定它们是能被肯定还是要被拒绝，否则它们将妨碍关于欧洲历史的新观点的形成。正是因为它们在决定关于欧洲文明的过程和特征的全部历史观方面极其重要，所以这些基本观念

---

① Geoffrey Barraclough, *History in a Changing World*, pp. 12-13.

必须被检验,并且根据扩展的知识和有力鉴定手段的应用不断地进行检验。这一点不能被看作教条。①

大多数的英国历史学家认为,上述这样更广阔的问题不在他们的研究领域之内,他们的工作限定在建立事实上,他们认为解释依赖于学识。巴勒克拉夫指出,解释不能过分等待学识的增长,它已经存在并对人们产生有力的影响。而且,职业历史学家本身如果不进行概括就无法前进一步,校验或建立一个单纯的历史"事实"的过程是非常精细的,没有历史学家能够在实际知识的基础上进行。因此那些拒绝去勇敢面对概括的历史学家并不能废除概括或者把概括从历史学领域排除出去,他只是让"业余爱好者和宣传员把持了历史学领域","如果正确的、明智的和受过专门训练的人不能从历史中总结教训,那么那些肆无忌惮的和没有资格的人就会为了自己而这么做"。②

在一个欧洲过去没什么时代能与之相比的变动时期之后(巴勒克拉夫认为,可能只有希尔德布兰德主教时期、路德时代和法国大革命时期能与之相比),不仅需要一种新的历史学,而且需要一种对待历史学的新态度和一种对所有关于历史的假设的重新思考。在挑战一些当前假设的过程中,巴勒克拉夫关心的不是批评,而是把历史恢复到在非历史学家看来它已经丧失了的地位上去的可能性。历史的方法(historical approach)尽管不是唯一的方法,但是仍然能为所有面临要思考一种生活在不稳定世界中的哲学之任务的人提供通过很多其他方法不能获得的内容。如果历史学想对解决现代社会的问题有所贡献的话,那么根本的修正是必要的。他认为,首先,历史学家必须抗击那种已经压倒历史学的破碎化,并使自己再次习惯于从总体上看待过去,因为除非对全球史有一种积极的理想,否则历史学就无法具备充分的全球性;其次,必须为历史寻找一种历史之外的终极目的(end),例如就像历史曾经被看作是上帝的旨意运转的表现,这并不是要暗示回归到历史的神学观,不论是否悦人心意,历史的神学观在

---

① Geoffrey Barraclough, *History in a Changing World*, pp. 13-14.
② Ibid., pp. 14-15.

今天是不可行的，但是这意味着在历史过程之外历史学研究要有建设性目的和评判标准；最重要的是，必须通过坚定的努力来恢复过去与现实之间、历史与生活之间的联系，由于历史学家曾经追求的错误理想，这种联系处于毁灭的危险之中，20世纪正在呼唤一种从过去时代的偏见中解放出来并且适合自己时代的历史学。[1]

综上所述，通过对世界形势和欧洲形势变化的敏锐把握与深刻理解，巴勒克拉夫认为人们对欧洲历史的当前观念需要根本性地修正，进而指出建立全球史观的必要性和紧迫性，从而使历史学能够适应全球政治和文明的新环境。而20世纪中后期历史学发展所表现出来的明显趋势，也支撑着巴勒克拉夫对科学的历史学和全球史抱有坚定的信心。作为20世纪中期全球史观的首倡者，巴勒克拉夫对全球史本身及其作用怀有深远的期望，但他的思想并非仅仅局限于20世纪中叶的国际环境，其突出表现就是对历史学实质性意义的强调。巴勒克拉夫始终认为，坚持"历史的科学性"是历史学家在方法论上应当持有的态度。[2] 历史学家不能逃避对历史学实质性意义的检验，要积极面对这个问题，因为尽管过去可能为其自身而存在，历史学作为探索关于过去的有意义内容的尝试则是为人类而存在。[3] 只有关注所有地区和时代人类的历史，即全球性的历史，才能满足人们探寻历史学实质性意义的目的。在这个意义上，全球史是科学的历史学题中应有之义。

---

[1] Geoffrey Barraclough, *History in a Changing World*, pp. 29-30.
[2] ［英］杰弗里·巴勒克拉夫：《当代史学主要趋势》，第123页。
[3] Geoffrey Barraclough, *History in a Changing World*, pp. 29-30.

第三章

巴勒克拉夫对欧洲历史的反思

批判"欧洲中心论"是巴勒克拉夫全球史观的鲜明特征。他认为，今日世界的迫切需要之一就是关于现代历史进程的新视野，仅从西欧的观点出发做出解释已经应对不了人们当前的问题；从"二战"结束开始，历史学家就因为从过去继承而得的观点的不充分而要辛勤工作，在世界变化的新形势中，以西欧为中心的历史和几乎排外性的从西欧的观点出发而做出的解释，很难回答人们当前遇到的问题，对俾斯麦外交、"一战"起源，或者"二战"期间国际关系的历史进行艰苦检查的做法，并不能使人们有希望发现当前困境的基本线索；历史学家被一种不确定的感觉困扰，因为感觉自己站在一个新时代的开端，从前的经验无法提供确切的指导，这种新情况的结果之一就是历史学本身在迷失。[1] 巴勒克拉夫的对策是明确提出西方史学必须"重新定向"。[2] 所谓的"重新定向"包含了两层含义：一是对西方历史学中的传统观念如欧洲统一的思想、欧洲文明、欧洲的遗产等问题进行重新检验和反思；二是倡导建立全球史，即超越欧洲和西方，关注所有地区和时代的人类的历史。

正是基于这样的背景和判断，巴勒克拉夫从全球史的宏观视野出发，开始对一系列传统欧洲历史观念进行反思和重新解读。他对欧洲历史的反思和解读主要从以下五个方面的内容入手：欧洲与欧洲的"统一"、欧洲文明、欧洲历史的"终结"、欧洲的遗产、欧洲的困境。通过对欧洲历史的深入解读，巴勒克拉夫从理论前提上完成了对

---

[1] Geoffrey Barraclough, *History in a Changing World*, p. 1.
[2] Ibid., p. 10.

"欧洲中心论"的反思和批判，同时为全球史观的提出奠定了理论基础。

一 欧洲与欧洲的"统一"

如何看待"二战"之后满目疮痍的欧洲？当时的学者对此众说纷纭。沃麦尔（Vermeil）直接认为欧洲已经被谋杀，德国就是谋杀欧洲的凶手；他还谈到了"欧洲不可否认的颓废"，欧洲"失败的精神资源"，"自由人道主义的破产"和"道德的衰竭"。欧内斯特·巴克尔（Ernest Barker）认为欧洲的肌体就像悲剧中的朱丽叶处于类似死亡的恍惚状态，但它仍有生命，只需要"注射"联邦制度来维持欧洲"遗产"的永恒。布罗恩（Bruun）则提出欧洲死亡的原因是一种慢性的内部疾病，这是获得多数人赞同的观点。那么欧洲这种疾病的根源和症状是什么呢？布罗恩指出，首先，最难管理的要素是"扩散的技术"，技术扩散很快就丧失控制；其次是自由哲学内部固有的矛盾，即理论上的政治平等和实际上的经济不平等之间无法解决的矛盾，在有财产的人和无财产的人之间、在雇主和雇工之间产生了分裂，随之而来的一方面是"大众的出现"，另一方面是两种伴生的疾病即"灭绝人性"和"人格解体"；1871年镇压巴黎公社时法国人自己谋杀了另外一万至二万名法国人，标志着这种疾病的转折点，即承认医药已经无法治愈这种内部疾病，只能动用外科医生了；从那时以后，欧洲原有的乐观哲学和自信前提都不再有了，欧洲人"仍然遵守遗传下来的行为模式，但是他已经是自己过去的被放逐者了"。[①]

巴勒克拉夫在具体分析上述观点的基础上进一步指出，从这个诊断来看显然欧洲的疾病是一种内部的关于欧洲精神的疾病，分裂性的力量存在于欧洲社会之中；另一方面，内部的疾病被外部的事件推动不断发展，这些事件都是有关联的，但是对外部事件的单纯叙述还不

---

① Geoffrey Barraclough, *History in a Changing World*, pp. 155–156.

足以把事情解释清楚,只有对欧洲历史做出判断才能解决问题。在对欧洲进行历史考察时,首先遭遇到的一个问题就是"什么是欧洲",除非研究者已经具有了一些与自身有关的欧洲观念,除非已经确定什么是欧洲,否则就无法做出诸如声称欧洲在历史上曾经被挽救的判断。[1] 巴勒克拉夫认为欧洲并不是一个纯粹的地理观念,欧洲既不是一个"混合的量",也不是一个"确定的地区","历史并不根据大陆或地理划分而运动"。那么到底什么是欧洲?这个问题与随之而来的第二个问题紧密联系在一起,这就是欧洲存在过"统一"(unity)吗?这个问题的关键在于统一的根据是什么。研究者对此众说纷纭,巴勒克拉夫列举了其中一些观点。欧内斯特·巴克尔认为,"古代遗留下的欧洲不是一种统一","甚至在安东尼时代也没有统一的欧洲"。乔治·克拉克(George Clark)则声称,尽管存在多样性,在15世纪存在"一种文明",但是不久之后他又指出在东方与"西方中心的文明"的关系中发生革命,荷兰人奥伦治的威廉(William of Orange)从法国手里挽救了西方。[2] 沃切尔(Vaucher)认为,乔治·克拉克所说的"西方中心的文明"并不存在。他认为易北河把欧洲社会劈成两个相反的世界,在法国革命战争中,两个不同的欧洲正面对峙。巴勒克拉夫认为,实际上乔治·克拉克关于奥伦治的威廉挽救了西欧的观点本身也是暗示着分裂,法国毕竟是欧洲的一部分,路易十四是一个西欧人,如果说奥伦治的威廉"挽救"了西欧是因为他给"独裁政

---

[1] 例如,下面的说法:当塞米斯托克利斯(Themistocles)击败了波斯人,"欧洲的整个未来"在公元前480年被挽救;当土耳其人威胁"西方文明的生存"时,它在1529年保卫维也纳时再次被挽救;当1688年奥伦治的威廉率众抵抗法国的路易十四时,它又一次被挽救。巴勒克拉夫认为这些说法没有经过解释或者评判,它们假设作者知道如果胜利之神站在另外一方的话将会发生什么事情,这过于武断;实际上没有什么可能的方式能够证明这些所谓的"威胁"如果变成现实的话是长久性的还是仅仅是欧洲人生活中的插曲;真的能假设维也纳陷落以及土耳其人横扫欧洲占领英国、法国和西班牙吗?参见Geoffrey Barraclough, *History in a Changing World*, pp. 157-158。

[2] 17世纪后半期,路易十四时期的法国在欧洲的优势持续了半个世纪之久,欧洲国家多次组成反法同盟共同抗衡法国。1688年英国"光荣革命"之后,荷兰人奥伦治的威廉就任英国国王,英国积极抵制法国,两国长期对立。

府"的反对者以指导，那么是否可以理解为"独裁政府"是非欧洲的，或者至少是非西欧的？这样的讨论就偏离了地理学的标准和历史的标准，跑到政治和意识形态方面去了。巴勒克拉夫认为，下面的说法可能是正确的，即欧洲不是一个政治的、地理的甚至是历史性的单位，它在某种程度上是一个精神的实体，但是如果这样的话，研究者就要知道自己立足于哪里。① 他强调，在一个变动的世界中，如果人们想知道自己立足于何处，就必须超越专门化历史研究这个安全岛，应当采取全球性的视野，这样历史将不会失去意义；不管政治上如何分割，世界是一个整体，不论喜欢与否，我们当中每个人的命运都与其他人的命运联系在一起。②

巴勒克拉夫指出，事实上，西方关于欧洲历史观念的权威观点在英国和德国（在法国可能不这样突出）可以追溯到兰克。兰克认为，欧洲历史的基础在于"统一"和罗马—日耳曼（Romano-Germanic）民族内部互相联系的发展，也就是说，在5世纪和6世纪，作为日耳曼人向西欧移民的结果而出现的民族融合；他们建设了一个"他们自己的世界"，这个世界是欧洲延续至今的所有发展得以产生的基础；虽然罗马—日耳曼世界的六个民族中的每一个——法兰西人、西班牙人、意大利人、德意志人、英格兰人、斯堪的纳维亚人，都是一个独特的个体，它们从没有形成为一个社会，并且它们之间几乎总是发生战争，不过兰克认为，它们真正的统一，是在"思想、行为和发展中"展现出来的，"它们内在的历史正好一致，它们共同的发展制造了同样的思想"；因此兰克所说的"统一"是多数中的统一，或者更准确地说是多样性的统一。巴勒克拉夫认为，这种"多样性的统一"观念在兰克贡献给西方历史思想的全部欧洲历史观念中是典型性的。没有这种多样性，没有在政治敌对和经济竞争中的自由的相互影响，欧洲的无尽潜力和发展这些潜力的自由都是不可想象的；这种自由的相互影响得以实现的实际手段就是势力均衡体系，在现代历史过程

---

① Geoffrey Barraclough, *History in a Changing World*, pp. 156–159.

② Ibid., p. 27.

中,势力均衡体系反复地通过防止大国中任何一国霸权的出现,维持了欧洲文明本质特征的存在。①

巴勒克拉夫认为,正因如此,在兰克的思想中,在随后时代的历史学家的思想中,势力均衡具有极其重要的地位,它是欧洲社会结构倚重的枢纽。在兰克的早期著作中,选择了1494—1514年势力均衡机制完美运转的时期作为主题,就是很典型的做法。这不仅是兰克后来所有作品的基础,同时也是兰克之后的历史学家论述欧洲政治史实际采用的框架。他们的论述具体表现如下。从16世纪初开始,当势力均衡围绕着争夺对意大利的统治权而展开时,循环逐渐地扩大了,当欧洲心脏地带的老牌强国采取措施维持力量的均衡时,新的力量出现了;作为各强国为了阻止法国霸权的斗争的结果,彼得大帝时期的俄国加入到欧洲协调中去;新世界的发现和殖民地化把势力均衡推广到了海外,18世纪英国和法国在新世界的竞争证明了这一点,起源于欧洲的体系逐渐演变为世界性的体系。但是,现在兰克的时代已经过去了,从欧洲到世界范围内的情势都发生了重大的变化。巴勒克拉夫认为,尽管形势发生了变化,但历史学家的基本态度和对起始于兰克的原理有效的信仰仍然没有发生变化;他们不是根据新的情况去反思兰克的理论,而是更愿意根据兰克的原理来解释新的情况,兰克的观念仍然是统治性的。在他们眼中,兰克建立了一种普遍法则,欧洲历史的整个过程都表明了这一点:一种复杂的、自我调节的政治力量机制是永远存在的,任何对文明结构赖以存在的自由所构成的威胁,它都能自发地调整。他们认为,1914—1918年的战争和1939—1945年的战争,都是为了保持势力均衡,尽管两者显然都是世界性的战争,但很明显它们都是欧洲势力均衡这个微妙主题所触发的,世界性的平衡仍然来自以欧洲为中心。② 巴勒克拉夫指出,上述观点是建立在无

---

① Geoffrey Barraclough, *History in a Changing World*, p. 169.
② Geoffrey Barraclough, *History in a Changing World*, pp. 170-171. 巴勒克拉夫认为,对于这一代从小就吸收了兰克思想的历史学家而言,欧洲国家在非洲都应分一杯羹的想法是不言而喻的,他们会认为,非洲应当被瓜分以保证势力均衡,可以在欧洲和全球范围内继续发挥作用也是必要的。

法准确把握欧洲国际地位变化的错觉基础上的,欧洲均势时代正在为全球政治时代所取代。①

二 欧洲文明

在对欧洲文明进行反思时,巴勒克拉夫提出了一个设问:欧洲文明存在吗?从这个问题出发,巴勒克拉夫对有关问题阐明了自己的看法:关于欧洲文明的本质,最安全的结论就是存在一种遍及欧洲的文明;关于欧洲文明的特征,现在做出判断还为时尚早;关于评判欧洲文明的标准,最重要的是文明所表达的道德价值及其进行道德领导的能力。通过对上述三个问题的剖析,巴勒克拉夫试图揭开笼罩在欧洲文明问题上的迷雾。

西方学术界对文明的传统观点如下:文明是从幼发拉底河和尼罗河的早期文明通过希腊、罗马和中世纪达到工业文明的连续发展的经历,工业文明在对新世界的探险之后不断扩张,直到已经充斥全球;弥漫在这种解释中的暗示或者说潜在的假定就是欧洲的社会是五千或六千年历史发展的顶点,是过去每一时代都对其做出贡献的圆满成功——雅典贡献了自由的观念,罗马贡献了文明化秩序的观念,中世纪贡献了欧洲统一的理想,等等。作为一种历史发展的理论,这种解释显然能使欧洲人满意;不过同样也很明显的是,这种解释一定会遭遇到各种批评。巴勒克拉夫列举了对上述历史解释做出批评的三种主要观点。首先,为了描绘这幅稳定的直线发展的图画,那些"没有前途的"文明,换言之,那些对现代世界的形成没有做出直接或者显而易见贡献的文明被忽略了,例如中国或者东罗马帝国。其次,上述历史解释受到攻击还因为它是一种非常自我中心的历史观念,它本身包含的暗示是欧洲现在的文明是所有早先历史发展的顶点,而事实上人们都知道它在人类几千年的历史中只是一个斑点而已。最后,要接受

---

① [英]杰弗里·巴勒克拉夫:《当代史导论》,第62页。

对上述历史解释而言所必需的从一种文明到另一种文明的进步假设是不容易的。① 进步观念最主要的问题就是从自然科学到历史科学、从自然史到人类历史的错误类推;"进化"和"自然选择"的观念与人类种属超越其他动物种属的过程有密切联系,但它们与文明社会中的人类历史没有密切联系;人类面临的问题不是与其他动物竞争霸权或者控制环境,从文明之初,人类面临的问题就是在社会中共同生存的问题。②

这种以欧洲为中心的历史观念已经遭遇到挑战,最著名的挑战首先来源于斯宾格勒的《西方的没落》,并且在汤因比的《历史研究》中被继承和发扬光大。巴勒克拉夫认为,虽然斯宾格勒和汤因比都招致了大量的批评,但是重要的是他们提供了一种对传统思维方式的严肃挑战。他的分析如下。斯宾格勒和汤因比与以前的历史学家不同,他们不是把文明看作连续发展的经历,而是看作独特的社会或文明的经历,互相联系在一起,但是每种都有自己单独的特性,每种都经历了上升和衰落的周期。斯宾格勒认为现代欧洲历史和古代罗马历史之间具有清晰的类似,他认为两者具有同样的趋势转折,即不是稳定的上升,而是衰落的开始。斯宾格勒试图表明每种文明都有自己潜在的观念或主题,他认为没有哪两种文明中的人类思想是向完全一致的方向运动,或者是对那些人类永恒遭遇到的问题具有相当一致的解决方法。例如,比较埃及的金字塔、古希腊的多利安式建筑和中世纪欧洲的哥特式教堂,在每个事例中都体现出为宗教崇拜创造最适当位置的努力——但是这些关于适当位置的观念是多么的不同!如就空间而言,"无限空间"是哥特式建筑的理想,希腊的理想则是有形的完美,是在有限的范围内的平衡和对称,而对埃及人来说,基调则是"无情的必要性"。最重要的是,希腊人并不想统治天空,向天上的星星伸出触角,向全球的各个角落扩张;"无限空间"是欧洲文明的潜在理想,但不是希腊人的理想。因此,在斯宾格勒看来,期望希腊人和欧洲人在精神方面采取同样路线的观念是完全错误的,认为他们从不同

---

① Geoffrey Barraclough, *History in a Changing World*, pp. 46–47.
② Ibid., p. 226.

角度出发得出的答案和解决方法对于现在的世界不具备有效性的观念也是错误的。斯宾格勒和汤因比都不认同那种经常出现的一般说法，即存在独特的"法国文明"或独特的"意大利文明"、"德国文明"，这是因为其中任何一种都没有充分的理由来证明自己的独特性。"法国文明"和"意大利文明"都是一个整体中的部分，它们自己本身不能成为独立的单位。另一方面，斯宾格勒和汤因比也不同意由它们所组成的整体就是欧洲。这两个人都谈及"西方"文明，但是这两人谁都不承认欧洲整体上存在或者曾经存在一种普遍的文明。①

那么，欧洲文明的本质是什么呢？巴勒克拉夫的看法是，必须承认一个起点，即一个被称为欧洲的特别的地理区域为何应当在它相当任意的边界线内产生一种并且是唯一的文明，这一点不存在特别的理由。希腊文明是欧洲内部具有自己地位的文明的例子，然而它还不是遍布整个欧洲意义上的欧洲的文明；另一方面，罗马文明更多的是地中海文明而不是欧洲的文明，小亚细亚、埃及和北非要比欧洲大陆（continental）在罗马文明中扮演更重要的角色，罗马文明从东方和西方吸收了同样的营养。欧洲历史上很多富有成效的动力和刺激，包括基督教，都来自欧洲之外，通常是来自亚洲。事实上，应当小心那种自我遏制（self-contained）的单位的观念；要认识到作为一个历史事实，并不存在把欧洲和亚洲、非洲分离开来的障碍，不存在"铁幕"。当人们把欧洲视为一个整体时，会发现这种整体的看法更适用于西欧。要勾画"西方文明"的边界非常困难，要坚持这个属于西方而那个不属于西方也是非常困难的，除非是在抱有偏见的基础上；在很多时候、很多环境下，"西方文明"的边界被置于莱茵河、易北河、奥得河、维斯瓦河甚至是比利牛斯山脉（当时西班牙半岛的大部分地区处于穆斯林统治时期）。巴勒克拉夫认为，当人们谈到欧洲的文明或者西方文明，他们通常考虑的并不是在特定地理区域内的文明，而更多考虑的是一种特定文明成长起来的地域；很明显，欧洲的文明是在罗马准备好的基础上，通过三个要素的融合而成长起来的，这三个要

---

① Geoffrey Barraclough, *History in a Changing World*, pp. 47–49.

素是：依然留存的罗马人口和它的文明，从东方流入欧洲的新民族和基督教信仰的灵感。问题是，所有这些要素显然都是迄今为止仍然存在的，但是现在并没有产生新的文明，因此，巴勒克拉夫认为是新的民族本身在某种精确的文化水平上（毫无疑问，这很难界定，但的确如此）与罗马和基督教发生联系，提供了导致一种新的文明形成的促进因素。①

巴勒克拉夫进一步指出，在考察欧洲文明的过程中，有三点需要单独考虑的事项可能值得着重分析。第一点是兰克在民族融合方面的观点（罗马和日耳曼人的融合形成了"罗马—日耳曼祖先"）可能是对的，但是还存在很多不能克服的缺陷提醒人们要针对这种观点或者任何其他种族论调在细节上进行更深入的检验。要认识到这种民族的混合在遍布欧洲的各地区发生极大的改变，例如，斯堪的纳维亚明显没有受到罗马要素的灌输，但是它分享欧洲文明的能力实际上并没受到种族的影响。第二点可以被称为时间因素：也就是说，不同民族在不同的时间进入"联合体"（common pool）中。仍然以斯堪的纳维亚人为例子，一般说来他们今天已经被承认是最"文明化"的欧洲民族之一，这就充分暗示"起点晚"并不"必然地"会造成差别。巴勒克拉夫之所以用"必然地"这个词，是因为在他看来，一种如此高度发展的文明不能被成功输出的情况是非常可能的。这里还有一个问题可能是值得思考的，即对欧洲的很多人来说，这是否可能就是美国文明（尽管在很多外部特征方面与欧洲的文明都很相像）看起来缺乏欧洲文明本质精神上一些内容（或者更确切地说，本能的感觉）的原因？当然那并不意味着劣等，也不像很多美国人认为的那样意味着优越，无论如何，在这一点上将不会达成任何全面的一致。第三点是最困难的问题之一，它牵涉到东欧国家特别是俄罗斯。罗马文明和基督教的遗产，两者都与一个新的民族融合。罗马遗产通过拜占庭传播，而在俄罗斯生根的基督教则是"东正教的"基督教，不是（像在西欧民族的例子中那样）阿里乌斯派信徒或者天主教会，这些民族本身属

---

① Geoffrey Barraclough, *History in a Changing World*, pp. 49–50.

于斯拉夫民族，不属于日耳曼或者拉丁族群。由于蒙古人的入侵，俄罗斯文明的发展被耽搁了几个世纪，它的方向在某些方面发生了变化。这些都是值得考虑的差别。由于在西方各个地区之间，如在斯堪的纳维亚、西西里岛和萨克森地区之间，存在着巨大的差别，所以在做出关于欧洲文明的结论之前应当谨慎。①

在巴勒克拉夫看来，最安全的结论就是存在一种遍及欧洲的文明。它并非在各处都是同一的，因为并非所有的成分都是同一的；可能各处的发展并不处于同样的阶段，那些早熟的国家是否不会早早地衰落，或者那些晚熟的国家（如德国）是否不会加速衰落？这些问题都值得人们思考，而且这些都是需要进一步思考和分析的可能性。巴勒克拉夫希望做的就是强调在整体上不把欧洲的文明看作欧洲共同的文明而看作其他任何可能的形式是极度困难的。毫无疑问，欧洲文明的内部存在许多程度上的差别和变化，有时甚至就在一个国家如德国的边界之内，英国内部的情况也一样，但是除了作为一种文明即欧洲文明来看待，其他情形都无法想象。②

关于欧洲文明的独特性质、它所象征和反对的事物等问题，西方学术界已经有很多论断。巴勒克拉夫分析指出，这些论断通常会认为，与其他文明相比，"西方的"文明或者"西欧的"文明如果不是更高级的话，那么也是很不同的。这些论断中的明显问题就是很少追问与未开化的、野蛮的社会相比，或者与其他文明相比，欧洲文明的特征到底是什么？这些问题的答案都不是不言自明的，一旦研究者用超然和客观的态度开始思考这些问题，就好比是陷入了化学实验室的复杂体验之中；从现代人类学家关于原始民族的研究中，人们了解到的主要事情之一，就是认识到开化民族和野蛮民族之间的边界线绝不是容易描绘的，现在已经可以确定的就是在当代人身上也有很多野蛮的地方，而在原始人中也存在着大量的自然文明；如果把欧洲的文明与其他文明相比时也会发现同样的问题。人们对其他民族了解越多，

---

① Geoffrey Barraclough, *History in a Changing World*, pp. 50-51.
② Ibid., pp. 51-52.

不论是当今世界中其他地区的民族还是从前的早期文明，就会越难挑选出一件事情或者一系列事情来（毫无争议可能地）断言这是欧洲文明单独发展起来的独特的事物。①

巴勒克拉夫认为，欧洲文明是否发展出自身独有的特征，从而使其能够区别于世界其他地方的文明，例如中国文明或者印度文明，或者区别于历史上其他时期的文明，例如希腊文明和罗马文明，这个问题与斯宾格勒认为每种文明都有自己表达的独特见解和模式这个观念联系密切。他指出，当涉及任何特定的问题时，研究者就会发现非常严重的困难：首先，除了欧洲自己的文明，大多数欧洲人对汤因比所提到的26种文明中的任何一种知道得都很少，所以要想确切地说出哪些是欧洲文明的特征实际上是非常困难的；其次，很多看似欧洲文明独特的内容今天可能不再是欧洲独特的了，而只是所有文明发展中的一个特定阶段，例如，人们把尊重个体、提供最低标准福利的愿望、自由看作是欧洲文明的象征，但是在欧洲的历史上有很多时期这些东西因其缺乏要比因其存在而更加显而易见，它们只是欧洲文明目前正在经历的这一阶段的象征，很多同样的倾向在古代世界历史中的并行发展时期（parallel period）都可以被发现；所以当人们把"多样性的统一"取得的成就或者把对资产阶级和工人阶级关系问题的和平解决方法看作是欧洲的特征时，巴勒克拉夫认为很难说这是欧洲真实的成就还是仅仅是一个人类必然经历的阶段。②

最后的问题就是评判欧洲文明的标准是什么？欧洲文明确实取得了惊人的技术进步，很明显这一点在以往的历史上没有类似状况，没有人怀疑这是目前欧洲文明最具有典型性的特征；但是同样肯定的是也有人会指出欧洲人不是这些技术装备的主宰，还有人会表达出严重的怀疑，即在总体上欧洲的技术进步到底在多大程度上有益于人类，特别是亚洲或非洲的民族。巴勒克拉夫认为，这才是真正的问题。对文明而言，真正紧要的不是切实有形的东西，例如，不是喷气式飞机

---

① Geoffrey Barraclough, *History in a Changing World*, p. 46.
② Ibid., pp. 52–53.

和氢弹的简单组合，真正紧要的是一种文明所表达的道德价值（如果它确实表达了道德价值的话）和它进行道德领导的能力；在这个问题上欧洲文明表现如何，就欧洲广阔的技术知识的适当使用而言，欧洲人是否拥有基本的道德品质，这是欧洲文明将被评判的最终标准，这种标准如何自我实现将比它本身更加重要。①

三 欧洲历史的"终结"

巴勒克拉夫认为，认识到欧洲历史的"终结"是在考察欧洲历史的过程中必须注意的问题，与此有关的还有另外三个需要注意的问题：第一，要谨记现在不是过去的顶点；第二，要认识到历史方法的局限（这是很重要的）；第三，研究者必须要小心提防纯粹主观的答案。巴勒克拉夫所说的"终结"并不是说欧洲历史已经走到尽头，而是说欧洲历史不再具有历史重要性，欧洲本身的历史将继续，只有在这个意义上才能合理解释欧洲历史的"终结"。巴勒克拉夫从对欧洲和世界形势变化情况的具体分析入手，探讨了导致欧洲历史"终结"的原因，就是欧洲的政治地位已经发生变化，欧洲均势时代已经结束，在一个全球政治的新时代中，欧洲问题绝不是世界事务的决定性因素。②

1945年的欧洲无疑引起了世人的广泛思考：向全球扩展的欧洲文明依靠什么来保证"多样性的统一"？战后欧洲的强国如何自处？多极均势体系的幸存物是什么？诸多问题都迫切需要历史学家做出回答。其中一个核心问题就是势力均衡体系的崩溃是否仅仅是"二战"的结果？如果是这样的话，那么就暗示均势体系的崩溃只是暂时的，如假以时日，传统的均势体系就会重现以防止世界被一个或者两个大国统治。换言之，尽管不能完全一样，1939年的国际政治体系能恢复

---

① Geoffrey Barraclough, *History in a Changing World*, p. 53.
② Ibid., pp. 203-205.

吗？道具不同，其组合不同，同样的游戏在本质上会有同样的基本规则吗？乐观主义者回答"是"，他们相信第三种力量组织起来能够成为平衡美苏两大对立集团的政治杠杆支点；悲观主义者回答"不"，他们的观点集中表现在德国学者阿尔弗莱德·韦伯（Alfred Weber）的《别了，欧洲历史》（*Farewell to European History*）一书中①，但是韦伯不是以历史学家而是更多地以哲学家和预言者的口吻来写作的。这两种相反的观点更多的是来自政治思考而不是历史分析，历史学家有权检验他们所依靠的历史观点是否有效，这才是历史批判合理发挥作用之处。巴勒克拉夫通过对现代历史进程的检验分析了均势体系的历史发展，他强调指出，欧洲均势没有变成全球性的体制，世界政治遵循的形式与欧洲政治并不相同。②

巴勒克拉夫指出，到1939年，实际上直到1945年，欧洲的均势都是国际政治中非常重要的因素，这是事实；对希特勒争夺霸权的反应与早期反对威廉二世、拿破仑、路易十四、菲力普二世和查理五世的反应是类似的，但是，它们之间的差异性远大于相似性，1919年之后欧洲的优势更多是在表面上而非实际拥有，从长远来看，这一点更加重要；作为"一战"的结果，欧洲强国在国际事务中的地位已经衰退和收缩，但是由于俄国和美国这两大世界性强国的缺席，这种结果意外地被隐藏了：俄国是由于1917年革命而缺席，美国则是受到威尔逊之后的孤立主义的影响。这样原有的均势体系看似维持下去，并由法国主导，但正如希特勒治下德国的短暂复兴所表明的那样，它只是一种令人同情的阴影，缺乏履行其基本功能的能力；实际的情况是，到1918年，权力已经从欧洲大陆国家转移到侧翼的强国，普鲁士德国在"一战"中彻底失败而非达成一种谈判妥协的和平，就是由于美国的决定性优势，正如1945年希特勒德国的彻底失败是由于美国和俄国的因素一样。这并不是说要低估英国在其中发挥的作用，或者是暗示没有美国和俄国的话德国就会取得完全的胜利，这只是说实

---

① 阿尔弗莱德·韦伯是德国的文化社会学者，生于1868年，卒于1958年，是马克斯·韦伯（Max Weber）的同胞兄弟。
② Geoffrey Barraclough, *History in a Changing World*, pp. 171–173.

际结果是在相对短期内因美国和俄国干预而产生的后果，否则是不可想象的。单独的欧洲，即使是包括英国在内的欧洲，都不能解决自己的问题，它需要欧洲之外强国的压力来阻止对欧洲文明价值（来自自由国家的多样性）来说致命的霸权；如果人们回顾一下反对其他国家争夺霸权的早期斗争，就会看到这种向欧洲之外力量的求助是惯例而不是例外。例如，以往历史学家在研究拿破仑失败原因的过程中，强调对拿破仑的民族性反抗如德国的解放战争和"西班牙创口"是拿破仑失败原因中的一个基本因素。巴勒克拉夫认为，这两个例子中的夸张是明显的，如果拿破仑不是先被俄国击败，就不会有德国的解放战争，"西班牙创口"的唯一意义只是为威灵顿的军队提供了射击的靶子；拿破仑失败并不是由于欧洲大陆强国的崛起，而是由于欧洲之外的力量，即俄国从它的亚洲部分释放的巨大能量和英国从新世界获取的财富。更早时期的情况同样如此，海上强国英国与荷兰凭借它们的海上霸权和殖民地资源，击败了路易十四，16世纪查理五世争霸欧洲的举动被土耳其人粉碎，单独的法国不够强大，它需要奥斯曼帝国的外部压力来保护欧洲的"自由"。①

如果这些事实只是像传统观点所认为的那样，意味着均势原则从欧洲中心向外循环扩散，那么它们的意义并不大，巴勒克拉夫认为，欧洲侧翼的国家特别是海军强国，它们的力量来自非欧洲的资源，相应地遵循它们本身的原则，而这些原则不是欧洲均势的原则。这一点在17世纪就已经很典型了。例如，尽管英国与荷兰在商业和殖民地问题上存在竞争甚至上升到军事冲突的地步，但仍然一起反对法国；尽管视俄国人为洪水猛兽，但几乎整个19世纪英国和俄国并没发生严重的冲突；最典型的是尽管欧洲大陆国家的政客在一个世纪甚至更久的时间里都希望美国能够制衡英国的海上霸权，但英国与美国之间的利益冲突从来没有物化。关于英美关系的一个朴素事实是两国政策周旋于全球的和欧洲的这两个截然不同的圈子，尽管英国提供了两者之间的纽带，但两个圈子几乎没有重合部分，结合仍然很少。每一次

---

① Geoffrey Barraclough, *History in a Changing World*, pp. 174–175.

欧洲内部的战争都导致了更多的分化,这在17和18世纪就已经很明显,在19世纪变得更加清晰。在欧洲盛行超过四个世纪的均势的结果是欧洲分解为更小的单位,东欧国家就是因为太弱小和太分散,所以不足以在来自西方或东方的攻击面前保持自己的独立。简言之,自由以权力的丧失为代价,这一点现在正在质问整个欧洲。非欧洲圈子里的过程则完全不同,它们的趋向是更广阔的统治区域的形成和刻意避免分裂。例如,1823年门罗主义的颁布,明确意味着从美洲排除均势原则;在亚洲,尽管存在竞争,但英国和俄国在每次危机中都坚定地一起反对第三国势力(不论是德国还是日本)的进入,第三国势力的进入将可能会引起与欧洲类似的均势;在非洲,比利时和葡萄牙的存在仅仅是幸存者,它们能被容忍是因为它们没有影响到盎格鲁—撒克逊的优势,这一点由英国对海洋的控制来保证;在欧洲内部,任何优势造成的威胁都被打击直到消失;在欧洲外部,控制优势力量的原则被确立起来。[①]

巴勒克拉夫指出,这些事实与当前政治具有广泛的联系,同时它们也引起了对关于欧洲历史过程的传统理论的根本性怀疑,这种怀疑包括如下的内容。如果欧洲均势没有变成全球性的体制,世界政治遵循的形式与欧洲政治并不相同,那么今天当欧洲像一座烧尽的火山时欧洲人应该如何自处?在这种情况下,欧洲历史的"经验"有何用处?如果欧洲文明赖以存在的那些价值,要依靠小型主权国家多样性共存的话,那么那些价值在一个至多只有三或四个强国能保持传统意义上主权的世界中,到底前景如何?如果欧洲的自由及其价值需要动员非欧洲力量来保卫,那么人们怎么思考一种并不单独把西欧国家作为中心的历史理论?[②]

巴勒克拉夫认为,欧洲的历史不能单独来思考,西欧自从罗马帝国衰落之后各个联系密切的民族追求自我发展的联合体的传统观念必须要抛弃。汤因比认为西方社会单独来说是一个可理解的研究领域,

---

[①] Geoffrey Barraclough, *History in a Changing World*, pp. 175–176.
[②] Ibid., pp. 176–177.

与他相反,巴勒克拉夫认为应当把欧洲与更广泛世界的联系视为塑造欧洲历史的决定性因素,没有这种外部的影响就不会有现阶段的欧洲发展,西欧的发展也会难以理解。巴勒克拉夫还指出,这一点不仅现在是事实,而且在整个欧洲历史上都是如此。在所谓中世纪的时期也不应当把西欧和东欧分开来看,双方的交流不仅通过拜占庭往来,而且这种交流在西方与斯拉夫各民族之间都是有力和持续的。虽然这些认识可能是问题的细微性和学术性的方面,但如果人们想要树立正确观念的话,这些都是不能忽视的;缺乏正确的观念导致在中世纪欧洲历史中忽略了拜占庭的线索,忽略了外部的影响,特别是19世纪美国对欧洲历史的影响。换言之,如果人们假定对现代史的传统论述(直到1914年)是正确的并将之简单应用到现在,那么人们在考察当前的发展时就会出错,就会简单地在俄国和美国的标题下增加几章而已,也就是说,人们面对的是一种没有重点而且令人误解的欧洲历史观念,需要对其做出修正。[①]

巴勒克拉夫列举了两个例子来说明传统的欧洲历史观念是如何令人误解的。一个例子是欧洲传统的历史教学对18世纪末期的两次大革命即法国革命和美国革命的态度。今天没有人会看不到美国革命(导致新世界的第一个伟大的独立国家建立)是人们生活在其中的全球政治新时代的出发点,正因如此,它的重要性不应该被低估,不过无法否认在传统历史教学中,法国革命在两者之中显得更加突出。人们听到大量关于法国革命的影响,但是对如此重要的美国革命,关于它的影响人们又知道多少呢?当然不论在中学还是大学,美国历史并没有被忽略,但这不是重点。把美国历史作为一个独立的与欧洲历史平行的研究分支而单独地讲授,是欧洲历史教学所犯的错误。人们需要的是一种能够揭示美国对世界的普遍影响和对欧洲的特殊影响的历

---

① Geoffrey Barraclough, *History in a Changing World*, pp. 177–178. 巴勒克拉夫指出:"如果我正确地理解了法国历史学家格鲁塞(Grousset)的话,他认为中世纪的欧洲(看似与外部世界十分孤立)从来没有摆脱过来自亚洲的压力,中世纪历史的每一个转折,都是由亚洲民族(匈奴、保加利亚、匈牙利、土耳其)的影响推动其向前发展,来自阿拉伯文明的影响也是显著的(从北非到达了西班牙和西西里岛)"。

史,尽管几乎整个 19 世纪美国都处于欧洲协调之外,看起来对国际事务没有发生直接的政治影响(经济影响很强),但是从拿破仑战争时代开始,它对欧洲发展(包括欧洲的政治发展)的影响是深刻的。例如,向美国移民对缓解欧洲人口过剩有重要的政治意义,谁会否认这是 19 世纪欧洲历史中的一个要素呢?谁会看不到 1918 年之后美国移民政策终止(导致欧洲安全阀关闭)产生的政治影响呢?但是在关于 19 世纪历史的传统叙述中这些因素有什么位置呢?巴勒克拉夫指出,这主要是因为传统的历史教学无视这些事实,把欧洲的历史作为按照自身法则运转的独立的一系列事件,结果是"当美国的优势发生时我们没有察觉,它看起来更像一种革命性的变化,而不是一种长期趋势的顶点"[1]。

第二个例子是"俾斯麦时代"的问题,它明显地反映出很多历史学家的"从欧洲人的角度无法设想欧洲时代已经终结"的态度。很多历史学家声称 1870—1890 年期间是"俾斯麦时代",这种描述在什么意义上是正确的呢?在欧洲的单独意义上是这样,在任何其他意义上都不是。俾斯麦把德国提升到欧洲大陆强国中的前列,但欧洲大陆强国中的前列不再像路易十四或者拿破仑时代那样,不再意味着也是世界强国的前列,俾斯麦衰落之后,德国认识到了它所付出的代价:俾斯麦是伟大的政治家,但他是欧洲时代最后一位伟大的政治家,最后一位遵循欧洲均势原则的伟大政治家。如果研究者把视野局限在欧洲,俾斯麦看似是主要的人物,扩展到世界,他就会跌落到第二层次,一旦德国在欧洲大陆上统一的任务完成,一旦新德国开始追求在世界范围内与英国、俄国和美国并列的地位,俾斯麦就像出水的鱼。巴勒克拉夫进一步指出,所谓的"俾斯麦时代"是一个俾斯麦既不理解也不能主宰的时代,只有那种被蒙蔽的、不能扫描历史地平线的历史哲学,才会得出这种完全错误的结论。[2]

巴勒克拉夫认为,今天仍然盛行的欧洲历史观念,反映了西欧国

---

[1] Geoffrey Barraclough, *History in a Changing World*, pp. 178-179.

[2] Ibid., pp. 179-180.

家掌握优势和领导权那一时期的态度：那是一个欧洲国家向美洲、亚洲、非洲扩张的时期，当时看似欧洲掌握全世界的开始，好像世界秩序只是欧洲秩序的扩大版本，遵循着均势的原则。例如，兰克把拿破仑的失败看作由英国和俄国主导的原有的欧洲体系的一次确认，他不能看到法国革命的影响和非欧洲国家的优势；他的观点受到一种虚假的连续性的限制，对纯粹历史要素的错误投入，导致他把注意力几乎绝对集中到那些过去占据主导地位的国家，好像它们会天经地义地永远主导下去一样，最典型的是1833年他把美国排除在大国之外的做法。另外，他对东欧民族几乎轻蔑地不予考虑的态度，就好像他们是局外人，对欧洲的发展全无贡献一样，这是东欧被迫为土耳其统治或者被俄罗斯、奥地利和普鲁士瓜分时代的偏见。巴勒克拉夫指出，人们首先要做的是认识到这种历史观念在时间和空间方面是多么的狭隘，在中世纪欧洲这种历史观念是不正确的，在现代欧洲，正好在兰克写作的那个时期，这种历史观念也不正确；它最多代表了一种特殊的历史状况，就是这种历史状况被兰克认为不朽，就像一个从电影中被挑选出来并放大的"静止画面"；现在的西欧在依据自身节奏的相对独立的发展中已经落后了，就像也存在着欧洲对外部世界的压力比外部世界对欧洲的压力更强大的时期一样，但是这些时期不应被看作是标准；如果需要斯大林格勒战役的震动来让人们睁开眼睛看到西方历史哲学的局限的话，那是因为欧洲历史写作中蕴涵的政治偏见蒙蔽了人们的眼睛，那些偏见在很大程度上是无意识的，但是它们并不因为这个原因而减少造成的误解。对于历史学家来说事后睿智是容易的，但在当时就睿智是相当困难的。所以，巴勒克拉夫提出，历史学家的观点越是全球化，越是摆脱国家或地区的偏见，他就越是接近于获得能对当前有效的关于过去的观念；远在1939年之前就已经有很多关于事情发展方向的暗示，在客观历史中它们会有自己的位置，但是因为它们不符合人们预想的观点，所以它们被抛弃了，结果是一种与事实对抗的历史，这种历史是不清楚和无能的，今天这种历史显然已经失去生命力了。1939—1945年的战争实际上已经是美国和俄国之间的全球竞争，是争夺世界霸权的斗争，其作用中心已经从欧洲转移到了太平洋。人们关于欧洲历史的知识不能用于指导今天所面对的情况,更广阔世界中的情形与过去欧洲的情形如此不同,以至于人们得自欧洲历史的任何经验或类推都更接近于欺骗和盲目而不是阐明情况;欧洲政治体系的保持和这种保证均衡体系的价值观念的保持,总是要从欧洲只是更广阔世界的一部分的事实出发来考虑,英国、俄国和美国之间的关系与欧洲大陆强国之间的关系相比,显示出的差异性远远大于相似性;而且,当欧洲历史的全部趋势是维持一种强国均势的俱乐部和保持小的国家单位时,世界历史的全部趋势则刚好相反,表现为巨大的政治集合体的发展,它们绝不是欧洲意义上的国家单位;在这种情况下,谁又敢把过去和现在、未来联系起来去假设未来的政治发展将重复欧洲过去的情况呢?[①]

四 欧洲的遗产

欧洲遗产的问题和欧洲历史紧密联系在一起。巴勒克拉夫认为,欧洲历史不是发生事件的顺序排列,而是一系列基本的、不可避免的问题;知识的增长不能使这些问题简单化,而是使它们变得复杂,获得清晰的解决方法变得更加不容易,但是正是这些问题成为每一时代精英们全神贯注的事情,历史通过探索新的推动力、新的视野和新的观点从而不断自我更新,这些中心问题就是这样一次又一次地被探讨。他归纳指出,有三个重大问题主宰着欧洲历史,这就是后期古代问题、11世纪末期大革命(政教之争)的意义和18世纪启蒙运动的问题,这是三个巨大的转折点,欧洲人朝圣(pilgrimage)的三个阶段;这三个转折点是受到外部事件的多方面影响而形成的,每个历史学家都必然对这些事件给予足够的注意,但是叙述事件本身是不够的,从长远的观点来看,重要的是它们对欧洲精神产生的影响;如果要理解欧洲人的长期朝圣,就必须要考察欧洲人经历过的严重的精神

---

① Geoffrey Barraclough, *History in a Changing World*, pp. 180–183.

危机。巴勒克拉夫着重指出，要掌握这样一个事实，是欧洲人对所遭遇的严重精神挑战的反应，而不是外部事件的影响，更能决定欧洲人的生活过程。①

第一次严重危机也就是巴勒克拉夫所谓的后期古代问题，在基督教时代的公元4世纪和5世纪达到顶点。这里一个基本的问题是古代文明是否应该被定义为"欧洲的"？这个问题包含了古代和现代之间关系的所有问题。如果人们要了解所谓的"欧洲的"和"欧洲的遗产"的含义，那么讨论这个问题是非常重要的。希腊历史在希腊文化阶段就显现出"希腊与东方的融合"，文明趋向于"希腊—东方的而不是希腊和西方的"；罗马世界更是几乎全部被陆地包围的地中海世界而不是欧洲世界，小亚细亚、北非和欧洲的部分地区结合在一起。很显然没有内在的理由把这样的社会或文明定义为"欧洲的"。单纯从罗马到"罗马统一的混乱"的线性前进中的传播，而不追问在人类思想之间发生了什么事情，这样的探讨是不够的。在公元4世纪，当欧洲在古代世界的危机中开始它的生命时——它的第一声哭喊回应着"世界的混乱"，与古典精神截然不同的后期古代精神的突破表明，一种新的文明诞生了：一种不同于以前任何文明的文明，一种可以第一次正确地称之为"欧洲的文明"的文明。②

第二次严重危机发生在七个世纪之后，在11世纪末期的精神混乱中，欧洲文明达到了成年。如果单纯地看待历史事件，这种精神混乱也就是所谓的"授权争论"，只不过是国王和教皇之间在主教任命问题上的冲突；然而从更深远的历史视野来说，这个问题背后隐藏的"实际上是关于基督教社会本质的两种激烈敌对的观念之间的冲突"，因为这个原因，有些历史学家把这场危机看作是"世界历史上一场伟大的革命"，"天主教徒历史上最伟大的转折点（从精神的观点出发可能是唯一的）"；当"世界驶入教会的怀抱"，这个现象强有力地影响了欧洲后续的整个历史。不过，解释这个西方基督教历史上转折

---

① Geoffrey Barraclough, *History in a Changing World*, pp. 159–160.
② Ibid., pp. 160–161.

(东正教保持了对早期基督教传统的忠实)的失败,排除了在稍后时期任何令人满意的对东西欧之间的分离的解释,尽管事实上这两者都是一种文明的组成部分;虽然关于东西欧的分歧有很多外部原因可能被引证,有很多局部的解释,但是这种可以追溯到11世纪末期的基本的精神分歧是一个本质的线索。①

欧洲精神历史中第三个伟大的转折点不能被忽视,这就是18世纪的启蒙运动、理性时代。巴勒克拉夫认为,这一转折点的深奥之处和启蒙运动遗产的可疑本质还没有讨论透彻。虽然人们被告知,这是一个"年青牧师背离了狭隘的虔信主义的固执,他们不再鼓吹严厉的教条而是开始鼓吹理性的道德规范原则"的时期,但问题是人们能确定"理性的道德规范"真的具备能超越"狭隘的虔信主义"的优势吗?牧师对宗教的虔诚中蕴涵着对理性局限的深刻感知,并号召人类对耶稣基督的奉献,还有对上帝荣耀的绝对追寻,人们真的能确定这仅仅是固执吗?巴勒克拉夫认为,启蒙运动留给欧洲的是双重的遗产。没有人怀疑理性时代的进步,但是人们也不应该忽略理性时代的缺点,这些缺点和进步对未来而言结果同样沉重;启蒙运动(有闲有钱的中产阶级崇拜)机械地假设它的信仰是普遍真理,对所有人类适用——只需通过教育来传播就可以为民主政治提供正确的哲学;那种认为对所有公民来说只需要让政府接受公民权并真正实行、同时协调所有利益分歧的乐观信仰,被证明只能是乐观的,拿破仑一世和随后的拿破仑三世向欧洲表明了民主政治更容易导致专政而不是顶级的理智。19世纪的机器和技术并不是可靠的;18世纪探索了对物的崇拜,它把宇宙变成了一个巨大的机械装置,一个巨大的时钟,上帝的存在仅仅是为其上紧发条,它灌输了致命疾病的细菌,很快就困扰了欧洲人并将其击倒;毫无疑问,理性时代的新的宇宙进化论为19世纪自然科学的惊人进步扫清了道路,但是为了获得这些财富,欧洲就像浮士德一样出卖了自己的灵魂,那就是启蒙运动留给欧洲的双重遗产。②

---

① Geoffrey Barraclough, *History in a Changing World*, pp. 161-162.
② Ibid., pp. 162-163.

关于启蒙运动问题，巴勒克拉夫认为，不能轻易说欧洲人沿着一条唯物主义的道路发生了错误的转向，现实并不是那样简单，缺点和价值都是真实的，是互相补充的，两者彼此依靠，它们不能像绵羊和山羊那样被优美地分离开来；对历史学家来说，启蒙运动仅仅是欧洲人经历过的一个阶段，它带来了更巨大的机会、更巨大的努力、更巨大的回报，但是也带来了更巨大的紧张、更巨大的风险和更巨大的诱惑；不能说风险是不值得尝试的，取得的成就是徒然的，但是人们能够指出为了这些而付出的代价——特别是能源的巨大消费量，这使得欧洲在法国大革命的危机之后过于虚弱以至于无法再次取得能够比得上启蒙运动的综合成就。①

总而言之，只有当这些严重的精神危机在所有的深度和广度上被分析，欧洲的历史才进入人们的视野，人们才能开始评定它的遗产；如果这些严重的精神危机没有在所有的深度和广度上被分析，人们对欧洲历史的解剖就无法甚至达不到预期效果，并且是不足以令人相信的；机械的解释和机械的补救既不能阐明问题也不能解决问题，例如，人们不能说11世纪宗教方面的改革导致欧洲走向一条错误的道路，只能说它在这样做的过程中转换了视野，塑造了欧洲的未来；换言之，这不是赞美或责备的问题，因为两方面的得失都是明显的，问题是它们在欧洲造成的历史差异。②

在上述分析的基础上，巴勒克拉夫指出，无法从过去挑选出确定的要素然后抛弃其他的因素，声称它们构成了欧洲的遗产，任何想要草拟一个欧洲"资产负债表"的努力都将会失败。例如，欧内斯特·巴克尔把"议会民主政治"包括在欧洲的遗产之中，但是他没有提到独裁政治的多种形式，从希腊的暴政、中世纪意大利城邦的专制直到现代的专政。事实上欧洲的遗产由这两种形式的政体组成，这两种政体在不同的环境中都证明了它们的价值和建设能力，而在其他环境中这两种政体都曾失败和被取代。历史并没有做出明显表态要支持其中

---

① Geoffrey Barraclough, *History in a Changing World*, p. 165.
② Ibid., pp. 163-165.

哪一种。欧洲遗产中其他要素的情况也是这样。另外，欧内斯特·巴克尔在强调以色列、希腊和罗马的贡献方面可能是对的，如犹太教和基督教的个人的上帝，希腊的关于有秩序、可理解的宇宙的观念，罗马的法律体系和约束人类社会成员的秩序；但是这些要素有如此之多的可能发生改变和结合，有如此之多的可能发生吸引和排斥，以至于无法清晰地形成详细而精确的遗产图画。事实上，没有什么图画能从这种状态中显现出来，因为这些要素在欧洲人的朝圣过程中，每个都具有不同的解释，在不同的时期引起了不同的反应；如果说它们都被融合和吸收到欧洲精神中去，这种说法听起来是似是而非的，事实也是如此。巴勒克拉夫引用塞德尔马耶（M. Seidlmayer）的论断说明，希腊和罗马在欧洲历史上的意义就在于它们从来也没有成为欧洲遗产的一个完整部分，就在于它们总是保持着一种欧洲既不能消化又不能驱逐的"外来的身体"的事实；掌控它们的斗争没有导致明确的结果，但是这种斗争努力仍然是非常重要的，之所以非常重要是因为这有利于创造和刺激能把欧洲精神推进到以前从未获得的耀眼的发展高度的精神张力。这一点，正好是这一点，就是欧洲的遗产：并非能够累加起来、传承下去的具体有形的成就，而是精神的提升，人类精神无与伦比的昂扬，新知识新思想等范围的开辟，即使它们遗留下未解决的和不能解决的问题（毫无疑问必然会遗留下这样的问题）。成功或失败并不是唯一的评判标准，人们尊重并且带着自豪回顾欧洲人的奋斗历程，因为不论付出什么代价，欧洲人都从来没有放弃探索的努力。巴勒克拉夫认为，重要的不是欧洲遗产中的精确的要素，因为它们是各式各样的、不确定的、多面的，也不是像欧内斯特·巴克尔暗示的那样要"保持"这种遗产，要"保卫"、"坚持"并把它"传播"到未来，就像对待博物馆里珍贵的化石那样；重要的是把这些要素加以改造，从而形成一种新的、能发挥作用的模式的能力，使欧洲的遗产能够适应新的、不断变化的条件的能力，否则遗产只能变成重担；欧洲的遗产是一种未解决的矛盾构成的混乱状态，一种无出路的灌木丛，无法提供关于前进的直达路线，只有一种新的灵感，一种关于人及其在宇宙中位置的新观念，才能打开对未来的清晰展望，未来属于那些提出"关于人的新观念"的人,但是灵感不会眷顾那些回头看的人,它只眷顾那些向前看和向上看的人;换言之,未来不存在于欧洲过去的遗产中,而是存在于人们关于新世界的观点中。①

五 欧洲的困境

在欧洲历史"终结"的同时,欧洲还面临着如何摆脱因内部矛盾而造成的困境的问题。欧洲的困境是由来已久的。

巴勒克拉夫认为,不能否认欧洲曾经是世界政治发展、经济扩张和智力探索的主要中心,现代史就是通过欧洲的扩张和欧洲强国的统治连为一体的。那么为何20世纪上半叶欧洲不能依靠自身的力量解决内部的矛盾和问题,而要在两次世界大战之后依靠外部强国(美国)的援助才能完成重建?② 巴勒克拉夫认为,这是由于历史上的欧洲在从法国大革命开始的革命危机时期,失去解决整个欧洲时代所关心的主要问题的最后机会;如果与美国和苏联对比一下,欧洲的问题可能更加容易理解。具体来说,首先,欧洲的多样性强于统一性,结果是它的潜力被浪费了,而美国和苏联都有长期的统一,这种长期统一所保证的发展使它们能超过欧洲;其次,欧洲地域狭小,人口众多,造成了发展上的限制并引起矛盾和问题,而美苏两国都有广阔的发展空间;最后,这种环境的基本差异必然引起对政治和社会问题的不同见解和态度,比如就业和失业问题引起的压力,在美国和苏联是向外的,引向探索和开发自然;在欧洲则是向内的,引起社会内部的斗争和冲突。这种情形到1848年就已经很明显了。之后的1914—1918年战争导致了美国经济和财政的优势地位,另一个结果尽管不明

---

① Geoffrey Barraclough, *History in a Changing World*, pp. 165-167.
② 1948年4月2日,美国国会通过了《1948年对外援助法》,以法律形式确定了援助西欧的马歇尔计划。从1948年4月到1952年6月,美国向西欧提供了高达131.5亿美元的援助,其中10%是贷款,90%是赠予。由于马歇尔计划的援助,"二战"后西欧经济走上了稳步发展的道路。

显但是意义重大,这就是欧洲国家追求权力的连续斗争意味着欧洲的民族划分不仅被保留而且增加了。很少有欧洲民族对此感到遗憾,它们也很少愿意在法国或德国霸权下统一,而是愿意在各小国势力均衡体制中寻求相对自由,没有一个民族能强大到对抗其他民族的联合。民族国家的多样性曾经是欧洲文化和文明丰富的来源,但是这种多样性也意味着在外部强国面前的软弱。这是美国和苏联超越欧洲的主要原因之一。欧洲因为不能解决自己内部的问题,所以失去了统治权。因此,在考察欧洲的地位时,不仅要考虑世界形势的变化,而且要考虑欧洲形势的变化。①如何解决欧洲内部的问题?巴勒克拉夫认为,虽然说只要欧洲各民族能够使用它们海外的殖民地资源和海外市场来维持它们的生活水平和就业,那些无法解决的社会冲突就可以控制在一定范围内,但是,这种建立在民族单位基础上的势力均衡前景是虚幻的。首先,非欧洲世界的经济和政治反应破坏了这种前提;其次,民族主义不足以稳定欧洲秩序,它是一种爆炸性的力量,因此欧洲的内部冲突表面化了。②欧洲解决内部问题的失败,导致从前的欧洲走向终结。③

在战争的惨痛经历之后,欧洲的困境仍然没能克服,它明显地表现在欧洲联合的当前计划上。巴勒克拉夫列举了希腊的情况作为考察欧洲的参考。他认为,在古希腊全盛时期,独立的城邦是本质性的要素,如果不考虑城邦的独立性,就很难理解希腊文明中那些持久和有价值的内容是如何被保留下来的。他由此得出结论:城邦的独立性与希腊文明本身是同根的,只要文明持续它就是不可根除的。他认为欧洲国家的情形也是这样。④ 实际上,随着作用规模不断扩大,工业化要求并使更深入的统一成为必要:一个欧洲的联盟即使能容纳整个欧洲,可能仍然被证实是一个不充分的经济单位,而伴随统一的则是标准化和一致性。欧洲的问题,如通常所说,是它拥有太多历史,它不

---

① Geoffrey Barraclough, *History in a Changing World*, pp. 207-210.

② Ibid., p. 211.

③ Ibid., pp. 166-167.

④ Ibid., p. 214.

能从自己传统的包袱中逃离,创造新的开始。巴勒克拉夫认为,如果俄国和美国领先于欧洲,那么这不是因为它们拥有更强的政治能力或经验,相反,而是它们拥有的更少,因为政治结构和经济结构在文明边缘的新兴国家比处于文明中心的古老国家更容易生长。欧洲的形势和情况与美国和俄国相比都更加复杂和困难。荷兰历史学家赫伊津哈(Jan Huizinga)曾经指出,欧洲人羡慕美国人的是他们的统一而不是一致,欧洲人强烈地感觉到,不论多么繁荣或伟大,没有国家能够适合于单独承担文明的负担;在这个美妙的世界上,每个国家都要求说自己的话,表达自己的想法。文明是由多样性来保卫的。巴勒克拉夫借用赫伊津哈的论述来说明欧洲的困境。欧洲的困境概括来说就是,如果欧洲不保持它的传统就会失去精神力量、自身的信仰和明确坐标,没有这些文明就无法生存;但是如果它坚持由传统所创造的价值和多样性,就会在大规模组织化、巨大经济和政治单元、一致性和标准化主宰的世界中处于不利地位,这可能是一种致命的不利地位。在某种意义上,欧洲仍然是中心,不过意义正相反,欧洲不再是能量和主动性输出的中心了,它已经成为非欧洲的能量和主动性汇聚的中心;世界不再是欧洲人活动和竞争的舞台,欧洲本身成了外部强国冲突的舞台;然而即使在这个意义上欧洲的地位仍然是可疑的,由于巨大的工业潜力,争夺欧洲的斗争是美苏关系的主题。但是,纯粹人口统计意义上的亚洲,一旦工业化过程充分开展并动员起来,可能成为决定性的力量,并在不远的将来把欧洲抛在后面。传统的欧洲已经消逝。[1] 虽然很多人都谈到欧洲时代的消逝,但是巴勒克拉夫的观点更为激进,他认为,20世纪晚期或21世纪,欧洲可能陷入它曾经强加给非洲、大部分亚洲和新世界的殖民地地位。[2]

但是如果说传统的欧洲已经消逝并不会复苏,这并不意味着欧洲没有未来。1945年以来,欧洲的逐步复兴说明欧洲并不是熄灭的火山,它还在发展;作为个体的欧洲国家或欧洲的不同地区将继续发挥

---

[1] Geoffrey Barraclough, *History in a Changing World*, pp. 215-217.

[2] Ibid., pp. 206-208.

作用，而且传统欧洲的消逝并不意味着在欧洲历史过程中建立起来的以人性价值和个体重要性为中心的价值体系不再发挥作用。巴勒克拉夫认为，尽管在放纵自由主义时期沾染了一些有害的过分的东西，但是西方的标准仍将存在下去，不过不必期望那些标准像在过去一样被盲目地接受；今天世界上大多数地方把西方建立的标准作为终极标准来接受，并不是对那些价值有效性的真正信仰，而更多的是因为它们是一种成功的、扩张的和动力强大的文明的标准，并因此作为成功的条件之一在注重实效的基础上被接受了；现在欧洲文明处在防御的地位，非欧洲民族对欧洲标准的态度更多是批评性的。巴勒克拉夫认为，不需要担心欧洲社会创造并巩固的价值会消亡，它们不会消亡是因为两个原因。第一个也是更加重要的原因是，它们反映了解决人类多年来所遇到问题的途径，因其应用十分普遍而不能被忽视；第二个原因是它们深深嵌入在俄国和美国的文明中，美国和俄国的文明尽管都存在一些欧洲没有也不可能具有的特征，但是没有欧洲要素都是不可想象的。不论欧洲的政治未来如何，它所贡献的思想是对人类智力的一种促进因素，是对人类行为的一种指导，是对人类努力的一种鞭策，至少这些都将存在下去。①

六　巴勒克拉夫的结论

通过对欧洲形势和世界形势变化的分析和判断，在自身对欧洲中世纪史的深入研究和借鉴其他学者研究成果的基础上，巴勒克拉夫比较系统地阐明了自己对欧洲和欧洲历史的看法和认识。他的观点可以归纳如下。

欧洲不是一个政治的、地理的甚至是历史性的单位，它在某种程度上是一个精神的实体。欧洲关于"多样性的统一"观念是兰克贡献给西方历史思想的。这种自由的相互影响得以实现的实际手段就是势

---

① Geoffrey Barraclough, *History in a Changing World*, pp. 217–220.

力均衡体系，势力均衡体系维持了欧洲文明的存在。关于欧洲文明的本质，最安全的结论就是存在一种遍及欧洲的文明，现在对其做出充分的特征判断还为时尚早，评判欧洲文明最重要的标准是文明所表达的道德价值及其进行道德领导的能力。欧洲的历史已经"终结"。所谓的"终结"并不是说欧洲历史已经走到尽头，而是说欧洲历史不再具有历史重要性，欧洲本身的历史将继续。导致欧洲历史"终结"的原因是欧洲的政治地位已经发生变化，欧洲均势时代已经结束，在一个全球政治的新时代中，欧洲问题绝不是世界事务的决定性因素。目前盛行的以欧洲为中心的历史观念反映了西欧国家掌握优势和领导权那一时期的态度。这种历史观念在时间和空间方面都存在局限，它最多代表了一种特殊的历史状况。关于欧洲遗产的问题，重要的不是欧洲遗产中的精确的要素，也不是要"保持"这种遗产，重要的是把这些要素加以改造，从而形成一种新的、能发挥作用的模式的能力，否则遗产只能变成重担。虽然传统的欧洲已经消逝并不会复苏，但这并不意味着欧洲没有未来。不论欧洲的政治未来如何，它所贡献的思想是对人类智力的一种促进因素，是对人类行为的一种指导，这些至少都将存在下去。置身于一个变动世界当中，历史学家的观点越是全球化、越是摆脱国家或地区的偏见，他就越是接近于获得能对当前有效的关于过去的观念。

　　通过对欧洲历史进程的深入反思和重新解读，巴勒克拉夫从理论前提上完成了对"欧洲中心论"的批判，同时为全球史观的提出奠定了理论基础。巴勒克拉夫对欧洲历史进行重新检验和反思的结论就是：每个时代都需要自己的历史观，今天我们需要对欧洲历史的新观念，以适应全球政治和文明的新环境。[①] 对于西方的历史学家来说，这意味着"放弃'欧洲中心的'历史观，但是，这也意味着放弃那种可以追溯到兰克和黑格尔，认为历史的主题仅仅是'更高的文明'之间的演替的观点，……全球史还要求更广阔、更长远的观点。"[②] 这种更

[①] Geoffrey Barraclough, *History in a Changing World*, p. 220.

[②] Geoffrey Barraclough, *Main Trends in History*, p. 105.

广阔和更长远的观点是什么呢？也就是全球史观所提倡的，超越民族和地区的界限，从宏观的角度对世界历史发展进程做出新的解读。巴勒克拉夫相信，尽管全球史不流行已经很久了，但是现在是重新回到全球史的时候了，其中的困难不可低估，但是对全球史的需要也不应当低估，尤其是当众多的假设都不再确定的时候，这种需要特别急迫。①

在一个变动剧烈的世界中，针对欧洲面临的困境，巴勒克拉夫认为历史学家是能够有所作为的。历史学家的基本态度、基本问题应该并且已经变化了；人们的观点已经从静态的、连续的向动态的、革命的转变；要实现对传统历史学的超越，历史学家只能通过避免前辈的错误来推进自己的意图，这些错误不仅包括他们在解释历史事实方面的错误，而且还有他们为完成任务而做的错误假设和偏见。具体来说，其中第一个错误就是还很普遍地把过去视为现在的根基并影响未来的趋向，这种趋向代表了一种歪曲过去的态度，因为它忽略了那些看似与现在没有关联的方面，但是更严重的是它也歪曲了现在，因为它不能正视"对新事物的强大推动力"，而这种推动力在人类历史上每个伟大的转折时刻都突出重围，摆脱过去的束缚。第二个错误是对历史研究期望太多、要求太多，期望从过去获得解决当前问题的钥匙，期望一系列的模式可以用来应对复杂的当代政治，这远远超越了历史的界限。如果人们向历史追问那些问题，那么就是被欺骗也不用感到吃惊，但这并不意味着历史是无用的或者不相关的，或者对现在毫无贡献；对于要在破碎的世界中找到自己价值的个体来说，真正世界性的历史应该是超越欧洲和西方，关注所有地区和时代人类的历史，只有真正世界性的历史才能满足一种基本的需要；这种真正世界性的历史能帮助人们理解立足于何处，帮助人们客观理解自身的境遇，它是很有必要的；不过，超越这一点历史就做不到了，如果历史学家想要尝试更多的话，他不仅可能误导个人也可能误导整个民族，但是做得更少的话也可能在历史学最关键的功能方面失败，正如欧洲

---

① Geoffrey Barraclough, *History in a Changing World*, pp. 18-19.

历史中很多东西已经失败一样。①

由于生活时代和自身经历的限制，巴勒克拉夫不能完全摆脱西方传统历史学的束缚，也无法彻底清算已经盘踞学术界多年的"欧洲中心论"。他对一些问题的探讨（如欧洲文明的特征）还不够明确，而且为了达到强调和突出的效果，他的一些看法实际上是矫枉过正或者有待商榷。②但是，巴勒克拉夫对西方传统史学的异议确实具有全面否定的性质。③巴勒克拉夫在兴趣点和方法论上的转变证明了战后历史编纂学的重新定向。④在同时代的历史学家中，巴勒克拉夫并不是唯一对传统历史学进行反思的人，但是他从全球视野出发所做的分析和论述，却远在西方大多数历史学家扩展历史观念之前就已经开始了，并且表现出持久的理论生命力，至今仍然能够引起共鸣。⑤正如有学者指出，在全球化进程不断深入，构建全球史学已经成为史学界多数人共识的今天，我们重读半个世纪以来巴勒克拉夫等人的史学作品，不能不被他们的先见之明所折服，没有他们的努力，很难想象今天西方的世界历史诠释体系会是一种什么样子。⑥

---

① Geoffrey Barraclough, *History in a Changing World*, pp. 183–184.

② 例如吴于廑曾经指出，巴勒克拉夫把欧洲和外在世界的联系看做是形成欧洲历史的决定因素，这是走到另一极端的错误说法，但从这点上，也可看出传统史学那种自我中心式的信念在他的思想里已经不存在了。参见吴于廑《巴拉克劳夫的史学观点与欧洲历史末世感》，《吴于廑学术论著自选集》，首都师范大学出版社1995年版，第253页。

③ 吴于廑：《巴拉克劳夫的史学观点与欧洲历史末世感》，《吴于廑学术论著自选集》，首都师范大学出版社1995年版，第233页。

④ Kenneth C. Dewar, "Geoffrey Barraclough: From Historicism to Historical Science", *Historian*, Vol. 56, No. 3, 1994, pp. 449–464.

⑤ Geoffrey Barraclough, *Main Trends in History*, Foreword, pp. ix–xi.

⑥ 刘德斌：《"全球历史观"的困局与机遇》，《史学理论研究》2005年第1期。

第四章

巴勒克拉夫对全球史理论与方法的探索

　　作为20世纪中期全球史观的首倡者，巴勒克拉夫对全球史研究所涉及的理论和方法问题进行了探索。从上文分析中可以看出，他在实践过程中采取了破立结合的做法，在批判"欧洲中心论"的同时倡导建立全球史观，从宏观的角度对当代史和世界历史发展进程做出新解读。批判"欧洲中心论"和建立全球史观这两个问题是紧密联系在一起的，对这两个问题的理论探索实际上一直贯穿在巴勒克拉夫的史学研究当中。

　　在巴勒克拉夫看来，全球史是总体史，它在时间和空间方面都是全球的，是真正世界性的历史，全球史是超越欧洲和西方，关注所有地区和时代的人类的历史。巴勒克拉夫全球史观的基本理论特征可以概括如下。在历史认识论方面，他批判了传统的历史主义，并对传统的线性进步史观持怀疑态度，认为应当采取文明循环理论。他强调对历史的中立判断，在历史研究中要超越民族和地区的界限，理解整个世界，公正地评价各个时代和世界各地区一切民族的建树。在方法论方面，他认为，在史学实践中，全球史应当通过对一切时代和地区的人类制度、习俗、思想等进行比较研究来实现，从而达到超越民族和地区的界限对世界历史进程做出宏观解读的目的，巴勒克拉夫赞成历史学应当借鉴其他相关学科的积极成果，采用跨学科的研究方法，尤其提倡开展深入的历史比较研究，希望借此开辟通往"真正的世界史"的道路。巴勒克拉夫认为，只有一种在精神本质上是全球性的历史，才能满足人们探寻历史学实质性意义的目的。在全球史编撰中，巴勒克拉夫一方面希望能够揭示世界历史演变的整体框架，另一方面希望能够揭示长期以来人类社会发展中表现出来的各种重大问题或者说转折点,进而建立起世界历史的宏观体系。可以说,巴勒克拉夫通过自身多年的史学实践努力探索世界历史研究的新路径。

一 对历史主义的批判

在反思传统史学和批判"欧洲中心论"的过程中,巴勒克拉夫非常重视对历史主义(historicism)的批判。他着重分析的是历史主义在两次世界大战之间发生的消极影响,这就是历史主义排除把人类面临的重大理论问题作为历史研究的正当对象,从而给历史学的学术水平带来了严重危害。[①] 巴勒克拉夫认为,在探索新的道路、建立关于历史的全球观念的过程中,必须清除历史主义的消极影响。

从 19 世纪末期以来,历史主义盛行于西欧史学界,成为历史学家关注的重要问题。在史学史上,历史主义有过不同的含义;它不是单一的、连贯的理论,德国的历史主义和意大利的历史主义之间就存在着明显的区别,尽管如此,历史主义的影响仍然以这样或者那样的形式广为扩散。[②] 传统的历史主义者如德国学派的威廉·狄尔泰(W. Dilthey)、弗里德里希·迈纳克(Friedrich Meinecke)等人认为,历史主义意味着历史的意义一般是可以或者应该以某种法则或者规律加以解释的,同时,每一种世界观也都是历史地被限定、被制约的,因而是相对于其时代的。与传统历史主义者相反,英籍奥地利哲学家波普尔(Karl Raimond Popper)把历史主义严格限定为历史决定论;波普尔认为历史主义意味着这样一种观点,即历史的行程遵循着客观的必然规律,因而人们可以根据它来预言未来,所以历史主义就是一种根据客观的历史规律解释过去并从而预言未来的历史观;波普尔反对历史主义,他不认为历史的发展有客观的规律,一切历史主义者都

[①] [英]杰弗里·巴勒克拉夫:《当代史学主要趋势》,第 17 页。
[②] 同上书,第 13—14 页。

被他认为是"开放社会"的敌人。①

巴勒克拉夫认为,历史主义之所以能盛行,是因为在19世纪结束之前,历史学已经成为一种主要的研究学科,更重要的是因为"各个领域的人类思想看起来都走向历史学"的事实和"历史学影响了精神活动的所有其他方面"的事实。在更深刻的意义上来说,所有人,包括从达尔文时期开始的自然科学家,都生活在历史的(historical)时代,或者说历史主义的时代,这可能是人们关心历史的最终原因和理由;不管人们喜欢与否,历史已经是人们精神过程和自身存在的不可分割的部分。由于上述原因,历史主义产生了普遍的影响。一个半世纪以来,从法国大革命时期开始,历史原则和历史观念主导、塑造并决定了欧洲思想的特征。正是在此期间,关于"事物的本质在其发展中才能被完全理解"的潜在假设大行其道,大多数的知识领域,通常也包括大多数的现实生活,都被历史所渗透。结果就是历史被抬高到一个危险的崇高地位就像最终的生命主宰(magistra vitae)一样。对这样建立起来的历史主义的顶礼膜拜意味着"把对事实的评价看作是精神形成的历史过程",这暗示着对18世纪启蒙运动的理性主义的拒绝,对伏尔泰、杜尔哥(Turgot)和孔多塞(Condorcet)的观点的完全决裂。这就是用发展和个性的观念来替换对人类本质的稳定性和理智的信仰,这种重新评价构成了"西方思想经历的最伟大的精神革命",今天不论人们的特定兴趣归于何处,没有人能逃脱它普遍深入的影响;毫无疑问,这种结果丰富了人们的经验,无可估量地增加了人们对事实的理解,也就是说,与以往试图把事实抑制在一个体系内的做法不同,人们已经把"线性历史中的空虚的臆造事物"解散开来,学会正确评价个性的微妙阴暗之处,尊敬不能削减的特性,接受说不清的"多数事实",意识到"无穷无尽的形成和变化",意识到"无穷的成就";人们在历史中看到的是"人类精神中关于创造性活力的最令人愉快的证词,以及人类精神中辉煌的多样性"。②

---

① 何兆武、陈启能主编:《当代西方史学理论》,中国社会科学出版社1996年版,第274—275页;何兆武主编:《历史理论与史学理论》,商务印书馆1999年版,第818页。
② Geoffrey Barraclough, *History in a Changing World*, pp. 1-2.

不过，这决不意味着历史主义提供了一种关于事实的最终观点，提供了一种无论对思考还是生活而言的充分的哲学；"我们越是努力探索特殊性的无穷无尽的意义，那么特殊性看起来就越是缺乏意义"。巴勒克拉夫进一步讨论了历史主义在两次世界大战之间发生的消极影响。他认为，历史主义是相对主义的起源，这是一个太明显的事实，以至于不需要实证。他引用了赫伯特·巴特菲尔德的观点来说明历史主义造成的后果：每件事情都是有联系的，是根据时间、空间、背景和环境来判断和评价的，不存在绝对，不存在对人类行为的超然性认可；道德本身被分裂为原子、被大书特书、被研磨成粉，直到最后变成"不可能认为一个人在本质上比另一个人更不道德"；历史学家被告知要去探索的不是查理一世或者希特勒是对还是错，而是要脱离"众多事件的辩证关系中固有冲突的结构特征"，探索"他的行为是如何受到历史限制的"。① 如果一个普通人按照历史判断本身是最终的和充分的这种观念去行动和思考，并认为这些历史判断的标准适用于所有的人类问题，他的思维模式渗透着来自历史前提毫无疑问的假设，谁又能责备一个普通人呢？如果一个普通人发现对历史的过度使用的结果就是标准消失了，除非根据环境来判断一切，那么他或者把历史当作是针对犬儒主义的舒适借口，或者更可能在厌恶中拒绝它的话，谁又有权利去责备一个普通人呢？因此，巴勒克拉夫认为，虽然历史主义没有废除道德的议题（因为假设我们的知识还不足以用来定罪，那么同样的道理，很显然我们的知识也不足以用来免罪），但是事实上，人们能够做出的唯一适当结论就是，作为理解当前生活的一把钥匙，历史主义是不充分的，以至于使人们接触到的问题受到牵制，几乎被割裂为个别的部分。②

巴勒克拉夫认为，20世纪上半叶是一个剧变的时代，一个目睹了道德被从政治中摈弃、经历了如此惨重后果的时代，例如，无数的男人、女人和儿童先是被一方力量摧残而后又被另一方力量灭绝、家园

---

① Geoffrey Barraclough, *History in a Changing World*, p. 3.
② Ibid. .

破碎；在这种情况下，当人们被告知历史是连续性的经历，由进化的法则而不是革命的法则主宰时，这种对历史的解释是没有说服力的，人们决不会对此满意，"接受这种教条就是歪曲我们道德的基本观念，不如实地叙述我们对过去的判断，忽视了正常思维的最普通的观念"；所以，像历史主义那样把人引导向这个方向的教条是无法接受的，现在是要重新考虑历史思想的基础和基本假定的时候了，但是迄今为止人们遗传下来的对连续性的信仰还没有被打乱，看起来似乎还没有急迫的必要性对基本的历史假定进行重新检验。巴勒克拉夫认为，这并不意味着左手不知道右手在做什么，它意味着不是根据经验去重新思考和改造人们的历史假定，而是用经验去迎合历史分析模式这种做法看起来仍然是可行的；但是到1945年之后，至少对许多历史学家（数量上日益增长）来说，上述做法不再是可行的了。[1]

巴勒克拉夫指出，历史主义观点的核心在于区别自然和精神，特别是区别所谓自然的世界和历史的世界，也就是区别自然科学研究的世界和历史学研究的世界；这就是说历史学关心的是独特的、精神的和变化的领域，历史学"研究个别事实"。巴勒克拉夫把历史主义对历史学家研究工作造成的影响及后果归纳为五个方面。第一，历史主义由于否认系统研究方法可以应用于历史学，并且特别强调直觉的作用，这样就为主观主义和相对主义打开了大门。第二，历史主义用特殊性和个别性鼓励了片面的观点，而不去进行概括或试图发现存在于过去之中的共同因素。第三，历史主义使历史学陷入了更加繁琐的细节。第四，历史主义把历史学引向"为研究过去"而研究过去，导致了历史学家唯一目的是"认识和理解人类过去的经历"。第五，历史主义赞同历史学的要素是叙述事件并把事件联系起来，结果必然纠缠于因果关系，或者陷入马克·布洛赫所说的那种"起源偶像"崇拜。[2]

巴勒克拉夫进一步指出，历史主义对特殊性的崇拜造成了历史学

---

[1] Geoffrey Barraclough, *History in a Changing World*, pp. 7–8.
[2] ［英］杰弗里·巴勒克拉夫：《当代史学主要趋势》，第15—16页。

的单一性，葬送了历史学家用科学的方法研究有关人性的问题、人类的历史意识或方向上做出真正贡献的可能性；"为研究过去"而研究过去，割断了历史学与生活的联系；否认从过去的经验中进行概括的可能性并且强调事件的独特性，不仅割断了历史学与科学的联系，而且也割断了历史学与哲学的联系；结果是否认了客观实在，历史学依然"可悲地缺乏""人类一切思想的更崇高的目标"。①

巴勒克拉夫不赞同历史主义那种把历史看成是连续发展的观点。他认为，对发展和连续性的集中，一个世纪之前可能是正常的（或者自然的），并且已经很好地树立起来了，但是今天人们已经更加清楚地认识到这样的假设最多就是局部观点，而且更坦率地说很可能是欺骗性的半真半假的说法；三十多年前能够看到"连续性决不是历史最显著的特征"的历史学家，正确地指向了历史主义的一个中心谬误，历史上的大变动和非连续性要比人类事务中的连续性更让人们印象深刻。要相信"事物的本质在其发展中才能被完全理解"，仍然不是容易的。② 这种似是而非的观点几乎没有考虑到在人类历史每个重大转折点上的偶然的、无法预料的因素和动态的、革命的因素的影响。一个特定时代和环境的因素和影响，在较早的历史思想中经常被认为是对事件过程的充分解释，但是实际上，"它们就其自身而言决不足以解释经历的下一阶段"，因为"没有什么现在的问题是可以或者曾经可以根据它自己的历史来理解的"。历史学家寻求原因和起源，只是会遭遇到最终的神秘，假如不是过分压制的话，连续性的教条是耐用的，但是发展和连续性不是对历史过程的全部解释。③

巴勒克拉夫以当代史研究为例指出，在德国历史主义的影响下，历史因果联系方法或发生论方法已成为历史编纂的传统方法，但是它并不是一种适合于作为研究当代史的工具；传统方法研究历史是从历史的特定时刻着手的，这种特定时刻如法国大革命、工业革命、1815

---

① ［英］杰弗里·巴勒克拉夫：《当代史学主要趋势》，第16—17页。
② Geoffrey Barraclough, *History in a Changing World*, p. 4.
③ Ibid., pp. 4–5.

年协定，并有条不紊地铺叙自那时以来依次发生的事件，以勾勒历史连续性发展的过程；当代史则遵循或应遵循与此几乎截然相反的研究程序，其出发点和评价标准迥然不同。当代史学家谋求确定当代史的特性，并确立当代史有别于先前时代历史的准则。从当代史出发对过去的关注与传统方法对过去的关注是不同的。例如，当代史学家更加注意第一次工业革命和第二次工业革命的本质区别而非工业革命过程的逐步发展。[①] 当代史中经受了世界大战的风暴并且成为今日世界应认真加以考虑的两个因素就是拥有主权的民族国家和严格建立起来的由拥有丰富财产的中产阶级来维持的社会秩序，诸如主权、民族国家、拥有财产的民主、中产阶级等概念，都是作为社会的组成部分而被保留下来，不过其实质已大不同于1914年的社会状况。这些概念都是连续性的因素，它们作为维持平衡的因素而存在于当代社会并补充了非连续性和变化的因素。[②] 巴勒克拉夫一再强调：我们所寻求的有意义的东西不是两个时代的相同点而是它们的不同点，不是它们连续性的因素而是非连续性因素。[③]

巴勒克拉夫认为，对发展和连续性的不适当强调，可能会产生误解和危险，因为它们在对历史学的处理中招致了一种平均、一种稳定发展的幻想，这既与实际经历不一致，而且对所有的视野都有害。在人们自己的生活中，人们都认识到转折点、危机时刻的结果在某种意义上对人们的未来行为是决定性的。对历史学家而言则相反，这是传统历史思想具有的陈词滥调之一。每个时代都是一个变化的时代，历史学家思想中的世界处于永久的变迁状态。当兰克宣布所有的时代"对上帝来说都是直接的"时候，其暗示就是从永远的观点来看所有一切都具有均等的重要性，所有一切都值得历史学家的均等对待并予以回报。没有人会否定这种观点中的真实成分。例如，今天人们认识到公元7世纪或者9世纪与把它们分隔开的更引人入胜的查理曼王朝时代差不多，它们在人类的经历中诉说的内容一样多，具有同样的最

[①] ［英］杰弗里·巴勒克拉夫：《当代史导论》，第7页。
[②] 同上书，第15—16页。
[③] 同上书，第3页。

终重要性。要挑选出"重要的"或者"决定性的"阶段或时期,并把它们称作"创造性的世纪",就好像并非所有的世纪都是创造性的世纪,这种做法不仅制造出错误重点的危险,而且也意味着将不能觉察每一世代对人类生活问题做出的特殊贡献,不能觉察每一世代对人类那些永恒问题做出的答案。巴勒克拉夫引用历史学家利特尔（A. G. Little）的观点指出,"历史学家最有价值的功能"不是"追溯幸存下来的制度和思维方式,就好像我们已经到达历史的最终和顶点一样,至少重新找回那些在途中落下和失去的财富是重要的,如果那些财富能够恢复的话,将会丰富我们的文明";现在没有人会坚持认为过去的某一时代是徒然的或者仅仅是在原地踏步,没有人会坚持认为在过去的某一时期表面下不存在新的推动力;要争论一个时期比另一个时期更"重要"是没有必要的,逻辑上也不可能,看到它们在含义、影响方面和与人们的关系方面是不同的就足够了。正因如此,巴勒克拉夫认为,当欧洲社会摇摆向上,脱离它现有的过程,达到一个新的水平时,把某些时期描述为转折点是合理的。所有的时代都是变化的时代,这是真实的,所有的时期都是过渡的时期；在当前这个变化如此巨大的时代,如果说历史学家（并非单纯是历史学家）感到他们遗传下来的历史假定不再符合已经经历的现实,那么这种说法并不是幻想或者幻觉。[①]

巴勒克拉夫认为,历史主义神话的根本不足就是,准确地说因为它是超过一个世代的人类的主流思维模式,当历史主义的效果在影响普及的滥化作用下更广泛地传播时,其引导的方向是最邪恶的；作为对历史变化和历史过程的一种解释,历史主义的学说在丰富和启发人们的理解的同时也制造了同样的模糊和迷惑,这一点变得日益明显；或者至少可以说,根据它本身的相对主义,历史主义作为一种理论是与其时代联系在一起的（zeitgebunden）。历史主义表达了一个特定时期的适当观点,但它仅仅是针对这一时期而已,对于一个形势已经发生根本变化的变动世界来说,历史主义不再是适当的了。巴勒克

---

① Geoffrey Barraclough, *History in a Changing World*, pp. 5-7.

拉夫还指出，作为历史主义的主要代表人物，迈纳克在他生命终结之际认识到这个事实，他从兰克一方转投到布克哈特（Burckhardt）一方，脱离了他原来曾经受益并为之努力付出的学术传统，1954年迈纳克的逝世可以作为历史主义主宰时代结束的标志；正如迈纳克所说，前进、安全、安静享乐的时期，凡此种种是19世纪为职业历史学家提供的，它制造出一种对待过去的态度，而失败和衰落的时期则制造出另外一种对待过去的态度，它使人潜心于寻找新路径的必要性。①

虽然历史学进入了反思和修正的阶段，但是巴勒克拉夫认为这种修正是在历史主义的禁令下进行的，因此尽管某个历史学家可能会遭到暗示的批评，但是对长久以来历史学家的工作赖以进行的那些基本假定的批判还很不充分；要说明这种历史学在细节上是错误的并不必要，重要的是这种历史学是不充分的，不充分的事实很快就引导人们去追问它是否是错误的，至少是在论证和观点方面。② 巴勒克拉夫的目标则是历史的普遍性，即一种总体史。当他写作《当代史导论》时，他发展了一种全球史的普遍观念并证明其合理性和有实行的可能。《当代史导论》使用的方法表明巴勒克拉夫对"欧洲中心论"的拒绝已经转变为对历史主义的拒绝。③

巴勒克拉夫不回避历史中的"意义"（meaning）问题。他认为，在过去半个世纪的过程中，历史学家已经逐步放弃了19世纪的历史学家立桩标出的阵地，对历史中意义的寻求已经停止了，阿克顿（Acton）充满热情的信仰即"过去的知识是行动的工具，并且非常实用"已经被遗弃了，原来那种认为历史学具有实际的"效用"的观念即使实际上没有被推翻，也已经被放弃了，相反，历史学家强调历史的"一次性"（einmaligkeit），每个事件的独特性来自过去的"教训"或指导的不可能性；可能他们勉强承认一个人在审视其他人应付事件

---

① Geoffrey Barraclough, *History in a Changing World*, pp. 3-4.
② Ibid., p. 9.
③ Kenneth C. Dewar, "Geoffrey Barraclough: From Historicism to Historical Science", *Historian*, Vol. 56, No. 3, 1994, pp. 449-464.

的努力的同时,在他自己的尝试中通过他的思考来获得"智慧",但是大体上他们认为(或者假设)历史拥有的"意义"是包含和限制在对特殊性的探索之中;关于这种态度,可能最有意义的事情就是它所引起的反应。巴勒克拉夫认为,斯宾格勒和汤因比的可贵之处就在于,当专业历史学变得越来越全神贯注于特殊性,越来越确信历史学唯一正确的关注点就是过去的时候,斯宾格勒和汤因比这样的研究者则开始探索隐藏在短暂事件和事件残忍特性背后的推动力,最后是文明的模式。巴勒克拉夫认为,至少应当承认他们是在探索完成其他历史学家日益忽视的一种严肃的职责,他们力争把历史学从对它自我中心的崇拜中营救出来,更重要的是,他们表明了一种对公众"渴望知道这究竟是怎么回事"的有益的认识,一种不逃避这个事实所暗示的义务和责任的决心。"对历史解释的渴望是如此的根深蒂固,以至于除非我们拥有对过去的建设性观念,否则就可能陷入神秘主义或者犬儒主义";不论人们多么严格地评判斯宾格勒或者汤因比做出的重构,作为在历史写作过程中反对历史主义泛滥的首次积极反应,作为"对传统思维方式的严肃挑战",他们仍然是有意义的;至少他们暗示了一种突破僵局的方法,探索这种方法的可能性和局限性也是有意义的;根据并比较其他文明的已知历史来观察和研究欧洲的文明以获得新的见识和新的启发,这种做法具有必要的正确性,立即拒绝这种理解的道路是愚蠢的,当然上述说法并不意味着必须接受斯宾格勒或者汤因比的特殊观点和结论,巴勒克拉夫认为自己要做的就是对斯宾格勒和汤因比的解释及其所具体表达的对过去的观念采用了一种积极但批判的态度而不是消极的态度。也就是说,重要的是探索文明的比较历史是否能建立在比汤因比更加合理的方法基础之上。[1] 巴勒克拉夫对此进行了尝试。

---

[1] Geoffrey Barraclough, *History in a Changing World*, pp. 15–17.

二　对全球史的理论探索

　　针对战后大多数历史学著作的撰写仍然是以民族或国家为体系的现象，巴勒克拉夫分析这种民族主义历史学复兴的原因之一就是民族国家的现状是无法否定的普遍事实，国家机器看来即便不是全体人类活动的中心，也至少可以肯定它是大部分人类活动的中心，是各个国家公民生活的体现；即使人们很想超越民族国家的范围去撰写世界的历史，但是可以推断这种世界历史的基本单位仍然是民族国家；即使在今天，许多历史学家也不会同意"不受边界的限制才能写出最优秀的世界史"的这种观点，其根据是"民族性格、民族发展和民族权力"是历史上最终起作用的因素。① 但是，问题是在许多历史时期——也许在大多数历史时期，民族国家并不是一个适当的历史研究单位；由于种种原因，在当前的历史学家中，一个越来越明显的趋势是从民族体系转向地区体系（例如布罗代尔关于腓力二世时代的"地中海世界"的历史著作，等等）。不过，值得注意的是，地区史往往局限于西欧、非洲、东南亚等地区，那里的民族国家幅员狭小，动荡不安；而在其他地区，例如中国、苏联和美国，只要把它们当作政治单位就足够了，巴勒克拉夫引用 R.F. 沃尔的观点指出，地区研究之所以能够确立，看来唯一的原因似乎就是世界不再是个地区性的世界了，如果说世界过去曾经是地区性的世界的话。② 因此，最好是把地区研究或区域研究看作是通往规模较大的世界历史观念道路上的一个阶段，看作是一种用一些便于管理的、相互关联的研究单位来组织历史知识的实际手段；这些地区研究或区域研究补充了国别史的研究成果，而且在一定程度上纠正了国别史的错误，但是，它们并没有取代

---

①　[英] 杰弗里·巴勒克拉夫：《当代史学主要趋势》，第 189—190 页。
②　同上书，第 191—193 页。巴勒克拉夫此处强调他本人坚决反对使用西欧或西方的概念，所谓"西欧"仅仅是个假设而已，并不是历史的事实，甚至连地理的事实也谈不上。又见 Geoffrey Barraclough, *History in a Changing World*, pp. 49-51。

在精神上和概念上都属于全球性的历史学,这种历史学的眼光超过了地区史的界限,并且对一切地区和一切时代都进行了考察。① 正是那些使人们对现实的看法发生转变的力量——首先是指绝大部分人类的崛起,摆脱政治上的从属地位,获得政治上的独立,并发挥政治影响——迫使我们开阔视野去看待过去。② 对于要在破碎的变动世界中找到自身定位的个体来说,真正世界性的历史是超越欧洲和西方、关注所有地区和时代的人类的历史,只有这种历史能够满足人们基本的需要,除此之外,可能在当前这一时代中没有别的事物能够做到;这种真正世界性的历史能帮助人们理解立足于何处,帮助人们客观理解自身的境遇,这是很有必要的。③

巴勒克拉夫坚信历史学中更大的主题和更广阔的视野是必需而且可能的,虽然经常有人声称不再有世界史(world-history)的任何可能性了,但是实际上并不是没有世界史,而是人们只剩下一种陈旧的或者至少是荒废的关于全球史的观念;当民族国家在人们眼前破裂的时候,甚至民主共同体中的政治自由观念也不再使人满意,如果历史不能发现一个更大的主题、一种更广阔的视野,从而能与人们生活在其中的世界状况更加协调一致,那么历史学是不可能唤起更多响应的;在一个不断缩小的世界中,整体和部分一样都与人们有关,因此,巴勒克拉夫相信,尽管全球史不流行已经很久了,但是现在是重新回到全球史的时候了,其中的困难不可低估,但是对全球史的需要也不应当低估。不过,大部分的历史学家(至少在英国)是怀疑全球史或者通史(general history)的;他们争辩说人类的知识不能延伸得那么远,不可能达到必要的精确程度,如果尝试在这种规模上写作历史的话就只会发生误导;这种逻辑是很容易反驳的,因为如果不能在这种规模上写作历史,不能使之相互关联,那么只见树木不见森林的做法不是一样在误导吗?毫无疑问,历史学家不研究与现在毫无关系的过去,但是这不是人们能忽略要弄清楚专门研究的意义和历史研究

---

① [英]杰弗里·巴勒克拉夫:《当代史学主要趋势》,第193页。
② 同上书,第194页。
③ Geoffrey Barraclough, *History in a Changing World*, pp. 183-184.

对当前观念的影响的原因。巴勒克拉夫认为，尤其是当众多的历史假设都不再确定的时候，这种需要特别急迫，这一点几乎不需要实证。只有通过全球的历史，即超越欧洲和西方，关注所有地区和时代的人类的历史，才能实现这一点，全球史在时间和空间方面都是（或者应该是）全球的；他对君士坦丁堡的衰落、巴巴罗萨皇帝（Frederick Barbarossa）历史地位的评价及俄国的历史等专门主题的讨论也并非是单独地讨论这些主题，而是要探索它们对欧洲文明的历史产生的影响。[1]

巴勒克拉夫进而指出，应当抵制那种不花力气的假设，即在时间上离人们最近的事情因此在精神上距离人们最近，要看到历史表面的浮渣和泡沫的价值不会超过历史深层的根本涌流的价值；不能像通常所做的那样把较早的时期看成是"背景"而草率地约略补充，而是应当将之看成叙述中的构成整体所必需的部分。因此他特别关注论证各个题目和时期之间的关联，正如他认为不能把俄罗斯历史留给斯拉夫研究的专家去处理，或者把西班牙历史留给西班牙研究的专家去处理，所以也不能把中世纪历史作为一个只限于少数人的领域留给中世纪研究者去处理，那并不是他们能做和应当做到的专门贡献的反映。还有一点要注意的就是当前的急迫需要不是专门化，专门化意味着破碎，而是要求综合，这不仅要求专门的知识，而且要求历史学家对欧洲历史过程、事实上对欧洲之外历史过程的全面理解，只有通过这种做法，专家们的贡献才能转变成观点。巴勒克拉夫认为，开始用这种方式看待历史的历史学家不能期望他所有的观点都是正确的，不过他有理由声称探索这些观点的尝试不仅是历史学家工作中不能逃避的部分，而且是满足一个变动世界需要的必要贡献。[2]

综上所述，巴勒克拉夫认为，要建立全球的历史观，即超越民族和地区的界限，理解整个世界的历史观，这一点也是当代世界对历史

---

[1] Geoffrey Barraclough, *History in a Changing World*, pp. 17–19.

[2] Ibid., p. 20.

学的客观要求。他明确指出，建立全球史观是当前的主要特征之一。①这种历史观主张，世界上每个地区的每个民族和每个文明在被考察时都拥有平等的地位和平等的权利主张，任何一个民族和文明的经历都不应被漠视为边缘的或无关紧要的。②这种历史观自然内在地要求对那些被忽视的地区的历史有更多的了解。

尽管史学家们在历史观念上的变化还处于开始阶段，但是巴勒克拉夫认为当前全球性的历史观念得以树立的必要条件已经具备，这一点他虽然没有集中的论述，但从《当代史学主要趋势》一书中不同部分的分散论断来看，可以归纳出如下三个方面的内容。

首先，20世纪中期以后，由于世界形势的变化，历史学自身的发展进入了一个反思和转变的时期。对传统观念和思想的挑战使历史学重新焕发生机。历史学家对历史理论和方法论的新探索及其显著成果，极大地推动了历史学的学科发展。而且，历史学与社会科学的结合，使得历史学家在社会科学中发现了一系列可以采用的概念和多种新的研究方法（特别是计量方法）。③这些因素奠定了历史学家进一步探索宏观世界史的研究基础。1955年以来的历史研究全面抛弃了前一代历史学家的基本观点。与此同时还伴随着恢复对历史学的思考和写作理论的兴趣。当代历史研究中最强大的新趋势是从研究个别和具体转向研究普遍规律，是把历史学和社会科学都作为最终以人类为研究对象的科学的尝试，唯有新的研究技术和方法才可能使历史学有所发展。新的研究方法主要借鉴于社会学、经济学和人类学。对这些新方法进行试验是历史学进一步发展的前提，也许还确实是历史学的未来所系。社会科学在两个不同的层次上对历史学研究发生了影响。第一个层次是应用更加广泛的社会科学思维的范畴。第二个层次是新的计量方法的运用。历史学家向社会科学去寻找新见解和新观点的根本原因是对历史主义及其立场和观点的强烈反动。④

---

① Geoffrey Barraclough, *Main Trends in History*, p. 153.
② Ibid., p. 100.
③ Ibid., p. 48.
④ ［英］杰弗里·巴勒克拉夫：《当代史学主要趋势》，第12—20页。

其次，1945年以来整个世界形势的巨大变化，尤其是1957年至1960年间非殖民化过程的迅速推进，它使欧洲历史学家进一步认识到欧洲中心论世界观的局限性，促使他们努力超越时空界限。更重要的一点是，在对帝国主义和殖民主义等问题的研究中产生了开放和批判的态度，甚至产生一种意愿，即不仅仅只从殖民主义强国的立场上，而且在同样程度或更大程度上也从受到殖民主义和帝国主义影响的各个民族的立场上来考察帝国主义和殖民主义产生的后果，尤其是把殖民扩张的历史看作各个有关方面相互冲突和对立的过程。[①] 随着历史学的研究领域不断扩大和历史学家的视野在时间和空间上的不断扩展，西方的历史学家进一步认识到"欧洲中心论"的局限，开始尝试进行超越"欧洲中心论"的史学实践，而这种基本态度的变化对历史研究而言是十分重要的。他举例说，当前亚洲、非洲、拉丁美洲历史研究的发展，使得历史学已经突破了传统的范围。随着分析取代了描述，历史学家已经日益认识到有效的分析需要有事实资料的更广阔基础，这绝不是任何单一地区或文明所能提供的。[②] 又如，史前史和史前考古学的丰富成果改变了历史学家对人类过去的看法，推动了历史学家从事"建立真正的人类历史的全球观点的任务"。[③]

再次，电子计算机技术的应用为历史学家可能需要从事的复杂工作提供了技术支持。使用计算机使得历史学家有能力归纳和处理大量的事实，为历史学家建立恒量（constants）提供了可能，从而使客观的结论能够被明确地表达。这可以认为是为历史学的发展消除了基本

[①] ［英］杰弗里·巴勒克拉夫：《当代史学主要趋势》，第118—126页。巴勒克拉夫进一步指出，亚洲和非洲的新一代历史学家把研究重点从外部因素，尤其是殖民主义以及当地社会和殖民主义列强之间的关系，转向研究社会发展的动力；他们不仅仅注意研究亚洲和非洲对外来影响的反应，而且注意到欧洲人向亚洲和非洲渗透以前在亚洲和非洲社会中发生作用的那些力量；更加重要的是，他们还极为关注新亚洲和新非洲新在何处等问题，不考虑亚洲对西方的影响便无法理解西方的历史。杰弗里·巴勒克拉夫：《当代史学主要趋势》，第181、199页。

[②] Geoffrey Barraclough, *Main Trends in History*, p. 101.

[③] Ibid., p. 109.

的方法论上的障碍。① 巴勒克拉夫还着重指出，必须注意不能为技术而技术，技术分析只是认识的手段，单纯掌握技术不能创造出伟大的历史学。②

应当说，巴勒克拉夫的上述观点是基本符合客观历史事实的。不过，他也承认尽管具备了必要条件，这种关注人类历史的主要问题的全球视野迄今仍未能建立起来。③ 当前的一个事实是，对世界历史需要全面视野的信念越是发展，认识到在其撰写过程中涉及问题和实际困难的历史学家就越多。④ 尽管人们都认为世界史应当完全不同于国别史的拼凑，但究竟如何建立这样的历史学，仍然是一个未解的难题。这其中一个至关重要的理论问题就是"没有一个便利的并能被一致接受的把世界文明表述为一个整体的框架"。⑤ 随之而来的另一个重要理论问题则是，衡量各种事件是否具有"世界历史"意义的标准是什么。⑥

巴勒克拉夫对上述问题的主张是，世界历史的主题不是一系列文明的更替，而是要研究不同国家、地区和文明之间的差异以及它们之间的相互作用。他引用 E. 赫尔泽尔在《观念和意识形态》中的论点说，理解世界历史的必要条件不是包括整个已知历史的"宏伟的观念"，而是"有关于建立各大洲之间的历史联系"的专门的、具体的研究。⑦ 也就是说，当代意义的世界历史并不是要综合各种已知的事实，也不是把不同大洲或文化的历史根据相对重要性顺序的排列；世界历史是要探索超越政治和文化边疆的相互联系和相互关系，它更加关注那些考验世界各地人类的长期问题和人类对那些问题的不同反应；对于今天越来越多的历史学家来说，这才是世界历史，这种世界

---

① Geoffrey Barraclough, *Main Trends in History*, pp. 194-195.
② Ibid., p. 212.
③ Ibid., p. 95.
④ Ibid., p. 153.
⑤ Ibid., p. 156.
⑥ Ibid., pp. 157-158.
⑦ Ibid., p. 162.

历史把历史学家的注意力从线性发展以及在此基础上从远古贯穿至今的历史线索转移到对一切时代和地区的人类制度、习俗、思想和设想的比较研究。①

巴勒克拉夫指出，在专业历史学家中，当前占绝对优势的趋势是采取比较广泛的唯物主义立场，其中心论题是关于人类与周围环境的冲突；而对世界史所做的唯物主义解释之所以被广泛接受，主要原因在于这种历史解释被充分的事实证明有明显的启发功能，唯物主义的解释不仅用"真实的前提"取代了"武断的前提"，而且还突出了人类历史中的一致性；一种以人类不断增强对周围环境的控制为中心主题的解释，不仅提出了对整个人类都适用的组织原则，而且建立了能够衡量进步和发展方向的标准。如果没有这个标准——至少对于大多数人来说，世界史会变得没有意义；它还为历史学家提供了标准，让他们从全球的角度来选择哪些事件是重要的，哪些事件是不重要的，从而决定哪些事实和事件应当写入世界史，哪些不应当写入。尤其重要的是，这种解释把历史研究的侧重点从只对某个民族或种族群体发生影响的事件，转向研究更广泛的运动，例如对整个人类发生影响的新石器时代的农业革命。但是问题在于，这种作为世界史结构基础的假设并不像人们有时所设想的那样不言自明；因为作为一个物种而言，人类无论在什么地方基本都是相同的，但是作为社会和历史的存在，人类是否也基本相同是有疑问的，而且，恰恰是这种认为世界历史是有目的、有方向和有目标的思想具有特殊的西方传统色彩；人类群体无论在什么地方，一开始就是在需求的驱使下为生存的物质条件进行斗争，这是毋庸置疑的，但是认为人类的历史发展进程是或者至少可以看似合理地视为单一的唯一进程，却根据不足。②

正是在这个意义上，巴勒克拉夫对进步史观持怀疑态度。他认

---

① Geoffrey Barraclough, *Main Trends in History*, pp. 162–163.
② ［英］杰弗里·巴勒克拉夫：《当代史学主要趋势》，第 200—202 页。巴勒克拉夫此处指出，斯塔夫里阿诺斯的"必须承认和重视人类历史基本上从一开始就具有统一性"的观点是值得怀疑的，他认为马克思的世界历史理论也表明世界历史的统一性只不过是逐渐形成的，而且显然是在相当晚的阶段上形成的。

为，在对人类历史进行考察时，应当避免从自然科学到历史科学、从自然史到人类历史的错误类推。"进化"和"自然选择"的观念与人类种属超越其他动物种属的过程有密切联系，它们与文明社会中的人类历史没有密切联系；人类面临的问题不是与其他动物竞争霸权或者控制环境，从文明产生之初，人类面临的问题就是在社会中共同生存的问题。[1] 重要的不是人类是否代表了生命形式的进步，很少有人倾向于否认这一点，重要的是从文明出现开始，人类是否进步并以何种方式进步；问题的重点不是个人而是社会，也不是所有社会中的某一个，而是所有的文明。人们可以和卢梭一样相信，文明本身是一个错误，它倾向于减少而非增加人类的幸福甚至仁慈的能力，但是既然人们不能任凭自己的意志回到原始社会，那么这种论点就是离题的。[2] 巴勒克拉夫始终强调，连续性绝不是历史最显著的特征，一种文明与另一种文明之间的联系经常是模糊的；讨论一种文明内部的进步是一回事，讨论从一种文明到另一种文明的进步是另外一回事；每种文明都被不同的精神鼓舞并追求不同的目标，但是每种都经历了特殊的阶段，把一种文明与另一种文明相比较并描绘为进步的是不可能的，因为没有标准来确定一种文明的精神是否比另一种文明的精神更加先进，所以没有理由把西方文明置于古典文明之上；也不能因为一种文明"取得成功"就说它是进步的，因为事实上所有的文明都不能解决它们内部压力和矛盾的全部问题，所有的历史都表现出上升和衰落。[3]

正因如此，巴勒克拉夫更倾向于文明循环理论。他指出，今天很多历史学家日益认识到文明的循环本质并接受这一观点；历史不再被看作是曲线图中向上的曲线，能被某些不幸的低谷所损害，而是被看作许多文化的经历，每种文化会上升到一定的高度，它也会衰落，当它的创造性能量耗光时它会逐渐消失；这种历史观念本身并不新鲜，它在古代世界就已经存在，在当代西方，这种循环理论则被斯宾格勒和汤因比提出，它不是短暂流行的新鲜事物，相反，短暂的新鲜事物

---

[1] Geoffrey Barraclough, *History in a Changing World*, p. 226.

[2] Ibid., p. 227.

[3] Ibid., p. 230.

是对进步的夸大了的信仰。① 他认为,那些视历史过程为"循环"的人通常被指责为悲观主义者,因为他们被期望应当把整个人类命运看作是服从于机械规律的,事实上这完全是错误的。

在如何认识"二战"后世界的问题上,作为一个历史学家,巴勒克拉夫认为很难赞同流行的乐观主义,但也不认为他的选择是悲观主义的。相反,他认为粗糙的"乐观主义—悲观主义"的选择,把全部问题放在了错误的视野当中。巴勒克拉夫指出,如果想用类推来鲜明地阐述形势,那么就不应该求助于机械规律,而是致力于人类生活的节奏。他不认为任何人是悲观主义的,因为年青会让位于成熟、激情会让位于冷静、活跃会让位于平静,因为人们知道尽管智力能够保持,但创造力将不会持久,死亡会跟着发生。有人在谈论"人类命运"时视如累卵,他则认为在对目前所面临危机的描述中有很多夸大之词,危如累卵的仅仅是一种文明的命运,只有"我们的自我中心才让我们认为人类整体是棘手的"。②

巴勒克拉夫认为,作为从人类起源到今天的全部过程的世界历史,与伏尔泰和黑格尔所使用的那个意义上的"历史哲学"这个术语之间,差别是很小的,而且没有固定的界线;任何试图解释世界历史进程和意义的努力都包含着某种判断标准,或对待过去的哲学观点;今天仍保留着生命力和内在潜力的唯一的"历史哲学",当然是马克思主义,马克思主义成功地经受了检验。不过,自从马克思时代以来,知识的数量和人类的分析认识能力都迅猛增长,马克思主义的历史哲学必须认识到这些事实;这绝不是在批判马克思,而是说有必要认识到需要把历史哲学推进到更完美更高级的阶段;充分的事实证明,任何试图进一步建立历史哲学的努力都必须建立在更为广泛和更为普遍的基础上。巴勒克拉夫进而提出,基本概念的澄清同样是重要的,概念的澄清只有借助于对具体的情况所作的科学分析,也就是说只有通过更加严谨的研究才可能办到;当这样严谨的研究达到一定的

---

① Geoffrey Barraclough, *History in a Changing World*, p. 232.

② Ibid., p. 236.

水平，有了比较充分的事实资料为依据，概念结构趋于准确和成熟时，才有可能期望历史学家再次着手去完成发现和分析整个人类历史进程中宏观社会发展规律和模式的任务。①

从上面的归纳和分析可以看出，巴勒克拉夫对建立全球史观的必要性有清醒的认识，认为这是当代世界对历史学的客观要求，不过在如何构建全球史理论框架的问题上，他的观点却无法自成体系。巴勒克拉夫对线性进步史观表示质疑，他更倾向于文明循环理论。在此基础上他提出了全球史的总体思路，这就是放弃对线性发展以及在此基础上从远古贯穿至今的历史线索的关注，转而把注意力转移到对一切时代和地区人类制度、习俗、思想和设想的比较研究，探索和关注所有地区和时代的人类的历史，探索超越政治和文化边疆的相互联系和相互关系。但是，在对相互联系和相互关系的探索中，如何把各个地区和时代的人类历史表述为一个整体，如何展现世界文明的整体性，以及如何衡量各种事件是否具有"世界历史"意义，巴勒克拉夫没有做出更加深入的理论解答。

对此巴勒克拉夫也有所认识，他不认为他的观点反映了一种严密的理论，也不认为这是解决当今历史学家遭遇到问题的唯一可能的方法，因为对于历史学来说，无法突然制造出一种新的历史编纂规则。在他看来，必要的并非关于原有事实的新视野所带来的新知识，并非证明原有的陈述在新的条件下的不充分；他试图要做的是，首先探索新视野的前提，然后在具体的事例中应用这种新视野。② 实践证明，巴勒克拉夫的全球史研究贯彻了他的上述宗旨。

三 全球史的比较研究方法

由于要探索超越政治和文化边疆的相互联系和相互关系，探索世

---

① ［英］杰弗里·巴勒克拉夫：《当代史学主要趋势》，第206—212页。
② Geoffrey Barraclough, *History in a Changing World*, pp. 10—11.

界各地的人类面临的问题和对这些问题的不同反应，这就要求历史学家在研究过程中采取比较的研究方法。通过对有分歧的趋势进行比较才有可能建立巴勒克拉夫所说的全球性历史观念。① 他认为，比较史学可以说是历史研究未来最有前途的趋势之一；作为对世界上各种社会的各个层次上的特殊问题和所有方面的具体研究的比较史学，是要从全世界的角度来解释世界历史的关键。② 历史学家所需要的是范围广泛的比较性资料，使他们能够探索和分析世界上所有地区的历史发展和社会模式之间的共性和差异，能够认识到人类社会结构中的规律性；与此同时，也要努力发现出乎意料的明显的无规则性和变异性的深刻原因。③ 在巴勒克拉夫的《当代史导论》、《当代史学主要趋势》和《泰晤士世界历史地图集》中，我们都可以看到纵向和横向比较研究方法的大量应用。

巴勒克拉夫认为，比较的研究方法应当归功于汤因比，汤因比和斯宾格勒一样，用周期论的历史观来取代那种认为历史是线性进步过程的线性历史观；正是这种文明的周期论开阔了历史学家的视野，从而看到了比较研究的广阔前景，"这为解决世界历史的问题和探索历史的意义和规律提供了当前普遍的方法，正是在这个领域中，一些最富有激励意义的工作完成了"。巴勒克拉夫把比较史学定义为根据政治的、社会的、经济的、文化的和心理的范例和种类，把人类的过去概念化并进行研究，而不是根据国家的区分或人为的分期。④ 他指出，比较研究的目的绝不是要检验理论观点的正确与否，也不是要采用松散的类比方法，这缺乏科学的价值；比较研究的范围既不能太宽泛，也不可太狭隘，并且只有在可比较的事物之间才有可能进行有意义的比较，这是比较方法必须遵循的基本原则，这样历史学家才有可能正确区分偶然和必然、个别和典型。

巴勒克拉夫认为文明比较研究的意义就在于这是在新的基础上复

---

① Geoffrey Barraclough, *Main Trends in History*, p. 95.
② ［英］杰弗里·巴勒克拉夫：《当代史学主要趋势》，第 224 页。
③ 同上书，第 131 页。
④ Geoffrey Barraclough, *Main Trends in History*, pp. 168–169.

兴关于全球史或者世界史观念的严肃尝试的证据；当然，这只是很多方法中的一种，由于其内在的困难（如很多人断言，文明比较研究对做出正确估价来说，其计划太宏大、其视野的跨度太广大）而不必然是最有效的一种；不过其他的方法，在批判那些已经成为西方历史哲学毫无疑问的基础假设方面虽然也很尖锐，但是它们是在更狭窄也更容易处理的领域发生的，它们把自己主要局限于欧洲，也就是说，局限于欧洲文明的历史。① 文明比较研究在历史视野方面自然要比这些方法广阔得多，历史学家已经越来越认识到有效的分析需要有由事实材料构成的更加广泛的基础，而这个基础是任何单个地区和单个文明所不能提供的，这种观念涉及人类历史的中心问题以及"辩证的矛盾"；如果人们对迄今由于种种原因仍被忽视的某些历史领域没有更深刻的认识，这类比较纵然并非不可能，但肯定是肤浅的。②

关于文明比较研究，历史和历史学家遭遇到的主要问题就是从最早的文明出现开始，是否存在确定无疑的进步和从那时起历史的过程是否能给未来提供指示和帮助。初看起来答案是很明显的，如果选取一种早期的文明并把它和今天的物质社会比较，人们就会坚定地确认进步的事实，不过这就发生三个对理解历史过程极具重要性的问题，巴勒克拉夫认为，这同时也是运用比较方法时的三点注意事项。第一点就是要注意所做的比较是否具有可比性。例如，不适当地选取一种早期阶段的文明与现在的文明相比较，这样进步的问题就变得更加有争议了。罗马肯定没有电动汽车、涡轮机器，没有电学，没有机枪，没有原子弹，它的技术、制度和思想也不会像今天欧洲文明的技术、制度和思想（这些已经成为欧洲文明的特征）这样向全球扩张，但是，问题是这些事情是否就是具有本质区别的要素。③

随着这个问题而来的是第二点：比较的标准。毫无疑问，今天人们在科学知识和技术探索上远远超过希腊和罗马，但是就像做出众多基础科学发明的中国人一样，希腊人和罗马人可能只不过是对探索科

---

① Geoffrey Barraclough, *History in a Changing World*, p. 17.
② [英] 杰弗里·巴勒克拉夫：《当代史学主要趋势》，第 118—119、127 页。
③ Geoffrey Barraclough, *History in a Changing World*, p. 227.

学没兴趣,而不是没有能力探索科学;所有杰出的发明在作恶和行善方面显然都同样强大,技术和物质进步会带来生活中压力的增长,但是它能否在幸福和社会智能方面带来总体的进步是另外一个问题;简言之,真正的问题是理性时代的设想是否正确,即人类在社会道德方面是否与知识和技术能力方面一样取得进步;同样的考虑也可以应用于西方技术向全世界的扩展(向印度和非洲、中国和日本),这是否代表了真正的进步?[1]

第三点是关于不同时代人们的合理观点能持续不断地累积这个假设的真实性问题。这是支持进步的最似是而非的观点之一,它认为一代人站在另一代人的基础之上,一种文明受益于它前辈的发明和经验;但是当考察"文明的火炬"从一个文化群向另一个文化群传递下去的细节时,人们就遇到了问题。巴勒克拉夫认为,每个历史学家,当他考察过去不充足的残存物时就会马上意识到无边的困难——有人可能说重现过去的思想、通过当代的想法和经验重现过去人的生活是不可能的,然而人们也意识到没有对过去的想象中的再创造,也不可能合理地解释过去为数不多的残存物,不论是艺术还是建筑、档案还是文学作品、瓷片还是铧头。当人们考察文明的连续性问题、文明之间思想和成就的传播问题时会遇到同样的困难,例如,人们容易把文艺复兴看作是希腊和罗马的重新发现,可以肯定的是希腊和罗马是文艺复兴时期人们思想的有力的外部促进因素,但是文艺复兴时期的人们真的是把古典精神当作一种遗产来重新发现并接受了吗?[2]

巴勒克拉夫努力指出的是,一种文明对另一种文明施加的外部刺激并不构成一种遗产的传递,驱动力来自文明的内部,热情也来自文明的内部;历史是对人类精神中创造性活力和绚丽多样性的最令人喜欢的陈述,但是不同文明的成就并不能合计;责备希腊人和埃及人、中国人和印度人不能取得西方所取得的成就是不公平和不合适的,因为没有理由假设他们应当去争取西方认为值得的东西,应该考察他们

---

[1] Geoffrey Barraclough, *History in a Changing World*, pp. 227-228.

[2] Ibid., pp. 228-229.

不能获得他们自己想要东西的失败原因,用这种方式进行并行研究,会得到关于文明兴起和衰落根本原因的一些模糊暗示,得到文明本身过程的一些暗示。巴勒克拉夫还指出,必须清楚"文明"的含义。例如,如果把法国文明、英国文明或者意大利文明作为可比较的实体而不是作为一种欧洲文明内部的要素,就会造成迷惑;类似地,如果把希腊和罗马看作两个截然不同的文化而不是一种文明框架内部的阶段,那就永远不会理解古典文明。①

那么究竟应当如何比较地看待历史?巴勒克拉夫认为,应当建立一个表明每种文明中并行发展阶段的时间表,进而确定哪些事件是"当代的";斯宾格勒在《西方的没落》中指出,两个历史事实在它们各自的文化中发生在同样相对的位置上,因而具有相等的重要性;人们可以逐项地建立对应,如特洛伊战争和十字军东侵、希腊城邦和从宗教改革到法国大革命期间的欧洲民族国家、亚里士多德和康德、亚历山大和拿破仑、汉尼拔战争和第一次世界大战,等等,这样一种比较的时间表对于文明研究来说是基本的;不过建立一个能获得普遍认可的时间表肯定是不容易的,在一个能被广泛接受的时间表出现之前,专家中一定会出现很多争议。在巴勒克拉夫看来,汤因比著作的主要弱点之一,就是不能建立一种严格的时间表。只有建立这种时间表,才能安全地进行下一步,这就是寻找出影响文明发展节奏的原因。例如,在古典文明中,可以看到布匿战争的衰竭和创伤如何破坏当时的经济,无依无靠的农民如何涌入了城镇使城市最下层阶级膨胀;还可以看到随后的社会冲突,解决问题的努力失败,恺撒和奥古斯都统治下的帝国的出现⋯⋯巴勒克拉夫认为,必须比较地考察西方的文明,确定领先于西方的那些文明中的并行的事件和转折点,进行合理的评析,这些都是历史能提供给今天的经验;历史学家要做的就是冷静地、逐步地把它们应用到西方的文明上,从西方文明的起源、在查理曼帝国时期第一次开花结果,一直到现在。②

---

① Geoffrey Barraclough, *History in a Changing World*, pp. 230-232.

② Ibid., pp. 232-234.

巴勒克拉夫还做了进一步的论述。比较史学最关心的不是"如何发生"的问题，而是"为什么发生"的问题；它所提出的有关过去的问题是为了揭示（诸如）政府的性质、社会组织的形式、经济变化的原因、思想创造性的渊源等内容；比较史学同"元历史学"的差别就在于前者对研究专题提出了准确和明确的问题，并且深入追究下去；比较史学的基本观点认为，必须在尽可能广泛的历史范围内确定家庭、财产、司法习惯、阶级划分等这些制度和机构在各个不同社会和不同时间的真正含义，探讨它们如何发挥自己的实际职能，否则，对其进行概括就为时过早甚至弄巧成拙。从这个角度来看，比较的研究方法是当代对有关历史的意义是什么这个问题所做出的回答。比较史学不像写作世界史的历史学家那样在连续叙述人类的发展中寻找历史的意义，也不像历史哲学家那样在全面的总体模式中寻找历史的意义，而是从整个人类历史中一直在撞击着人类的那些永恒的问题中寻找历史的意义。为此，比较史学按照某种规范和范畴将过去组织起来，而社会科学家和行为科学家则用这些规范和范畴去探索现在。当代比较史学和早期比较史学有两个明显的根本差别。一个是当代比较史学在有意识地借用社会科学的概念和方法上的自觉程度高得多，同时，那些概念和方法在这个过程中也得到了不断的改进和提高。另一个显著的不同是把比较方法从欧洲扩大到欧洲以外的广大世界中去。历史学和社会科学之间的紧密关系几乎是不可避免地把历史学家全部逼迫到比较史学的方向上去，如果要保证结论的可靠性，就必须以比较方法为基础。从更加长期的观点来看，当前亚洲和非洲历史学兴起以及对于欧洲以外地区的历史所抱的兴趣更为广泛，由此产生的最重大的成果是开辟了新的前景，第一次为开展真正的全世界范围的比较史学研究奠定了坚实的基础。同时，这种世界性的比较史学又为理解反复出现的社会发展进程的模式，为理解历史上的重大飞跃和连续性，奠定了坚实的基础。今天的历史学家已经抛弃了过程比较方法，转而采用基础更加广泛的结构比较方法。比较分析方法当然不能取代对具体事件的细节的探索，不过，对具体事件的细节的探索同样也代替不了比较分析方法。巴勒克拉夫指出，可以有把握地说，促进人们认识到需要用比较和综合的观点来看待过去的主要因素是近年来对于欧洲以外的各大洲社会的知识迅速增长，兴趣大大提高；人们由此认识到需要对世界历史做出新的解释，而这一次，真正需要从全世界的角度来解释世界历史；在当代许多历史学家看来，作为对世界上各种社会的各个层次上的特殊问题和所有方面的具体研究的比较史学是做出这种解释的关键。①

总之，巴勒克拉夫认为，历史比较研究是从全球史视野探索人类社会历史演变的有效途径。他在文化形态学派的文明比较研究的基础上进一步探讨了历史比较研究的基本问题。他分析了运用比较方法时需要注意的事项，并且指出，只有建立一种严格的能够表明每种文明中并行发展阶段的时间表，才能寻找出影响文明发展节奏的原因。他认为全球史应当通过对一切时代和地区的人类制度、习俗、思想等内容进行比较研究来实现，这样才能达到超越民族和地区的界限对世界历史进程做出宏观解读的目的。

四　历史学的实质性意义

作为一位严肃的历史学家，在"二战"后历史学科遭受来自各方面的非议时，巴勒克拉夫本着冷静批判的态度进行史学重建的工作。为了解决史学信任危机的问题，他在研究过程中曾经多次使用"实质性意义"（relevance）这个标准。他指出，在变动世界中，历史学遭到来自非历史学家的批评是因为下面的原因，即历史学被认为对解决人们在变动世界中遭遇的问题而言没有明显的实质性意义。他认为如果历史学要在当代世界中扮演有意义的角色的话，实质性意义是一个非常重要的问题，历史学家对这个问题的重新检验看起来是迟到的。②在如何解决战后对史学信任危机的问题上，"现在的要求"成为巴勒

---

① ［英］杰弗里·巴勒克拉夫：《当代史学主要趋势》，第215—224页。
② Geoffrey Barraclough, *History in a Changing World*, p. 20.

克拉夫的修正主义的试金石,他变成了对历史学中的实质性意义的传道者。① 巴勒克拉夫认为,只有一种在精神本质上是全球性的历史,即超越欧洲和西方、关注所有地区和时代的人类的历史,才能满足人们对历史学实质性意义的追寻。

为什么历史学会被指责为对解决人们在变动世界中遭遇的问题而言没有明显的实质性意义?原因不难发现。这不仅是因为在当今世界中历史学的主题已经比阿克顿时代的情况要复杂得多,同时也正因此使得从历史学研究中提炼令人信服的"教训"和"结论"变得更加困难,而且由于历史主义的影响,历史学家带着某种类似自豪的情绪,倾向于认为过去为其本身而存在,不是为了它可能向现在提供的实质性意义而存在;他们认为那种用过去对现在的实质性意义来寻求衡量过去的方法,只能导致缺陷和错误观点,必须"为其本身"而研究过去,要通过过去的标准而不是现在的标准来评判过去的时代;在较早的世纪中,必须重视那些当时重要的内容,而不是挑选那些看起来对现在重要的阶段和事件;在关于实质性意义的争论中,明显带有这样的暗示,即现代历史学家已经探索了客观性的秘密,不必通过胡乱触及实质性意义这种无关的问题来污染客观性。②

这种说法实际上是暗示人们要研究"在当时重要的事情",而不是"在现在重要的事情"。巴勒克拉夫对这个问题做了两点分析。首先,人们不会知道也永远无法知道在过去什么事情被认为是重要的。随之而来的问题就是:谁来判断?查理二世和持不同政见者乔治·福克斯(George Fox)看待问题的标准绝对不会一样,没有人会愚蠢到去设想在他们之间存在最低程度的一致从而能给人们提供关于重要性的有用标准。换言之,是人们自己做出的判断。例如,对9世纪的高卢或者13世纪的英格兰而言,在历史中占首位的可能是关于奇迹、动乱、彗星、瘟疫、灾难和其他"令人惊奇的事情"的沉闷叙述。也就是说,在巴勒克拉夫看来,历史关心的不是什么是重要的,而是我

---

① Kenneth C. Dewar, "Geoffrey Barraclough: From Historicism to Historical Science", *Historian*, Vol. 56, No. 3, 1994, pp. 449-464.

② Geoffrey Barraclough, *History in a Changing World*, pp. 20-21.

们认为（此处巴勒克拉夫着重强调）什么是重要的（或者应当是重要的）。其次，出于这种考虑，现代历史学家和早期历史学家之间的差异并不像有时设想得那么大。例如，陶特（T. F. Tout）的作品中存在从"宪法"历史到"行政"历史的兴趣转换，虽然陶特本人曾经公开指责"我们过多地根据现在的预想去研究过去"，但是实际上不论陶特自己是否认识到，他的研究兴趣转换本身是现代政体方向变化的反映，是人们对政府功能的态度发生变化的反映。因此导致陶特从事"中世纪行政管理的制度和日常程序研究"的原因，可能并不如他自己设想的那么客观。这种考察阐明了为什么巴勒克拉夫怀疑那种"为了过去本身"而研究过去的主张所暗示的"自夸的客观性"的原因。"在现实与意义之间，插入的是个体的意见"；由于这个原因，所有关于历史的工作都会被涂上历史学家自身经验的色彩；实质性意义从门口被清除，又很容易就从窗户回来了；对任何主张只用过去的声音说话的历史学家，巴勒克拉夫都认为应当对其可信度进行严格和批判的检查。人们最终寻求知道"到底发生了什么"是为了评定它对人们而言的关系和意义，是在实质性意义的标题下把事情适当地概括起来；因此过去"为其自身而存在"的观点并不是真实的，过去可能曾经为其自身而存在，但是今天它根本不再存在了，它"和制造它的人一起死了"。所以巴勒克拉夫认为，如果沉迷于过去，像柯林武德所说的那样试图重建过去或者重新思考过去，或者通过寻求对过去事实的惊鸿一瞥来了解过去，那也是出于人们自己的目的。人们可能不确定那些目的是什么，其研究的意义有时可能是一种信念，而不是可论证的事实，但是除非人们认为它们有意义，否则它们就不值得被这样对待，这种意义就是它们对人们而言的实质性意义。[①]

关于实质性意义，还有一种看法认为，即使所有这些都是真实的，那也不关历史学家的事。据说，历史学家的本职就是记下他看到的事实，描述"到底发生了什么"，如果任何人希望走得更远，解释经历或者指出它的实质性意义，这都与历史学家无关。巴勒克拉夫对

[①] Geoffrey Barraclough, *History in a Changing World*, pp. 22-24.

这种态度进行了批判。他指出,首先,密切了解有关历史问题的历史学家是(或者应当是)最有资格评定历史的意义的人。第二,历史学家对承担他上述工作的拒绝并没有阻止人们对历史发生兴趣,这只是意味着解释被剥夺了来自历史学家的最有资格的批评,历史学家缺席了。这就发生了例如关于中世纪影响最广泛的解释不是由历史学家做出的现象。任何人想要弄清楚今天来看中世纪是否"有意义",只需要参考一下诸如马利坦(Maritain)或者别尔嘉耶夫(Berdyaev)等作者的著作就可以了;但是这些作者用生机勃勃的风格描述的作为"遥远的精神家园"的"中世纪",展现了"从成功文明的致命问题中的逃脱",实际上和历史研究展示出来的中世纪社会图画没有什么关系。这样对历史学家而言出现了明显的困境。如果他简单地把眼睛挪开,他几乎不能逃避要接受他所拒绝的内容的代价,然而如果他试图陈述中世纪的实质性意义,他就要冒着放弃由科学的超然态度而产生的自豪的可信度的危险。在这些情况下对过去与现在发生关系的可能性的理论探讨是不中肯的。巴勒克拉夫强调指出,无可否认,人类是历史的动物,对自己的过去具有强烈感觉;如果他不能通过清楚的和真实的历史把过去整合起来,那么他就会用盲从的和错误的历史来整合过去;任何确信自己工作价值的历史学家都不能忽视这种挑战,解决问题的方法就是不逃避实质性意义的议题,要接受这个议题并找出它的含义。①

巴勒克拉夫认为,在历史中寻求实质性意义,这种做法本身可能带有危险和缺陷,但是世界上任何值得做的事情都有此可能,对危险和缺陷的担忧不能阻止历史学家探寻实质性意义的脚步。在此过程中,历史学家首先要考虑的是如何定义实质性意义和在哪里寻找实质性意义。其次是不能对历史期望过高,它不是解决生活中神秘事物的钥匙,有很多事情是历史无法单独解释的。而且,历史学家必须认识到过去的经历只是过去想要经历的,其中存在着选择的问题。"如果我们持续地忽视那些看起来不会有什么结果的事情,忽视那些能导致

---

① Geoffrey Barraclough, *History in a Changing World*, pp. 24–25.

相反方向的事情，那么我们很快就会察觉到陷入了导致一个重大结果的一系列的历史性因果关系"。再没有比关于历史的"目的论的"观点更加误解过去的方法了，这种教条认为历史的发展是一种高于一切的目的或者设计的结果，远离这种假定目的的内容就是附属的、不相关的和可以忽略的，用这种方法把目的或者目标偷偷灌注到历史中，再把它从历史中提炼出来作为"教训"就太容易了。另一个同样严重的问题是忽略构成过去整体的部分（在本质上很重要）的诱惑，因为它们的实质性意义不能被直接看到，正如在西方出于实际目的，拜占庭历史和东欧历史被长期忽视。以英格兰和西欧文明为中心的历史，适合于强化传统的偏见和坚定人们对自己传统和价值的优越性的信仰，但是现在已经没有什么适当的东西能维持这种错误观点，能误导和给人们传达关于人们生活在其中的世界实际运转力量的错误信息了。正如汤因比反复强调的那样，中国文明、印度文明、伊斯兰文明和西方文明一样，都是这个世界的历史遗产的一部分。巴勒克拉夫还指出，在时间上距离人们最近的事情是最有意义的这种说法并不必然是真实的。正如很多把人们带回到基督教时代的公元4世纪和5世纪的研究主题，要比"18世纪在道德上令人厌恶的外交记录"更真实，更贴近当代生活。如果人们"研究了古代历史中关于政治实体能被观察到的长期经历的更深入过程"，通常他们将能较好地装备起来迎接他们的政治发展。在中世纪历史的研究领域可能同样是这样，被称为"中世纪史"的内容在本质上就是对欧洲文明今天在东欧和西欧赖以存在的坚固基础的研究。中世纪史是一个孕育现代文明的根本传统和固有价值的矩阵。研究中世纪的学者不是把它作为中世纪历史来研究，而是作为现代历史并且是非常现代的历史来研究，在这个意义上所有的历史都是当代史。过去经常撞击现在，因此，过去的实质性意义问题，确保过去与现在的关系是一种适当关系的任务，就是一个很实际的问题，而且可能有助于很好地塑造未来。巴勒克拉夫继续指出，这并不意味着人们应当把自己变成过去的奴隶，不能忘记每天都会发生一些没人预见并且可能没人希望发生的事情。历史知识能阐明问题，同样也能使人盲目；历史学家至少要意识到什么没有留存下来和察觉到什么继续存在，这两者是同样重要的。①

正如巴勒克拉夫努力指出的那样，对历史学的实质性意义进行评估的确困难，不过，在一个剧烈变动的世界中，人们对过去的视野越宽广，就越是能更好地审视知识，同时也就越不可能被人们所知的事情欺骗，只有具备更广阔视野和更广泛主题的全球史，才能满足人们的目的。当然，巴勒克拉夫并不是要暗示更专门化的历史研究是多余的或者处于次等的顺序，关键是只有这种专门化研究是不够的，因为它涉及的内容要小于"完整的事实体系"，"完整的事实体系"是并且必须保持为历史的最高目标。巴勒克拉夫强调，在一个变动的世界中，如果想要知道自己立足于何处，如果历史能帮助人们了解自己立足于何处，就必须超越专门化历史研究这个安全岛，这样历史将不会（正如有时被担心的）失去意义，相反，这样将会增长历史对人们的习惯、日常生活和思维模式的实质性意义。因为这将会更加贴近现代生活的状况，不管政治上如何分割，世界是一个整体，不论人们喜欢与否，每个人的命运都与他人的命运联系在一起。②

综上所述，巴勒克拉夫认为，历史学家不能逃避对历史学实质性意义的检验，要积极面对这个问题，因为尽管过去可能为其自身而存在，历史学作为探索关于过去的有意义内容的尝试则是为人类而存在。③ 探寻历史学实质性意义的任务只有关注所有地区和时代人类历史的全球史才能承担。在这个意义上，全球史是科学的历史学题中应有之义。它不仅具有破除"欧洲中心论"偏见的积极意义，而且也是对战后新时代即全球化时代中历史学发展的理论探索和有益尝试。

---

① Geoffrey Barraclough, *History in a Changing World*, pp. 25–27.
② Ibid., p. 27.
③ Ibid., pp. 29–30.

第五章

巴勒克拉夫的全球史框架

一 全球视野中的当代史

在研究过程中，巴勒克拉夫比较充分地贯彻了自己的全球视野，他对当代史和世界历史进程都进行了系统阐述。

巴勒克拉夫首先对当代史进行了深入的剖析和阐释，其成果主要体现在他1964年出版的名著《当代史导论》之中。他在研究当代史时采取了更漫长的历史跨度和更广泛的地理范围，相应地也就更具有历史根基，而一旦建立了这种更长时段的历史观，"欧洲中心论"的核心理论必然会遭遇很多质疑。他在《当代史导论》中开宗明义地提出，当代史与现代史截然不同，它是世界史而非某些地区的历史，因此，要采用全球性的眼光才能理解塑造世界史的诸种力量。1890年到1961年之间是当代史与现代史的分水岭，而塑造当代世界的诸种力量就是在这一时期形成的。① 没有一种单独力量能足以导致一个时代向另一个时代转变，决定时代转变的因素是这些力量的互动作用。② 当代史超越了传统的线型历史发展过程，因此，当代史研究需要新的视野和新的价值标准。③ 新视野和新标准就是要用全球的眼光和整体观念来考察当代世界。

巴勒克拉夫指出，新时代是各国社会和国际社会的结构以及世界

---

① ［英］杰弗里·巴勒克拉夫：《当代史导论》，第1—2页。
② 同上书，第13页。
③ 同上书，第20页。

力量的平衡的根本变化的产物。新时代的基本特征是,世界进入了前所未有的一体化阶段;而这意味着,无论一个民族多么弱小,地处多么遥远,没有一个民族能够不受影响而"独自生存"。新时代不是缓慢而连续发展的产物,而是在短短一代人的生命中,由突然爆发并且具有革命性影响的那些力量推动产生的。划分新、旧时代不同的根本辨别因素,是科学和技术的进步对国内和国际社会的影响。新、旧时代不同的基本原因是,实际日常生活中的新事物几乎没有一样是原先生产过程稳定地逐步提高或改进的结果,绝大多数的新事物都是由于采用新的材料、新的能源,尤其是科学知识运用于工业生产的结果。工业发展改变了社会结构和整个日常生活方式。总之,科学、技术和工业变革是当代史研究的出发点。这些变革既是促使旧秩序瓦解的溶剂,又是促使新世界形成的催化剂,它们加速了全球一体化。①

巴勒克拉夫认为,如果不从原因和起源而改从影响和后果着眼,那么历史连续性的间断和这些变革的革命性效果是显而易见的;在技术领域、社会领域和政治领域,这场从欧洲开始的全球革命潮流势不可当,这一革命变革是现代和当代历史的分界线;其革命变革的结果包含如下,而当代世界的绝大多数特征正是从革命变革的结果中产生的。②

首先是1890—1940年世界人口因素的革命,人口增长的不同速率的作用不利于欧洲,非欧洲的生产、文明甚至权力中心的重要性不断提高。巴勒克拉夫分析指出,欧洲在19世纪的扩张以显著的人口增长为基础,人口增长使欧洲大陆的人口增加一倍,并使其同时有能力向外输出4000万移民,到1900年,欧洲人口增长率大大下降,全球人口比重开始发生重大转变,亚洲和非洲人口上升趋势引人注目,不同的人口增长率,连同整块大陆范围的人口迁移,导致在远离欧洲的地方新的人口、生产和权力中心的形成,表明了一种从大西洋向太平洋海岸的历史中心的转移;随着20世纪的向前发展,保证欧洲人

---

① [英]杰弗里·巴勒克拉夫:《当代史导论》,第24—33页。
② 同上书,第41页。

优势的有利条件即机器生产的垄断和工业化带来的军事力量渐渐失去，而至关重要的人口因素显示出其重要性，因此，巴勒克拉夫把1890—1940年这半个世纪的人口因素的革命看作标志着一个历史时代向另一个历史时代转变的基本变革。①

第二是国际关系结构发生的变化，欧洲均势向全球政治时代转变，不同地区融合为一个全球的政治体系是在19世纪结束时发生的，美国和俄国崛起成为世界大国是全球政治新时代的决定性事件，全球政治时代的到来意味着新的势力走上舞台，旧的势力则应以新的眼光来考察；欧洲政策的传统目的已不再是唯一的甚至不必是主要的标准。巴勒克拉夫认为，到1900年，不同政治舞台之间的空间已被填满，全球的区域缩小了，欧洲列强看似能够按照欧洲均势的原则，从自身利益出发来操纵整个世界的事务，但这种缩小的结果实际上却使它们因直接面对大陆性强国而相形见绌；欧洲列强以前之所以能够干预非洲并瓜分非洲，是因为俄国和美国都没有直接卷入非洲的政治事务，但在远东，发号施令的不仅仅是欧洲列强，在此具有直接利害关系的三个国家分别是日本、俄国和美国，它们都是太平洋地区的强国；因此，在1898—1905年期间，中国面临瓜分的威胁，以及对中国大陆将为欧洲列强所控制的担忧，促使了欧洲以外的强国采取行动，结果导致了全球政治体系的产生，而它最终取代了欧洲体系，这就是从全球历史角度来看亚洲这些年里所发生的事件的重要意义所在，欧洲列强、美国和亚洲大国狭路相逢，这种情况是前所未有的，1905年，世界已初露未来全球时代的端倪。巴勒克拉夫指出，从全球历史的宏观视野来看，1898—1905年远东局势的变化产生了五个重要后果：第一，它们标志着美国和俄国之间长期友谊和互相理解的关系的终结，并使两者在太平洋地区成为面对面的敌手，俄国和美国在远东的利益冲突逐渐扩展到欧洲、东南亚和中东，最终形成了世界两大敌对阵营，所谓冷战就起源于这种新的力量格局，而这种格局在20世纪初就已开始形成；第二，它们最终使远东成为国际对抗和冲突的

---

① ［英］杰弗里·巴勒克拉夫：《当代史导论》，第51—62页。

中心,尽管欧洲列强也许把这个中心看作第二位的、从属的;第三,它们显示出,欧洲事务和全球事务之间形成了一种持久的联系,前者因其重要性逐渐减弱而从属于后者;第四,这意味着欧洲压迫了有一个世纪之久的世界转而开始压迫欧洲,欧洲转而变成两大世界强国美国和苏联的附庸;第五,这标志着国际政治从欧洲均势体系向全球两极体系的转折,到 1905 年,人们已可窥见全球情势的根本变化,推动力已不再是以前的欧洲了,最终的决策也已不再由欧洲做出,到 1918 年,仅仅是欧洲,即使把大英帝国包括在内,已不再能够解决其自身的各种问题。①

第三是社会结构的性质发生的变化,原先盛行的资产阶级社会和政治体系被大众社会和政党政治所取代。巴勒克拉夫提出,1870—1914 年,随着新的大规模工业生产过程的采用和新的工业组织形式的兴起,它们加速了人口的集中程度,在新的集合城市里,一个巨大的、非个人的大众社会诞生了,整个社会结构的性质由此改变,原先盛行的资产阶级社会和政治体系以及他们所信奉的自由哲学,被新的社会和政治组织形式所取代;现代管理意义上的政府,国家控制,强制个人服从的社会目标和最终计划,包括行政和强制的一种复杂机构的产生,所有这些都是新的工业社会的一个必然结果;19 世纪的自由民主到处都建立在一个受到限制的财产选举权的基础上,就像古代世界里雅典的民主,它实际上是一种平等主义的寡头政治,一个统治的公民阶级分享了该社会政治控制的权利和职位;而今天在西欧盛行的民主类型即大众民主,是最近六七十年间才基本产生的一种新类型,它与 19 世纪的自由民主在基本观点上是截然不同的,它从一个巨大的无组织的社会中产生,包容了所有的教育层次和财富等级,其中绝大部分是由日常挣取收入的企业所占据,这些企业也只能为有高度组织的政治机器即政党所调动来参加政治活动;在整个当代世界到处都能看到,高度组织的政党占据着政治结构的中心位置,这是因为在 19 世纪末以来崛起的大众社会的形势下,政党是体现人民大众的政治目

---

① [英]杰弗里·巴勒克拉夫:《当代史导论》,第 71—81 页。

的的唯一有效手段。①

　　第四是亚洲和非洲人民对西方的反抗取得革命性成果，亚洲和非洲人民的地位以及他们与欧洲关系的改变是一个新时代来临的最有力表现。巴勒克拉夫从两方面来界定西方与非西方地区的相互作用，他指出：20世纪的历史，一方面是西方对亚洲和非洲产生影响的历史，一方面也是亚洲和非洲对西方予以反击的历史，影响主要表现在已经改变西方社会的西方科学和工业成果开始以不断加快的步伐对其他大陆的社会产生同样的瓦解性和创造性力量，而反击则是抗击在19世纪最后25年里达到其顶峰的帝国主义的一种反应；20世纪开始时，欧洲的力量在亚洲和非洲达到了顶点，似乎没有一个国家能抵挡欧洲武器和商业的优越性，60年以后，只有欧洲人统治的残余痕迹依然存在；1945—1960年，至少40个国家和8亿人口（超过当时世界人口的四分之一）反抗过殖民主义并赢得自己的独立，在整个人类历史上，以前还不存在如此迅猛的革命性反复，20世纪前半叶的历史要用更长远的观点来撰写时，没有一个单独的主题将比亚洲和非洲人民对西方的反击证明会更为重要。②

　　巴勒克拉夫分析了亚洲和非洲人民从欧洲列强的殖民主义统治中获得解放的原因。他明确指出，亚洲和非洲的解放确实是与欧洲危机的加深比肩接踵的，在那些促进亚洲和非洲独立运动兴起的诸多因素中，包括欧洲列强控制的削弱，这种削弱很大部分是由于他们内部的不和、竞争以及他们之间的战争所造成的资源浪费的结果；但是，要不是在殖民地区内部存在民族主义革命运动，并摆出姿态准备利用帝国主义政府发现他们自身所陷入的困境，那么也不可能产生欧洲列强急转直下的撤退；从长期来看，有两个因素要比从强权政治相互作用所产生的压力更为基本：第一，就是亚洲和非洲人民对西方思想、技术和制度的吸收，他们证明这个过程要比绝大多数欧洲人所预料的更为谙熟；第二，就是欧洲人过于轻率地断定为停滞、衰败和垂死的社

---

① ［英］杰弗里·巴勒克拉夫：《当代史导论》，第86—107页。
② 同上书，第108页。

会的自我复新的活力和能力，正是由于这些因素，再加上形成了一批懂得如何利用它们的精英，结果导致了欧洲人统治的终结。①

巴勒克拉夫进一步提出：把西方化视作亚洲和非洲复兴关键的流行倾向遗漏了一些相关事实，人们越是了解欧洲人到来之前的亚洲和非洲社会，那么它们既非停滞也非静止这一点就越加清楚，认为若没有欧洲的压力它们仍将停留在过去的假设将是一个错误；与欧洲的联系尽管可能创造条件和提供手段，但它不能解释要求获得独立的愿望，亚洲和非洲社会因西方工业和技术而导致的转变在这种情况下就成为一个重大的因素，但是除非这个因素伴随有并非来源于欧洲的其他力量，它自己是不会促使亚洲和非洲社会恢复世界中的独立地位的，这些因素中最为重要的也许是亚洲和非洲人民保持、改造或者有必要的话创造他们自己人格的决心；绝大多数亚洲和非洲的领导人都能分清现代化和西方化的区别，他们认为前者是必要的而后者作为一种异化形式要予以避免，存在一种非欧洲人的鲜明意识，这种意识是一种并非来源于西方的文化继承意识，正是这种意义上的差别奠定了亚洲和非洲民族主义的根基。总的来说，任何处于现代化阵痛之中的社会（无论在欧洲或是在亚洲）都有可能经历一个民族集中的过程，亚洲和非洲的民族主义运动采纳了西方的技巧并接受了西方的表现手段，然而强调民族主义本身并非诞生于对欧洲统治的反抗这一事实绝非是无足轻重的，这两个大陆的所有民族主义运动的推动力在很大程度上都来源于对欧洲侵略以前的历史的一种意识；牢记亚洲和非洲民族主义的本土传统是十分重要的，存在于对西方的反抗背后的人类深刻的个人动力不能归之于西方的范例，但是光有愿望、决心和勇气是不够的，20世纪的历史已经成为这种形势发生变革的历史，其结果就是导致了亚洲和非洲在世界上相对地位的改变，亚洲和非洲的复兴赋予当代史一种与以前发生的任何事情都截然不同的性质；帝国的崩溃是其若干主题之一，但是另外的也是更为重要的是亚洲和非洲人民以及拉丁美洲人民（尽管较为缓慢但确实也明白无疑）被提高到世界上

---

① ［英］杰弗里·巴勒克拉夫：《当代史导论》，第109、113页。

一个新的尊严地位。①

　　第五是1917年之后与苏俄政权密不可分的新的意识形态的兴起以及随之而来的两种意识形态之间的冲突，列宁和毛泽东所解释的马克思主义具有重要的意义，它为正在崛起的人民提供了一种选择，如果要衡量其影响，就应当把它看作负有全球使命的一种普遍力量。巴勒克拉夫对当代史中的意识形态冲突进行了分析。他指出1947年以后美苏之间的冲突显而易见并非仅仅是意识形态的冲突，而是敌对利益之间的斗争，其根源可以追溯到1917年布尔什维克革命以前的好多年。② 如前所述，随着1898—1905年远东局势的变化，俄国和美国在远东的利益冲突逐渐扩展到欧洲、东南亚和中东，最终形成了两大敌对阵营，所谓冷战就起源于这种新的力量格局。实际上，如果对潜在的地理政治因素给予应有的重视，即使布尔什维克革命没有发生，迫使这两个国家作为世界强国发生冲突的力量也会同样产生作用；西方对共产主义的恐惧尽管以前也存在过，但是一旦它与苏联1945年以后在欧洲获得的可怕军事力量结成一体，这种恐惧的确加深了，而当美国对原子武器的垄断地位为意识形态的冲突提供增援时，苏联对资本主义世界的恐惧也同样增加了；不过，1917年以后的新旧意识形态之间的冲突无疑深刻影响了当代历史的特征，而使人误入歧途的是在当代史中把意识形态当作任何其他事物都必须服从的中心问题来看待；意识形态是新的历史时期开始的最后证明，马克思列宁主义是社会和经济变革所释放出来的新的力量的显示，是明确为满足一个新的时代要求而诞生的主义。③ 巴勒克拉夫认为，就共产主义的本质而言，其推动力对马克思和列宁来说，是对社会正义，以及人与人之间没有性别、种族、肤色和阶级等歧视的互相平等的一种道德上的深切关注，马克思和列宁都没有为一国而反对他国，而是代表全世界被压迫的群众和阶级，这种世界性无疑成为使他们产生巨大影响的一个主要

---

① ［英］杰弗里·巴勒克拉夫：《当代史导论》，第139—141页。
② 同上书，第142页。
③ 同上书，第142—143页。

因素。①

　　第六是当代世界人类看法的转变,当代世界的文学和艺术反映了新的世界形势的出现和人类基本问题的新的解决方法。巴勒克拉夫提出,此处研究的出发点是19世纪结束时人们所面临的"资产阶级综合的崩溃",探究的中心问题将是,是否有任何新的综合来继承它,或者至少是否能分清新综合的组成要素;特别需要注意两点:第一,是人们的看法被科学革命和技术冲击所改变的程度;第二,新的大众社会在形成表达其自身的独特形式方面走得有多远。② 巴勒克拉夫指出,当氢弹也已经变得家喻户晓时,人们学会或者开始学会把新世界的不安全接纳为他们生活中的一部分。③ 人类看法的变化是在承认科学和技术的社会意义后产生的,就像当代世界的其他许多方面那样,这种变化并非局限于欧洲。"从总体来看,这种文学现象显示出引人注目的一致性。在远东和中东地区,在撒哈拉沙漠以北和以南地区,在亚马逊河和拉普拉塔河流域,以及在安第斯山区,它给我们带来新崛起的人民,寻求表现的新力量以及与欧洲相对立的存在于意识中的一种确定的生活观点";像政治一样,文学已冲破了欧洲的束缚,未来的新文明正在形成之中,在这一新的全球文明中,全球各大陆都将发挥各自的作用。④

　　《当代史导论》奠定了巴勒克拉夫以后经常强调的研究主旨:欧洲时代结束了,欧洲的束缚被突破,未来的文明将成为一种世界文明,所有的大陆都将在其中发挥作用。⑤ 这部著作给"当代史"做了一个严格的划分。对一些读者来说,这本书是对20世纪根本的结构变化的详细分析,对另一些读者来说,它描绘了一幅巨大并有疑问的概括性图画;但有一件事情是确定的:它再次确认了巴勒克拉夫的全

---

① [英]杰弗里·巴勒克拉夫:《当代史导论》,第148页。
② 同上书,第168—169页。
③ 同上书,第180页。
④ 同上书,第186—195页。
⑤ Geoffrey Barraclough, *An Introduction to Contemporary History*, p. 264.

球史观，就像伞兵的视野超越了菌类采集者的视野。①

二 全球视野中的世界历史

巴勒克拉夫还积极探索关于世界历史进程的宏观阐释体系。他认为，斯塔夫里阿诺斯在《全球通史》中强调的"站在月球上观察世界"②的研究方法与其他作者的方法相比虽然会更加客观一些，但是实际上非常明显，这依然是以西方为中心，这种经过掩饰的西方中心论并不是绝无仅有的，站在北京或开罗看待世界史与站在巴黎、芝加哥和莫斯科来看待世界史，那是完全不同的。③那么巴勒克拉夫是如何从宏观角度来阐释世界历史的呢？事实上，他对从公元前9000年至公元1975年的人类历史做了如下的总体阐述。

巴勒克拉夫指出，人类（更确切地说，是一定区域里的一定集团的人类）从狩猎者和捕鱼者转变到农耕者、从游荡的生活转变到定居生活的变迁，是人类全部历史中最具有决定意义的革命。世界历史新阶段开始的标志是大约公元前4000年代中期在少数农业特别集约的地区出现的最初的文明。它们是在四个分散得很遥远的地区各自独立兴起的。这四个地区是：底格里斯河和幼发拉底河流域下游，尼罗河流域，印度河流域的哈拉帕和莫恒卓达罗周围地区，以及黄河流域的安阳周围地区。城市是所有这些文明的共同特征，并越来越成为处于支配地位的社会形式，直到现在城市文明变成衡量社会进步的标准为止。美洲、澳洲和非洲撒哈拉沙漠以南地区仍旧处于世界历史主流之外，欧洲和亚洲的文明这时却连成了一线。不同地区的发展仍然基本是各自独立的；但是，随着主要文明国家的扩展和它们之间地理间隔的消除，地区之间的互相接触和文化交流的通道打开了。这些广大的

---

① Geoffrey Barraclough, *Main Trends in History*, Foreword, p. xi.
② ［美］L. S. 斯塔夫里阿诺斯：《全球通史——1500年以前的世界》，吴象婴、梁赤民译，上海社会科学院出版社1988年版，第54页。
③ ［英］杰弗里·巴勒克拉夫：《当代史学主要趋势》，第198页。

文化区域不仅为商业提供了媒介，而且也为思想、技术和制度的传播，首先为各个大的世界性宗教的传播提供了媒介。游牧民族由于渴望享受文明的成果而发动的进攻，成了世界历史上的一个循环往复的老问题，直到15世纪火器的应用使得文明民族处于决定性的优势地位为止。公元500年之后，一直孤立于主流之外的地区也取得了重要的发展，证明了新的文明区的扩展。这是1500年以前世界历史的主要内容。[①]

假如把1500年作为划分世界历史新时期的标志，这是因为从这时起在各大陆间建立起了直接的海上联系。这样就不仅把历史舞台扩大到在此以前仍与世隔绝的地区，而且导致向欧亚大陆各个文明之间自古以来就保持的大陆中心平衡进行挑战。整体说来，1500年以前，是世界冲击欧洲；1500年以后，是欧洲冲击世界。15世纪末欧洲人地理发现的航行预告了世界史上一个新时代的来临，同时也为欧洲打开了新的经济前景。原本处于落后状态的欧洲到15世纪下半期，开始与世界其他文明并驾齐驱，它在随后的世纪中进入舞台的中央。全球一体化的第一个阶段就是在1500年后的两个世纪内完成的。从1815年到1914年，欧洲由于本身工业化力量的推动而在世界崛起。这100年的发展造就了都市的、工业化的和技术的社会，不管是好还是坏，它在世界上像野火一样蔓延开来。扩张性的帝国主义时期是历史短暂的一页，在这一时期中，它使世界打上了欧洲的印记。1914年开始的第一次世界大战标志着一个历史时期的结束和另一个历史时期的开始。1945年"二战"结束之后，美国和苏联的冷战支配世界达25年之久，两极对峙已证明是一种暂时的现象。这一时期突出的事态发展就是主要由于采用新技术而取得的财富和生产力的前所未有的增长和提高。这种增长的取得具有明显的不平衡特征。富国和穷国之间的差距正在成为国际政治中的一个中心问题。同时，政治上的变化赋予发展中国家以较大的力量。生存环境的污染和对有限的一次性资源的挥霍浪费，提出了30年前人们很少设想的有关人类前途的问题。

---

① ［英］杰弗里·巴勒克拉夫主编：《泰晤士世界历史地图集》，第31—151页。

这就是对未来提出的一个大问号。①

根据上述对世界历史进程的理解和认识，巴勒克拉夫在其主编的《泰晤士世界历史地图集》中把公元前约 9000 年至公元 1975 年的人类历史划分为七个阶段。第一个阶段是从公元前约 9000 年到公元前约 4000 年。第二个阶段是从公元前约 4000 年代中期到公元前 1000 年左右。第三个阶段是从公元前 1000 年至公元 500 年。第四个阶段是从公元 500 年左右到公元 1500 年前后。第五个阶段从公元 1500 年到公元 1815 年。第六个阶段是从 1815 年到 1914 年。第七个阶段是从 19 世纪末 20 世纪初期开始至今。巴勒克拉夫将与这七个历史阶段相对应的世界发展状况分别称之为"早期人类的世界"、"最初的文明"、"欧亚的古典文明"、"划分为地区的世界"、"新兴的西方世界"、"欧洲统治时代"和"全球文明时代"。他明确指出，"今天我们显然处在欧洲时代之后的时代"。② 他认为第六个阶段也就是"欧洲统治时代"的终结可以看作是在 1914 年。1914 年爆发的第一次世界大战到 1917 年就演变成为世界战争，这标志着从"欧洲统治时代"到全球政治时期的过渡。③ 不过，巴勒克拉夫又指出，"欧洲统治时代"虽然终结，"全球文明时代"从何时开始是一个有争论的问题。他倾向于把 1870—1914 年"世界经济的形成"看作是"全球文明时代"形成的基础。④

巴勒克拉夫认为"欧洲统治时代"这一阶段应始于 1815 年。这说明巴勒克拉夫对所谓西方优势的认识要比西方世界史编撰中的传统观点更加贴近客观历史事实。巴勒克拉夫认为从 1500 年到 1815 年是世界史上的一个过渡时期，尽管新因素脱颖而出，欧洲社会基本上仍旧是领主和农奴的农业社会。与其说它接近欧洲面临的工业未来，不如说它更接近欧洲的农业阶段。18 世纪后半期，欧洲同美洲和亚洲的

---

① ［英］杰弗里·巴勒克拉夫主编：《泰晤士世界历史地图集》，第 153—295 页。

② Geoffrey Barraclough, ed., *The Times Atlas of World History*, New Jersey: Hammond, c. 1989, p. 254.

③ Ibid., p. 252.

④ Ibid., pp. 254–256.

贸易关系正在对欧洲本身的繁荣做出重要贡献,这种贸易关系开始为工业品提供巨大的市场,以交换欧洲不能生产的舶来品食物和原料。中南美洲的白银经西欧转运到亚洲使这个贸易圈连接在一起。亚洲需要的是白银,而不是货物,而只有用美洲的白银才有可能发展大规模的东西方贸易。甚至英国,虽然在国内日益接受金本位制,在1733年到1766年间也不得不花三千万英镑购买白银,以支付在印度和远东的货款。从19世纪开始,欧洲由于本身工业化力量的推动而在世界崛起。这一过程也就是"欧洲统治时期"一直持续到1914年。① 这里,巴勒克拉夫强调了两个问题,其一是欧洲和世界其他地区的力量对比发生转变是在19世纪初期;其二是欧洲由于本身工业化力量的推动而在世界崛起,这样实际上是区分了15世纪资本主义萌芽和19世纪工业革命的不同历史意义。

　　巴勒克拉夫的上述观点获得了当代其他世界史或全球史学者研究的印证。例如,马克垚先生在其主编的《世界文明史》中指出,直到18世纪工业革命之前,西欧占主导地位的还是封建农业和封建特权,与中国的情况很相似。② 彭慕兰在《大分流:欧洲、中国及现代世界经济的发展》中指出,中国和欧洲之间的大分流发生在19世纪初,这以后两地经济发展的距离越来越大。③ 本特利对1500年之后世界历史的研究也表明欧洲在"早期近代"(16—18世纪)并没有形成对世界的统治,这一转折是在18世纪末期19世纪初期发生的。④ 可以说,巴勒克拉夫对1500年之后三个世纪中世界历史演变的认识在相当程度上是符合客观历史事实的。巴勒克拉夫认为这一阶段应始于1815年的观点不仅更加明确,而且也更加贴近历史事实。

　　巴勒克拉夫还对历史发展的动力问题进行了探讨。他认为,科学

---

① [英]杰弗里·巴勒克拉夫主编:《泰晤士世界历史地图集》,第153—207页。
② 马克垚主编:《世界文明史》中卷,北京大学出版社2004年版,第6页。
③ [美]彭慕兰:《大分流:欧洲、中国及现代世界经济的发展》,史建云译,江苏人民出版社2003年版。
④ 参见徐洛《评近年来世界通史编纂中的"欧洲中心"倾向》,《世界历史》2005年第3期。

和技术进步是推动人类社会发展的重要动力,地区之间的互相接触和文化交流则为商业、思想、技术、制度、宗教的传播提供了媒介。① 他指出了农业对人类社会发展的重大意义。农业不仅使人口的增长成为可能,而且还引起了村落共同体的出现,历史的连续性在任何地方都没有像农村那样明显。农业是对自然体系的人为改造,其生产体系需要较高的组织水平,其结果就是产生了更为复杂的社会。从近东传播到欧洲和印度的小麦和大麦、中国地区的小米和大米、中美洲和秘鲁的玉米,作为三个主要的谷类作物群,引起经济和社会的根本变化,而且使这种变化延续到以后的几千年。② 他分析了宗教在人类历史中的地位。世界性的文明的发生需要有世界性的宗教。世界不同地区的宗教思潮群起于公元前6世纪或其前后。所有伟大的世界性宗教都发源于亚洲,其中的犹太教、基督教和伊斯兰教三者又都发源于西亚一个很小的地区。世界性的宗教提供了把先前分散的世界各地区结合起来的纽带。③ 巴勒克拉夫还分析了日益向普遍发展的人类交往在世界历史进程中的重大意义。欧洲人的地理发现不仅打开了观察地球的崭新视界,而且带来人类各种族全球性的重新分配和一些具有头等重要性的动物、植物的传播。人种的传播相应地引起宗教、动物、植物和粮食作物的传播。1500年以后,地区经济的专门化和增进海上运输相结合,使数量有限的中世纪奢侈品贸易有可能逐渐转变成以新的必需品为主的近代大规模贸易。到19世纪,由于苏伊士和巴拿马运河的开放和加拿大、美国、西伯利亚和非洲的横贯大陆铁路的建筑,先前相互隔绝的贸易区和贸易线最终合成一个世界规模的单一经济。④ 世界经济在1870年到1914年表现出紧密联结成为一个单一的、相互依赖的整体的形势,这一过程的中心是欧洲和美国,各种冲击的力量从欧洲向外扩展。与世界经济形成具有密切联系的三个要素分别是交通工具的发展(以铁路和海运为主,公路、运河和内河航运在一些地

---

① [英]杰弗里·巴勒克拉夫主编:《泰晤士世界历史地图集》,第69页。
② 同上书,第31—38页。
③ 同上书,第72—73页。
④ 同上书,第155页。

区也起着重要的作用)、对外贸易的发展和国外投资的发展。[①]

巴勒克拉夫注重研究世界各大文明及其联系和相互影响,同时强调不能忽略历史上的文明中心以外的各个民族,指出他们对历史的影响比一般估计的更为意义深远。[②] 从他的具体论述中可以看出,巴勒克拉夫实际上承认人类历史在发展过程中存在不同的中心。例如,最初的文明是在底格里斯河和幼发拉底河流域、尼罗河流域、印度河流域以及黄河流域这四个地区各自独立兴起的。[③] 公元7世纪中期,伊斯兰教是世界上最活跃的文明,是古代希腊精神的真正继承者;与此同时,美洲、东南亚和非洲都出现了朝气蓬勃的新文明区;相比起来,欧洲则处于落后状态。[④] 在公元13世纪,中国是世界上最强大的国家,中国的文化是世界上最光辉的,其科学和技术也远甚于同时代的欧洲。[⑤] 到15世纪下半期,欧洲才开始与世界其他文明并驾齐驱,不过也还被奥斯曼土耳其扩张的文明所掩盖。[⑥] 1815年到1914年这个历史阶段才是"欧洲统治时期"。[⑦] 此后欧洲均势向全球文明时代转变。在这一新的全球文明中,全球各大陆都将发挥各自的作用。这实际上是一种人类文化多中心的态度。

尽管巴勒克拉夫不是马克思主义者,但马克思主义对他的影响是明显的。通过《当代史导论》和《泰晤士世界历史地图集》这两部作品,巴勒克拉夫在全球范围内描绘了人类历史演变的宏观图景。我们可以看出,在全球史编撰中,巴勒克拉夫一方面希望能够揭示世界历史演变的整体框架,另一方面希望能够揭示长期以来人类社会发展中表现出来的各种重大问题或者说转折点,进而建立起世界历史的宏观体系。其思路是从全球视野出发,在考察规模较大的综合体单位

[①] [英]杰弗里·巴勒克拉夫主编:《泰晤士世界历史地图集》,第256页。
[②] 同上书,"前言",第13页。
[③] 同上书,第51页。
[④] 同上书,第97页。
[⑤] 同上书,第127页。
[⑥] 同上书,第97页。
[⑦] 同上书,第207页。

（如地区、文明、规模较大的国家）的基础上，力图说明不同的国家、地区和文明之间的差异以及它们之间的相互作用，探索超越政治和文化边疆的相互联系和相互关系，关注不同地区的人类所面临的问题和对这些问题的不同反应。换言之，巴勒克拉夫努力尝试去阐释"世界历史的本质"。总之，《当代史导论》和《泰晤士世界历史地图集》反映出巴勒克拉夫尝试对世界历史发展做出宏观的、整体的考察和阐释的一种努力，虽然其中还存在一些不尽如人意的问题，但这种努力是值得肯定的。

第六章

巴勒克拉夫全球史研究的价值与局限

一 经济全球化时代的国际政治现实：以欧盟为例

冷战结束以来，世界形势发生了新的变化。在生产力发展和科学技术不断进步的前提下，世界各国在经济、文化、政治、生态、环境、信息等方面联系日益紧密、相互依存程度日益加深。各国利益日益深刻地融入世界。网络信息技术和现代化的文化传播方式突破了国家地理边界或边疆的限制，渗透到人类社会生活的各个层面，深刻地改变了人们的生活方式。在经济全球化进程中，资本进行着全球流动，跨国公司向全球扩张，发达资本主义国家主导着世界经济和世界市场。经济全球化一方面给世界各国提供了发展的机遇，一方面也使传统国家主权理论不可避免地遭受冲击和挑战，出现了所谓"人权高于主权"、"国家主权过时论"、"国家主权终结"、"民族国家终结"、"国家主权让渡论"等五花八门的"理论"。例如，在福山的"历史终结论"之外，美国有学者近来提出关于欧洲历史已经终结的理论，这个理论认为，在欧洲建立国家联盟，转而采用和平手段来解决国际争端后，外部的国家冲突已不可能在欧盟范围内出现；由于欧洲大多数国家已实行带有"社会主义"性质的福利国家的政策，欧洲内部也不可能再有阶级斗争了，欧洲的历史因此处于终结状态；而在美国，它在社会制度的发展上还未能达到欧洲那样完善的"福利国家"的发展阶段；对外，美国是人类历史上最新崛起的超级强国，它还处在试图把其强大的军事力量和政治意图投射到世界其他地区的进程中，与美国相关的故事还在展开,它的历史因而还未终结。① 这些花样翻新、粉墨登场的"理论",一方面表明了持论者的不同立场,另一方面也警示人们要透过纷繁复杂的表面现象,深刻把握世界历史的发展变化和当前国际政治的本质现实。欧洲不仅是现代民族国家的诞生地,也是现代国际关系体系的发源地,而且"二战"后在区域一体化领域取得长足发展。此处不妨以欧盟为例,对经济全球化进程中国家主权与边界的统一性及重要性加以分析。

在欧盟一体化进程中,边界功能的弱化比较突出地表现在成员国经济利益边界和领土边界的开放两个方面。前者主要体现为欧元区,建设采用统一货币的欧元区是欧盟经济一体化的重大成就之一,欧元于1999年1月1日正式启用。后者主要包括申根区和"开放天空"两项内容。取消内部边界的申根区是欧盟一体化的又一重要成就。1985年6月14日,法国、联邦德国、比利时、荷兰和卢森堡五国在卢森堡的边境小镇申根签署了"关于逐步取消边界检查"的《申根协定》(也称《申根协议》),加入该协定的国家即为申根国家,成员国整体又称"申根区"。《申根协定》要求取消相互之间的边境检查点,建立共同外部边界并协调对申根区之外的边境控制。签字国公民可以任意出入签字国的国境而无需办理签证手续;外国人只需取得申根区任一国的签证,便可在签证有效期内在协定签字国领土上自由通行,也可以在任何一个申根国家入境通行。另外,欧盟还在"开放天空"领域进行了探索。1986年,欧共体成员国签署了《单一欧洲法令》,提出要采取措施在1992年12月31日之前逐步建成内部市场,以保证货物、人员、服务与资本的自由流动。内部市场也包括航空运输部门,欧盟理事会从1987年开始出台了航空运输的三套一揽子方案,随着1997年第三套方案的完全实施,欧盟实现了内部航空运输管理体制的自由化。在理论上,欧盟各个成员国的领空似乎已经组合成一个单一的领空,第三套方案将整个欧盟领空视为一个国内航空运输市场,这几乎已经颠覆了《芝加哥公

---

① 何平:《比较史学的理论方法和实践》,《史学理论研究》2004年第4期。

约》建立的领空概念。① 2007年4月，欧盟还与美国签署了《欧美航空运输协定》，统一适用于欧盟27个成员国，确认了欧盟航空运输部门的一体化，该协定贯彻了"开放天空"理念，推动了跨大西洋航空市场进入新的历史阶段。②

作为世界上一体化程度最高的地区，欧盟从根本上说仍然是一个主权国家联盟。欧洲国家联合进程中所发生的边界弱化现象表现出三个明显特点。首先，从整体来看，欧盟国家的边界功能虽然弱化，但是成员国之间仍然存在着明确的利益边界，国家利益是各成员国处理与欧盟之间关系和相互之间关系的基础。战后欧洲的联合从经济联合开始，逐步向政治、外交、军事等领域扩展。半个多世纪以来，欧盟经济一体化的成就是显著的，但是从经济一体化向政治、外交、军事等领域的一体化扩展，道路是艰难的。1954年8月法国国民议会否决《欧洲防务共同体条约》，原因就是反对派认为该条约损害法国的民族独立和主权完整。为了消除成员国对欧盟蚕食各国主权的担心，1993年11月1日生效的《马斯特里赫特条约》就不得不以中性的联盟来取代传统的联邦与邦联，从而回避关于未来政体的争论。政治一体化的核心是共同外交与安全政策，作为欧洲共同防务和军事一体化建设阶段性成果的欧盟共同外交与安全政策，也由于各成员国不愿放弃对本国外交与安全事务的控制权而进展缓慢。2005年欧盟的"制宪危机"是其成立以来最严重的一次危机，《欧盟宪法条约》在法国与荷兰遭到否决，一体化进程陷入停滞状态。在艰难的谈判与协商之后，2007年12月，欧盟成员国签署了《里斯本条约》，从形式上结束了这次"制宪危机"。《里斯本条约》保留了《欧盟宪法条约》中的机制改革等内容，但去除了带有超国家联邦色彩的欧盟外长、盟歌、盟旗等内容。《里斯本条约》已经在除爱尔兰之外的26个欧盟成员国获得议会通过（在2008年6月却遭到爱尔兰全民公投否决）。否决原因就是爱尔兰人担心该条约在税收、中立地位、堕胎立场和劳工权利方

---

① 黄涧秋：《"开放天空"：欧盟航空运输管理体制的自由化》，《欧洲研究》2009年第2期。

② 同上。

面损害本国利益，侵犯爱尔兰的国家主权。

一体化进程中的历次危机表明，各国对自己的国家利益均有明确的认识，都在一体化进程中努力捍卫甚至扩大自身的利益，欧盟已经暴露出决策效率低下、凝聚力减弱等问题。因其利益出发点不同，欧盟成员国划分为不同的利益阵营。2004年欧盟东扩前的15个成员国即奥地利、比利时、丹麦、芬兰、法国、德国、希腊、爱尔兰、意大利、卢森堡、荷兰、葡萄牙、西班牙、瑞典、英国被称为欧盟老成员国。新入盟的十个中东欧国家即匈牙利、波兰、捷克、斯洛文尼亚、斯洛伐克、爱沙尼亚、立陶宛、拉脱维亚、马耳他、塞浦路斯则被称为欧盟新成员国。新老成员国之间、大国之间、大国与小国之间存在着分歧甚至矛盾。例如，为了加强欧盟内部团结、协调应对金融危机立场而举行的欧盟27国首脑峰会，因为成员国之间的矛盾而不得不分次进行，东欧九国提前举行一次峰会，然后27国再召开峰会。这被视为在欧盟内部东西欧之间裂痕的加深。

欧盟本身是欧洲民族国家寻求利益最佳结合点的产物，现实已经说明，倘若找不到这个利益最佳结合点，一体化进程就无法获得突破性进展。国家主权让渡的矛盾始终是困扰欧盟的一个根本性问题。正因如此，《里斯本条约》所做出的重大调整之一，就是在《罗马条约》的"第一部分　原则"中插入了一编（"第一编　联盟职能的类别与领域"），将欧盟职能区分为欧盟所专有的权力、与成员国分享的权力、协调成员国行动的权力、支持和补充成员国行动的权力等类，并做了详细的列举；凡此之类的举措，很显然是为了平息成员国对权力愈来愈向欧盟集中的担忧；而在接纳了多个新成员国之后，欧盟也需要调整内部的权力平衡，包括成员国之间、成员国与欧盟之间以及欧盟各机构之间的权力平衡，以保证必要的决策效率。[①]

国家利益的分歧或矛盾甚至导致各成员国对欧盟对外扩展方向的歧异。例如，德国主张欧盟东扩，在地缘上，随着欧盟东扩、边界向东推移，德国就从欧盟边缘地带国家变成欧盟的核心地带国家。而

---

① 戴炳然：《解读〈里斯本条约〉》，《欧洲研究》2008年第2期。

且,中东欧地区还有利于德国投资、销售和使用廉价劳动力资源。德国可以说是欧盟东扩最大的受益国。法国主张欧盟南扩,希望欧盟向地中海沿岸国家扩展,建立包括南欧、北非和部分中东国家在内的地中海联盟。对形成新的"德国集团"的担忧,是法国主张南扩的一个重要原因。

其次,欧盟虽然对内开放边界,但对外仍然严密保护自身的边界安全。例如,按照相关规定,从2008年1月1日开始,欧盟老成员国和新成员国之间取消边界。这样,德国与波兰,斯洛伐克和匈牙利、奥地利与捷克之间均可实现自由流通。但是,与此相对应的是,新成员国与欧盟以外的东欧国家相接壤的边界地区受到了欧盟的严格保护。例如,斯洛伐克与乌克兰之间的边境警察从过去的300人增加到近800人,而且还添置了大型扫描仪、越野车、雪地车以及新的电脑系统。通过这个新的电脑系统,整个欧盟范围内的边防警察可以互通信息和数据,两国之间的南部边界安装了监视摄像机和探照灯。因此有人戏称这里为一个新的铁幕是毫不奇怪的。[1]

欧盟对自身边界的认识是清晰的。2003年12月出台的欧盟安全战略报告《更美好世界中的欧洲安全》表明,欧盟的战略边疆超越其地理边界,中东、地中海和东欧等周边国家的稳定与欧盟的战略安全利益是一致的。[2] 这表明了欧盟对外部边界安全的重视。2008年7月,欧盟27个成员国与埃及、阿尔及利亚、以色列、约旦等16个地中海沿岸非欧盟成员国家举行了首届地中海峰会,地中海联盟形成。建立欧洲—地中海自由贸易区的设想虽好,但双方在历史文化、民族宗教、发展水平、价值观念等方面的差异与分歧都是显而易见的。这些因素将直接影响地中海联盟的发展方向。

再次,在欧盟内部,成员国虽然在一定条件下开放了自己的领土边界和经济利益边界,但仍然坚守本国的语言、历史、文化传统等无形边界。欧洲各国语言和文化不同,在经历了多次东扩之后,欧盟内

---

[1] http://www.dw-world.de/dw/article/0,2790640,00.html.
[2] *A Secure Europe in a Better World*, December 2003. http://www.consilium.europa.eu/.

部的文化更加多元化。目前一体化已经深入到欧洲的文化层面,各成员国都不愿意在一体化进程中丧失自身的文化独立性,纷纷采取措施通过语言、文字、艺术、民俗等强化自身的民族凝聚力和文化影响力。以法国为例,20世纪60年代,戴高乐就提出要建立"法语共同体"。"法语国家组织"成立于1970年,21个法语国家的代表签署了成立文化技术合作局文件。80年代中期以后,法语国家首脑会议开始实现机制化,其主要议题包括维护法语的世界地位、加强法语国家和地区之间在语言、文化、科技等领域的交流与合作。为了在英语文化的强势冲击下维护法国文化的独立性,法国前总统希拉克曾经指出经济全球化时代应拒绝单一语言和文化模式垄断世界,要捍卫法语以维护法语国家的自身特性。法国政府每年投巨资用于文化设施,多次组织境外文化展览、文化交流、设立境外学校。法国希望通过整合分布在世界各地的法语力量形成语言和文化上的凝聚力,进而获取政治、经济等方面的利益,在欧盟和世界范围内提高法国的影响力和话语权。鉴于英语日益成为欧盟通用语的趋势,法国人组织了欧洲法律语言委员会,试图将法语升格为欧盟法律基准语言(也就是20多种欧盟官方语言中的第一语言),许多人认为这是为法语在扩大了的欧盟中地位下降所做的最后拼死一搏。①

　　半个世纪以来,欧洲联合的成就是显著的,欧盟已经成为世界上一体化程度最高的国家联合体,并不断对外扩散影响。安德鲁·莫劳夫奇克指出,欧盟拥有当今世界上成本效益比最高的力量投射方式,即欧盟成员国资格,自冷战结束后,许诺给予欧盟成员国资格,欧盟称之为"吸引力",在把和平、繁荣和民主播撒到其周边的十多个国家中扮演了决定性作用,只需将欧盟的成功和美国在伊拉克的民主化尝试加以比较,就可看出其成功之处。② 不过,欧盟内部机制的弊端也在一体化进程中暴露出来。对此,德国前总理赫尔穆特·施密特阐释得颇为透彻,他在《不在其位》一书中指出,欧盟在超过70个工

---

① http://eu.youth.cn/news/lzom/200704/t20070410_532021.htm.
② [美]安德鲁·莫劳夫奇克:《〈欧洲的选择〉对亚洲地区一体化的启示》,赵晨译,《国际政治研究》2008年第2期。

作领域内实施"一致通过"原则,这个在1991年制定《马约》时就应该解决的问题一方面在更深的程度上使欧盟处于无行动能力的状态,另一方面也导致欧盟委员会和部长理事会将大量精力花费在次要或不重要的领域,结果发展出了一套让人难以看透和理解的官僚主义式的繁琐规则;如果欧盟不能在内部机制上取得进步,那么今后对欧盟来说,最为现实可行、最低的目标也只能是拆除成员国间的关税壁垒,其他所有想要超越这一目标的努力和愿望将只是一个幻想,最终欧盟可能会沦为一个纯粹的自由贸易区;美国政界那些倾向霸权和帝国路线的势力是十分欢迎欧盟以这种方式衰落的,因为在这些人看来,一个强大而富于行动能力的欧盟是横在美国独步天下战略意图前的障碍。[1] 欧盟这个主权国家联合体究竟向何方向发展,一体化究竟可以进行到何种程度,世人皆拭目以待。事实上,始于2007年夏的美国次贷危机引爆了发达国家的主权债务危机,并很快演变为资本主义世界的全面危机;2015年欧洲遭遇前所未有的难民危机;2016年英国公投决定脱离欧盟,这些复杂因素均对欧盟的发展造成不利影响。

综上所述,经济全球化时代存在着这样两个客观事实:一是欧洲发生的国家主权让渡现象往往是国家经济、外交、司法与民政等方面主权的部分让渡,而让渡部分主权的前提是坚持国家主权平等原则,目的则是更好地促进和维护国家利益;二是以美国为首的西方发达国家凭借自身在国际政治、经济格局中的优势地位,极力维护自身的主权和利益。这就充分说明,主权国家在国际关系体系中的地位虽然受到经济全球化进程的冲击,但是,国家、主权和领土的统一性并没有发生变化。国家利益是民族国家制订对外政策的基点。维护本国利益是民族国家最本质的特征。维护国家边界安全的目的是维护国家的利益和保卫国家主权。国家边界在法律、税收等领域的某些具体功能虽然可能弱化,但其根本功能没有发生变化,维护自身国家主权和国家

---

[1] 赵柯:《欧洲的未来:梦想与现实之间——评赫尔穆特·施密特新著〈不在其位〉》,《欧洲研究》2009年第2期。

利益的本质属性没有丝毫的改变。因此，经济全球化进程不仅不能否定国家主权和国家边界的重要性，而且促使国家从多角度、多领域出发，不仅要维护自身的有形边界，而且要维护自身的无形边界，进而在复杂的国际环境中更好地维护自身在经济、政治、文化、信息、科技等领域的主权和战略利益。从学术研究的角度而言，对当前的国际政治现实具有清晰的认识，才能更加深刻地把握世界历史发展的内在趋势，更加科学地认识和评判"二战"后西方历史学取得的成就和存在的问题。

二 从马克思世界历史理论出发分析全球史

历史的车轮滚滚前行，转瞬已经是 21 世纪，世界面貌发生重大变化，历史学自身也在不断演变。在经历了从传统史学到新史学的变革之后，20 世纪后期，历史学遭遇了后现代主义的挑战。后现代历史编纂学理论的基本观点是要否认历史著作所谈的乃是真实的历史过去，罗兰·巴尔特和海登·怀特都肯定地说，历史编纂学和小说（虚构）并无不同，它无非是小说的一种形式。[1] 这很明显是一种极端观点。西方学术界对此也有一定程度的认识。有学者认为，后现代主义的挑战虽然对历史学的思想和写作造成了重大的冲击，然而并未摧毁古老的概念与实践的连续性，尽管历史学家们在他们对科学权威的信仰上变得越发的小心翼翼，然而他们却是怀着这一信念在进行工作的，即历史学家研究的是一个真实的而非想象中的过去，而这个真实的过去虽则只有通过历史学家心灵的媒介才能够接触到，但它却要求遵循学术研究的逻辑的方法和思路，科学精神在实践中一直坚持了下来。[2] 还有学者指出，在整个社会科学领域，对人类历史的"宏大叙

---

[1] [美] 格奥尔格·伊格尔斯：《二十世纪的历史学——从科学的客观性到后现代的挑战》，何兆武译，山东大学出版社 2006 年版，第 123 页。

[2] 同上书，"绪论"，第 11—12 页。

事"的重建和重构,仍有一种日益增长的要求,① 人们普遍认为需要发展一种世界范围的历史以便揭示人类活动的复杂性和多样化。这样的情况表明,经济全球化时代中的历史学不仅受到了来自多方面的挑战,而且也面临着崭新的发展机遇。为了建立更加科学的世界史体系,从国际范围来看,历史学研究者不断跋涉在探索的道路上。对一种真正世界史抑或全球史的需要,已经成为经济全球化时代史学家们的共识,但是还需在理论和实践两方面进行深入的探索。

实际上,只要历史学家开始从事具体研究,就会意识到自己的工作面临三个方面的要求,这就是历史观、方法论和价值判断体系。如果没有科学的历史观、方法论和价值判断体系,研究者的设想与其研究结果就会南辕北辙。这就凸显了在新的时代条件下坚持和发展唯物史观的重要性与必要性。唯物史观是关于人类社会发展规律的科学,是科学的社会历史观和一般方法论。马克思世界历史理论以唯物史观为基础,从历史向世界历史的转变这个命题入手,深刻阐释了世界历史形成和演变的内在规律,并且为当代的世界史或全球史的研究和编撰提供了具有方法论意义的科学指南。正是在这个意义上,笔者以为,马克思世界历史理论为研究包括巴勒克拉夫在内的西方全球史提供了基本的理论工具。

作为一个概念来说,"世界历史"由来已久。但是,世界史不是过去一直存在的;作为世界史的历史是结果,② 这种论断却是马克思和恩格斯的理论创新。马克思世界历史理论是对历史本质和人类社会发展规律的严肃探索和科学论断。它从客观历史整体的高度深入考察并论证了人类社会在生产力推动下由较低阶段向较高阶段、由分散向整体的发展趋势,指出这种趋势就是从民族性和地方性的历史向普遍性和世界性的历史的发展和转变,世界历史的未来就是共产主义,人类本身则同时从地域性的封闭条件下的个人向世界历史性的自由发展的个人转变。

---

① [英]巴里·布赞、理查德·利特尔:《世界历史中的国际体系——国际关系研究的再构建》,刘德斌主译,高等教育出版社 2004 年版,第 44 页。

② 《马克思恩格斯选集》第二卷,人民出版社 1995 年版,第 28 页。

马克思世界历史理论是时代的产物。在 1500 年以来特别是 18 世纪工业革命以来社会历史发展的客观现实的直接影响下，马克思通过对关于世界历史的传统思想的批判继承，并且在充分吸收历史学、哲学、经济学等领域研究成果的基础上，最终创立了马克思世界历史理论。马克思世界历史理论萌芽于 1843 年的克罗茨纳赫时期。后来，在《〈黑格尔法哲学批判〉导言》中，马克思明确使用了"世界历史"的概念，他指出：历史不断前进，经过许多阶段才把陈旧的生活形式送进坟墓。世界历史形式的最后一个阶段就是喜剧。[①] 在《1844 年经济学哲学手稿》中，马克思指出，所谓世界历史不外是人通过人的劳动而诞生的过程，是自然界对人来说的生成过程，所以，关于他通过自身而诞生、关于他的产生过程，他有直观的、无可辩驳的证明，只有在工业时代，私有制才能完成它对人的统治，并以最普遍的形式成为世界历史性的力量。[②] 也就是说，世界历史是人类整体的历史和人类活动的产物。马克思世界历史理论在 1845 年的《德意志意识形态》中得到全面和系统的阐述。马克思在其中多次使用了"世界历史性的"、"世界历史性的存在"、"世界历史意义的"和"世界市场"、"普遍的"、"全面的依存关系"等概念。他指出，各民族和国家通过普遍交往，实现相互联系和相互依存并使世界整体化的历史，就是世界历史。19 世纪 50 年代以后，马克思不断对世界历史进行理论探讨，这在《资本论》和他对东方社会发展道路问题的研究中都有体现。直到晚年，马克思对世界史各种问题的研究在他的科学研究中占有重要地位。他把历史过程作为人类所创造的历史的实际进程来研究，始终主张只有仔细研究具体的事实才能了解真正的历史。[③]

首先，马克思世界历史理论阐明了世界历史形成的根源与动因，这就是社会生产力的发展和它所导致的分工与交往的发展。世界历史的形成是人类社会生产力发展的必然结果，是在生产力发展推动下的

---

① 《马克思恩格斯选集》第一卷，人民出版社 1995 年版，第 5 页。

② 马克思：《1844 年经济学哲学手稿》，人民出版社 2000 年版，第 77—97 页。

③ 马克思：《卡尔·马克思历史学笔记》，中央编译局马列著作编译部译，中国人民大学出版社 2005 年版，"译者前言"。

客观历史进程。历史向世界历史的转变,不是"自我意识"、宇宙精神或某个形而上学怪影的某种纯粹的抽象行动,而是完全物质的、可以通过经验证明的行动,每一个过着实际生活的、需要吃喝穿的个人都可以证明这种行动。① 资本主义大工业的发展首次开创了世界历史,因为它使每个文明国家以及这些国家中的每一个人的需要的满足都依赖于整个世界,因为它消灭了各国以往自然形成的闭关自守的状态。② 生产力的发展、社会分工和地区间交往的扩大冲破了地域性的壁垒,促进了各个民族之间的普遍交往,使世界连为一个整体,推动了从地域性历史向世界性历史的转变。各个相互影响的活动范围在这个发展进程中越是扩大,各民族的原始封闭状态由于日益完善的生产方式、交往以及因交往而自然形成的不同民族之间的分工消灭得越是彻底,历史也就越是成为世界历史。③ 因此,马克思指出,世界史不是过去一直存在的;作为世界史的历史是结果。④ 生产力的发展促进了交往的扩大,交往的扩大则有利于生产力的保持,两者相辅相成。只有当交往成为世界交往并且以大工业为基础的时候,只有当一切民族都卷入竞争斗争的时候,保持已创造出来的生产力才有了保障。⑤

  第二,马克思从经济因素入手,对"中世纪以来私有制发展的时期"进行了划分,实际上是在1500年前后到1845年的三百多年的时间内,把世界历史划分为三个时期。第一个时期是欧洲中世纪后期,随着美洲和通往东印度的航线的发现,交往扩大了,工场手工业和整个生产运动有了巨大的发展。从那里输入的新产品,特别是进入流通的大量金银完全改变了阶级之间的相互关系,并且沉重地打击了封建土地所有制和劳动者;冒险的远征,殖民地的开拓,首先是当时市场已经可能扩大为而且日益扩大为世界市场,——所有这一切产生了历

---

① 《马克思恩格斯选集》第一卷,人民出版社1995年版,第89页。
② 同上书,第114页。
③ 同上书,第88页。
④ 《马克思恩格斯选集》第二卷,人民出版社1995年版,第28页。
⑤ 《马克思恩格斯选集》第一卷,人民出版社1995年版,第108页。

史发展的一个新阶段。① 第二个时期开始于17世纪中叶，它几乎一直延续到18世纪末。商业和航运比那种起次要作用的工场手工业发展得更快；各殖民地开始成为巨大的消费者；各国经过长期的斗争，彼此瓜分了已开辟出来的世界市场，这一时期是从航海条例和殖民地垄断开始的。② 第三个时期，商业和工场手工业不可阻挡地集中于一个国家——英国，这种集中逐渐地给这个国家创造了相对的世界市场，因而也造成了对这个国家的工场手工业产品的需求，这种需求是旧的工业生产力所不能满足的，这种超过了生产力的需求正是引起中世纪以来私有制发展的第三个时期的动力，它产生了大工业——把自然力用于工业目的，采用机器生产以及实行最广泛的分工。③ 与这三个历史阶段相对应的历史内容分别是：世界市场的建立、对世界市场的瓜分和资本主义大工业的产生。对这三个发展阶段的分析说明各民族之间的相互关系取决于每一个民族的生产力、分工和内部交往的发展程度。④ 生产力的发展以及由此引起的分工和交往的发展，必然引起世界性的交往和普遍联系，进而形成世界历史。

第三，马克思认为应当批判地看待世界历史，客观分析其积极后果和消极后果。也就是说，要批判地分析资本主义在世界历史形成过程中的地位和作用。马克思指出，资产阶级在历史上曾经起过非常革命的作用，资产阶级，由于开拓了世界市场，使一切国家的生产和消费都成为世界性的了。⑤ 资产阶级在它的不到一百年的阶级统治中所创造的生产力，比过去一切世代创造的全部生产力还要多，还要大。⑥ 资产阶级对世界市场的开拓推动了世界历史的进程。但是，资本主义是一种扩张的制度，它推动历史向世界历史的转变是通过暴力和殖民压迫等方式实现的，是在广大相对落后的国家付出沉重代价的基础上

---

① 《马克思恩格斯选集》第一卷，人民出版社1995年版，第110页。
② 同上书，第111页。
③ 同上书，第113页。
④ 同上书，第68页。
⑤ 同上书，第274、276页。
⑥ 同上书，第277页。

实现的。因此，马克思在肯定资本主义积极的历史作用的同时，对资本主义的殖民主义进行了严厉谴责。而由资本主义开创的世界历史进程，明显地具有双重后果。其积极方面是世界历史的形成为人类的彻底解放创造了必要条件，其消极方面则是世界历史具有深刻的资本主义烙印，世界的整体发展出现失衡的现象。马克思世界历史理论强调指出世界各民族共同创造了世界的历史，这就鲜明地批判了"欧洲中心论"的资产阶级意识形态。

第四，世界历史的形成和发展为埋葬资本主义和最终实现共产主义创造了条件。马克思认为，虽然世界历史的形成是由资本主义开创的，但是世界历史的发展将突破资本主义，指向共产主义。无产阶级只有在世界历史意义上才能存在，就像共产主义——它的事业——只有作为"世界历史性的"存在才有可能实现一样。[1] 生产力和生产关系的矛盾运动决定了资本主义生产方式只是发展物质生产力并且创造同这种生产力相适应的世界市场的历史手段，而共产主义对我们来说不是应当确立的状况，不是现实应当与之相适应的理想，我们所称为共产主义的是那种消灭现存状况的现实的运动，共产主义只有作为占统治地位的各民族"一下子"同时发生的行动，在经验上才是可能的，而这是以生产力的普遍发展和与此相联系的世界交往为前提的。[2] 也就是说，资本主义的世界历史最终将被共产主义的世界历史所取代。

第五，马克思世界历史理论强调无产阶级的解放，以及人的全面、自由的发展。马克思把个人的自由解放与世界历史的发展结合起来，认为个人是未来世界历史的真正主体，每一个单个人的解放的程度是与历史完全转变为世界历史的程度一致的。[3] 也就是说，历史越是转变为世界历史，个人也就越是获得更大程度的解放，每个人的自

---

[1] 《马克思恩格斯选集》第一卷，人民出版社 1995 年版，第 87 页。
[2] 《马克思恩格斯全集》第二十五卷，人民出版社 1962 年版，第 279 页；《马克思恩格斯选集》第一卷，人民出版社 1995 年版，第 87、86 页。
[3] 《马克思恩格斯选集》第一卷，人民出版社 1995 年版，第 89 页。

由发展是一切人的自由发展的条件，① 而这正是共产主义的根本原则。只有实现了共产主义，单个人才能摆脱种种民族局限和地域局限而同整个世界的生产（也同精神的生产）发生实际联系，才能获得利用全球的这种全面的生产（人们的创造）的能力。②

从方法论的角度来说，马克思世界历史理论是从生产力和生产关系的矛盾运动入手，分析历史的发展变化，进而揭示了人类社会发展演进的一般规律。由于马克思的辩证法是批判性和革命性的，所以马克思对世界历史的研究是建立在批判基础上的，并且从现实世界出发，通过批判努力发现和建立"新世界"，从而形成了马克思特色的世界历史理论。"辩证法在对现存事物的肯定的理解中同时包含对现存事物的否定的理解，即对现存事物的必然灭亡的理解；辩证法对每一种既成的形式都是从不断的运动中，因而也是从它的暂时性方面去理解；辩证法不崇拜任何东西，按其本质来说，它是批判的和革命的"。③

从价值目标的角度来说，马克思世界历史理论研究的目的在于指明人类获得彻底解放的道路。马克思在论证了历史向世界历史转变的必然性的基础上，从生产力和生产关系矛盾运动入手，论证了世界历史必然从资本主义阶段向共产主义阶段发展。这在以往的世界历史研究中是从未有过的。通过这种做法，马克思把自己同以往对世界历史进行纯粹哲学的理论探讨的研究者严格区分开来。例如，黑格尔对世界历史的解读就是在哲学逻辑演绎的体系内进行的，结果形成了形而上学的世界历史理论，认为世界历史是精神在时间里的发展。马克思世界历史理论的创立标志着对这种唯心主义历史观的突破。"人们的意识决定于人们的存在而不是相反，这个原理看来很简单，但是仔细考察一下也会立即发现，这个原理的最初结论就给一切唯心主义，甚至给最隐蔽的唯心主义当头一棒。关于一切历史的东西的全部传统的

---

① 《马克思恩格斯选集》第一卷，人民出版社1995年版，第294页。
② 同上书，第89页。
③ 《马克思恩格斯全集》第二十三卷，人民出版社1972年版，第24页。

和习惯的观点都被这个原理否定了。"① 马克思从实践出发来解释观念的形成，充分证明了"世界史不是过去一直存在的，作为世界史的历史是结果"这一重要原理。

巴勒克拉夫在《当代史学主要趋势》中曾经指出，到 1955 年，即使在马克思主义的反对者中，也很少有历史学家会怀疑马克思主义历史研究方法的积极作用及其挑战。他认为，马克思主义作为哲学和总体观从五个主要方面对历史学家的思想产生了影响。首先，它既反映又促进了历史学研究方向的转变，从描述孤立的、主要是政治的事件转向对社会和经济的复杂而长期的过程的研究。其次，马克思主义使历史学家认识到需要研究人们生活的物质条件，把工业关系当作是整体的而不是孤立的现象，并且在这个背景下研究技术和经济发展的历史。再次，马克思促进了对人民群众历史作用的研究，尤其是他们在社会和政治动荡时期的作用。又次，马克思的社会阶级结构观念以及他对阶级斗争的研究不仅对历史研究产生了广泛影响，而且特别引起了对研究西方早期资产阶级社会中阶级形成过程的注意，也引起了对研究其他社会制度——尤其是奴隶制社会、农奴制社会和封建制社会——中出现类似过程的注意。最后，马克思主义的重要性在于它重新唤起了对历史研究的理论前提的兴趣以及对整个历史学理论的兴趣。② 巴勒克拉夫在对马克思主义理论的影响做论述时还指出，当代著名历史学家，甚至包括对马克思的分析抱有不同见解的历史学家，无一例外地交口称誉马克思主义历史哲学对他们产生的巨大影响，启发了他们的创造力；要否认马克思主义是有关人类社会进化的能够自圆其说的唯一理论，是很难办到的；也就是说，马克思主义是唯一的历史哲学，它对历史学家的思想产生了明显的影响，这并不是说马克思主义是教条，更不应当将马克思主义当作教条来使用；马克思本人反复强调，当他的原理与历史证据相抵触时，真正的问题才刚刚开始，历史学家应当根据历史证据来检验原理，而且在必要时修改原

---

① 《马克思恩格斯选集》第二卷，人民出版社 1995 年版，第 39 页。
② ［英］杰弗里·巴勒克拉夫：《当代史学主要趋势》，第 21—34 页。

理。① 在西方学术界被称为"新左派"或"新马克思主义"的沃勒斯坦，也承认他的世界体系分析"根植于许多重要的知识思潮"，其中就包括"马克思主义，特别是马克思的原著以及那些运用马克思主义来看待世界体系的学者们的著作"。②

马克思世界历史理论对西方历史学影响深远，对于人们今天认识和研究全球化和全球史具有积极的当代意义。不能充分理解世界历史的演变，自然无法知道当代世界从何而来并走向何处。马克思和恩格斯所处的时代处于资本主义自由竞争阶段。这一时期资本的全球扩张和全球化进程都相应地反映了资本主义自由竞争时期的特点。马克思之后，资本的全球扩张和经济全球化进程开始表现出新的特点。不过，资本主义的性质并没有发生根本的变化，而资本主义社会中的内在矛盾也没有根本解决。因此，马克思世界历史理论仍然是当代性的，其总体框架是科学的，体现出马克思和恩格斯对历史的深刻洞察。

正因如此，马克思世界历史理论往往被西方全球史学者用来对世界历史的演变及其本质进行分析，例如，从普遍交往的观点出发考察各文明之间的相互关系即所谓的跨文化互动。全球史的有关研究成果也证明了马克思世界历史理论的科学性。更重要的是，马克思主义是开放的体系，着眼于新的变化和新的实践不断发展和完善自身的理论，是马克思主义理论价值的基础和源泉，马克思世界历史理论的当代意义也正蕴涵在理论与实践的契合之中。也就是说，要想在当代世界中分析和定位西方全球史的发展，试图从马克思世界历史理论中寻求具体的答案是不可行的。只有在深入理解其理论精髓的基础上，并从其基本立场和观点出发，努力做出科学的理解和评判，才能确定全球史的发展趋势。

三 巴勒克拉夫对全球史研究的学术贡献

任何一个时代的历史学家，包括治学方法、学术观点、历史思想

---

① ［英］杰弗里·巴勒克拉夫：《当代史学主要趋势》，第208—209页。
② 王正毅：《世界体系论与中国》，商务印书馆2000年版，第1页。

以及据以完成的著述,其自身就是历史的产物。① 历史学的变革首先是历史观的变革,观念的变革是后续变革的前提条件。巴勒克拉夫的全球史观反映出20世纪中后期西方学者在全球化进程中对"欧洲中心论"的反思,也反映了当代世界范围内史学思想演变的趋向。

在巴勒克拉夫半个世纪的学术生涯中,他在身体和思想上都是一个全球漫游者;他是一个博学的、卓越的学者,也是一个穿越历史时空的不知疲倦的、孤独的旅行者。② 他的学术生涯具有鲜明的社会目的:"历史必须用科学精神来研究,并被灌注了社会目的。"③ 1947年,他指出,"当我们坐在原子弹的阴影之下,脸上带着勇敢的微笑,但心里却有不祥之兆,就像罪犯在执行死刑当天早晨一样——这是一个观察人类历史并求解的好机会"④。与他同时代的许多学者一样,巴勒克拉夫置身于一个道德被从政治中摒弃的世界,置身于一个历史经验要么因为不幸的结局而被曲解,要么因为悲惨的后果而被忽略的世界。⑤ 巴勒克拉夫的见解是要从"二战"后国际局势的客观变化出发,采取全球视野,对历史进行广泛的综合性研究。他对非欧洲事务和后来被称为第三世界的地区表现出明显的兴趣,努力去理解亚洲、非洲、拉美和其他社会的情况;20世纪40年代晚期,他以此为中心的论述,远远在大多数西方历史学家扩展自己观念之前。⑥ 可以说,在西方学术界,巴勒克拉夫是20世纪中期率先开始探索全球史问题并做出重大贡献的一位专业历史学家。

后人也许难以从根本上理解20世纪中叶世界剧变对人们造成的心理震动。作为一位严肃的历史学家,在历史学科遭受来自各方面的非议时,巴勒克拉夫从反思和批判的态度出发努力进行史学重建的工作。正如肯尼思·杜瓦指出的那样,巴勒克拉夫的贡献主要不在于理

---

① 吴于廑:《世界史学科前景杂说》,《吴于廑学术论著自选集》,第30页。
② Geoffrey Barraclough, *Main Trends in History*, Foreword, p. ix.
③ Ibid., p. 215.
④ Geoffrey Barraclough, *History in a Changing World*, p. 221.
⑤ Geoffrey Barraclough, *Main Trends in History*, Foreword, p. x.
⑥ Ibid., Foreword, p. xi.

论的创意性或者精致性,而是在于他观念上的活力及其激进表现,他在兴趣点和方法论上的转变证明了"二战"后历史编纂学的重新定向;20世纪70年代末期,尽管很多人不会同意巴勒克拉夫对出现历史编纂学上的牛顿的预期设想,但是大多数人可能都会同意历史学家已经带着对历史知识价值的新信仰从战后的重新评价中走出来了。[①]

尽管巴勒克拉夫并不是同时代历史学家中唯一为历史学复兴而努力的人,但是他做出了积极的贡献。巴勒克拉夫的全球史研究实践对西方传统历史学构成了重大挑战,同时也引发人们对全球史发展前景的深入思考。

首先,巴勒克拉夫的全球史观对西方传统世界史编撰的理论基础提出了根本性的挑战。西方传统世界史编撰的立足点和出发点就是众所周知的"欧洲中心论"。巴勒克拉夫强调指出,基于"欧洲中心论"对世界历史做出的解读不仅日益力不从心,而且明显与客观历史事实不符。但是,20世纪中期以后,西方主流历史学理论仍然没有摆脱"欧洲中心论"的束缚。因此,巴勒克拉夫对西方传统世界史编撰理论基础的挑战具有根本性质。王晴佳指出,面对动荡不安、复杂多变的世界局势,一些明智的历史学家如英国的巴勒克拉夫已经号召人们要对世界历史重新定向,他要求史学家摒弃狭隘的欧洲史,转而研究真正的世界史,即包括东欧、亚、非、拉美等地区的历史;历史学家要重新定向,历史哲学也需要重新整理。[②] 事实上,巴勒克拉夫所揭示的问题也就是西方世界史编撰中的主要缺陷,如果不做相应的修正,这个根本问题就无法得到解决。另外,巴勒克拉夫以自身的史学实践倡导全球史观,这顺应并推动了20世纪后半期史学变革的发展。"20世纪的历史是名副其实的世界史。"[③] 与新时代的出现相伴随的是新观念的产生。整体化的研究趋势是20世纪历史学发展的总趋势。

[①] Kenneth C. Dewar, "Geoffrey Barraclough: From Historicism to Historical Science", *Historian*, Vol. 56, No. 3, 1994, pp. 449-464.

[②] 王晴佳:《西方的历史观念:从古希腊到现在》,北京师范大学出版社2013年版,第225页。

[③] Geoffrey Barraclough, *Main Trends in History*, p. 2.

2007年，罗兰·罗伯逊、扬·阿特·肖尔特主编的《全球化百科全书》出版，书中指出：广泛一致的看法是：从全球化初期到全球化历史的转变，发生在第二次世界大战末期和冷战末期之间的"后殖民全球化"的历史时刻，最早注意到这一点的历史学家之一是杰弗里·巴勒克拉夫，他是一位杰出的研究中世纪和现代的历史学家，他将共同的历史理解为全球历史；当谈到"欧洲历史的终结"时，他在1955年声称，真正一体化的历史时期已经到来。①

巴勒克拉夫首倡的全球史观是20世纪世界史重构潮流中的杰出成果，这种全球性的观点在西方学术界有一定的代表性，在斯塔夫里阿诺斯《全球通史》等尝试用全球视野写作世界史的著作中均有所体现。巴勒克拉夫的著作鼓舞了欧美乃至整个世界的年青一代的学者。② 埃里克·方纳指出，近五十年前，巴勒克拉夫提出"近视性地集中关注个别国家"的历史是否能够有效地阐释"我们生活的世界"，对于美国历史学家来说，这个问题在今天更具有针对性。③ 在2011年出版、阿克塞尔·施耐德和丹尼尔·沃尔夫主编的《牛津历史写作史》第五卷《1945年以来的历史写作》中，尤尔根·奥斯特哈梅尔在第五章"世界史"中指出，巴勒克拉夫是第一批既具有西方传统背景、同时承认和欢迎近来对第三世界国家历史研究的巨大数量与创新力量的杰出史学家之一。④ 2015年马兹利什曾指出：巴勒克拉夫率先描绘出全球史的轮廓，他直觉地感知到什么是当今的全球史甚至新全球史，他的研究范围是惊人的，他在跨学科的多样性上令人印象非常深刻，如果巴勒克拉夫还活着并写作的话，他将是新全球史学家的领军人物（primus inter pares），虽然他死于1984年，

---

① [英]罗兰·罗伯逊、扬·阿特·肖尔特主编：《全球化百科全书》，中文版主编王宁，凤凰出版传媒集团、译林出版社2011年版，第300页。

② [英]杰弗里·巴勒克拉夫：《当代史导论》，张广勇、张宇宏译，上海社会科学院出版社1996年版，"代序"，第4页。

③ Eric Foner, "American Freedom in a Global Age", in Carl Guarneri and James Davis, eds., *Teaching American History in a Global Context*, Taylor & Francis, 2008, p. 235.

④ Axel Schneider and Daniel Woolf, eds., *The Oxford History of Historical Writing*, Volume 5: *Historical Writing Since 1945*, Oxford University Press, 2011, p. 103.

第六章　巴勒克拉夫全球史研究的价值与局限　　155

但他的工作在他身后仍然继续。① 可以说，20 世纪中叶以后，全球史观从世界历史编撰和具体历史问题研究等多方面都推动了西方历史学的发展。21 世纪以来，随着经济全球化的日益深入发展，全球史在世界各国史学界产生了广泛的影响，巴勒克拉夫的首倡之功，不容忽视。

其次，巴勒克拉夫的全球史研究框架对世界史编撰理论和方法的探索具有重大意义。世界史的萌芽虽然在古代历史学家的著作中就可以发现，但现代意义上的世界史学科成型的时间较晚，交叉的学科较多，而世界史研究的范围又非常广阔，所以世界史编撰在理论和方法上表现出复杂性和多元性。全球史是对世界史编撰理论和方法的一种重构。巴勒克拉夫探讨了全球史编撰中的理论和方法问题，其全球史研究实践展示出历史学家认识人类历史进程的全球性视野和宏观的历史思维，并为世界历史的研究指出了一种可以（可能）向之努力的方向。全球史的实践过程，也就是历史学家对世界历史的总体发展进行综合认识和整体思考的过程。如前所述，巴勒克拉夫在《变动世界中的历史学》中的很多见解是富有启发性的。虽然存在一些问题，但《当代史导论》、《当代史学主要趋势》和《泰晤士世界历史地图集》都堪称实践宏观世界史观念的比较成功的学术著作。这几部作品无论在结构设计还是在内容划分上，都尽可能地要体现出他所主张的全球性历史视野，从中我们可以看出巴勒克拉夫的良苦用心。

西方全球史学者的相关评述也可以与此印证。例如，杰里·H. 本特利认为，巴勒克拉夫的《当代史导论》从全球的角度描绘出当代史的一些主要的主题。② 本尼迪克特·斯图赫泰和埃克哈特·福克斯在《书写世界历史：1800—2000 年》中也将巴勒克拉夫的研究实践

---

① Bruce Mazlish, "Revisiting Barraclough's Contemporary History", in Bruce Mazlish, *Globalization and Transformation*, Transaction Publishers, 2015, pp. 103, 107, 111, 125.

② Jerry H. Bentley, "A Basic, Briefly Annotated Bibliography for Teachers of World History", in Heidi Roupp, ed., *Teaching World History in the Twenty-first Century*, Taylor & Francis, 2010, p. 169.

作为重要的考察对象。① 巴勒克拉夫撰写的《当代史学主要趋势》所具有的时代意义受到学界的重视。《全球史学史——从18世纪至当代》一书指出,从20世纪七八十年代开始,越来越多的历史学家把历史学视为一门严谨的科学;1976年,英国历史学家杰弗里·巴勒克拉夫受联合国教科文组织的委托,撰写一本有关当前史学趋势的综述,巴勒克拉夫说,计量研究无疑是当前历史学最强大的趋势,可以有各种因素把70年代的历史态度与30年代的历史态度区别开来,但它是最重要的因素。② 虽然正如哈里·狄金森指出,巴勒克拉夫过多地强调了计量史学,但是《当代史学主要趋势》这部著作仍然是介绍50年代至70年代末新型历史学研究发展的一部最优秀的著作,也是一部最基本的著作。③ 而且,巴勒克拉夫将马克思主义史学和历史学的新领域如史前史、非洲史、拉丁美洲史学、亚洲史学、第三世界历史研究现状都纳入了考察的视野,实际上开启了全球史学史研究的新路径。自此之后,如果对马克思主义史学和非西方世界的史学发展没有足够的重视,就不能称其为"全球史学史"了。伊格尔斯和王晴佳2008年出版的《全球史学史——从18世纪至当代》一书,正如其名,对1990年以后一些重要刊物的发展状况进行了考察,以此为指标说明史学趋势的变化,指出欧美的很多杂志都减弱了"欧洲中心论"的倾向,扩大了它们的研究主题;现在西方史学杂志的主要课题是新文化史、全球化、性和性别、种族等,拉丁美洲的史学杂志上发表的研究奴隶制度史和种族史的文章远远多于西方的史学杂志,撒哈拉以南非洲的史学杂志主要用全球的角度研究奴隶制度史和大陆之间的奴隶贸易、民族认同的形成,以及经济发展史,这说明历史研究的范围确实扩大了,从集中研究国家乃至集中研究西方转向研究世界上

---

① Benedikt Stuchtey and Eckhardt Fuchs, "Introduction: Problems of Writing World History: Western and Non-Western Experiences, 1800-2000", in Benedikt Stuchtey and Eckhardt Fuchs, eds., *Writing World History 1800-2000*, Oxford University Press, 2003, pp. 17-44.
② [美] 格奥尔格·伊格尔斯、王晴佳著,苏普里娅·穆赫吉参著:《全球史学史——从18世纪至当代》,第287页。
③ [英] 杰弗里·巴勒克拉夫:《当代史学主要趋势》,"序言",第V页。

的其他地区，以及社会和文化的其他方面。① 2011 年丹尼尔·沃尔夫出版的《全球史学史》也包含着对马克思主义史学的认识，②并用大量的篇幅来讲述世界不同地区史学传统的形成与交流。丹尼尔·沃尔夫还指出，全球史学史领域的一些早期努力值得注意，其中就包括巴勒克拉夫的《当代史学主要趋势》。③

再次，巴勒克拉夫对传统历史学的挑战不是一种割断，其全球史理论和实践是在充分吸收他人成果基础上的创新，同时也具有承上启下的学术启发意义。巴勒克拉夫通过全球史概念和框架对世界史体系的重构，不仅为历史学超越"欧洲中心论"的束缚开辟了宽广的视野，而且为世界史学科的发展提出了全球史这一重大线索，这无疑是为我们提供了重要的理论启迪，具有积极的学术价值。尽管巴勒克拉夫没能完全摆脱"欧洲中心论"的束缚，尽管我们对巴勒克拉夫阐释世界历史的某些观点和结论并不赞同，但是他所做的概括和整合尝试仍然具有积极意义。在巴勒克拉夫之后，西方史学界关于世界历史的一种更加整体化和综合化的历史视角建立起来了。

相应地，巴勒克拉夫的一些主要观点，成为西方全球史发展过程中的重要参考系。例如，巴勒克拉夫始终强调"真正的世界史"、"全球性的历史"才能满足人们探寻历史学实质性意义的目的。对此，帕特里克·曼宁提出：从最宽泛的意义出发，所有的历史研究现在都变成了世界历史，原因在于所有的历史学家现在都会关注跨学科的方法和历史联系。④ 尤尔根·奥斯特哈梅尔也认为，所有历史都倾向于成为世界史，世界是"一切环境之环境"，是所有历史事件及其叙述的可能的终极语境。⑤ 马兹利什指出：所有的历史都应该是某种形式的

---

① [美] 格奥尔格·伊格尔斯、王晴佳著，苏普里娅·穆赫吉参著：《全球史学史——从18世纪至当代》，第399—401页。

② Daniel Woolf, *A Global History of History*, Cambridge University Press, 2011, pp. 476-480, 483-486.

③ Ibid., p. 516.

④ [美] 帕特里克·曼宁：《世界史导航：全球视角的构建》，第13页。

⑤ [德] 于尔根·奥斯特哈默：《世界的演变：19世纪史》Ⅰ，强朝晖、刘风译，社会科学文献出版社2016年版，"绪论"，第1页。

全球史。① 又如，巴勒克拉夫强调要"放眼世界，展示全球，而且不带成见和偏私，公正地评价各个时代和世界各地区一切民族的建树"。② 帕特里克·曼宁则提出，"我并不主张世界历史上每个地区都地位平等且有同样的权利，但我确实认为世界历史学家们应当超越强权的局限，而去关注互动"③。再如，巴勒克拉夫对全球史中的通史研究与专题研究、宏观研究与微观研究之间关系的分析，他引用 J. B. 伯里的论述指出：除非我们能够确定事实的集合或罗列（collection of facts or sequence of facts）与整个现实体系（system of reality）的本质联系，否则它们没有丝毫的理论重要性。④ 西方全球史经过半个多世纪的发展，已经逐渐表现出建立在实证研究基础上的对进一步理论分析与整合的重视。正如尤尔根·奥斯特哈梅尔提出的，就其本质而言，全球史是一项理论性的事业，不能满足于单纯的描述，叙事不是理论的对立面，而是理论整合的有效媒介。⑤ 尤其值得注意的是，巴勒克拉夫强调世界历史要"探索超越政治和文化界限的相互联系和相互关系"⑥，可以将之与后世的全球史学者的观点对比一下。2015 年，迪戈·奥尔斯坦在《全球性地思考历史》一书中，指出全球史采用由全球化过程创造的相互联系的世界来作为它更大的分析单位，这个相互联系的世界为分析任何历史实体、历史现象或历史过程提供了最终背景；关键是试图把特定研究主题与全球化世界联系起来，无论其规模多大或多小。⑦ 2016 年，塞巴斯蒂安·康拉德提出，全球史注重全球一体化或全球层面的结构转换，与"全球的"这个术语最直接相关的关键词是"联系"，一系列相关术语如交换、交流、连接、纠缠、网络和流动，集中表达了跨越边界发生相互作用的流动性和波动性，将

---

① Bruce Mazlish, *Globalization and Transformation*, Transaction Publishers, 2015, p. 123.
② ［英］杰弗里·巴勒克拉夫主编：《泰晤士世界历史地图集》，"前言"，第 13 页。
③ ［美］帕特里克·曼宁：《世界史导航：全球视角的构建》，"前言"，第 4 页。
④ Geoffrey Barraclough, *Main Trends in History*, Holmes & Meier, 1991, p. 8.
⑤ James Belich, John Darwin, Margret Frenz and Chris Wickham, eds., *The Prospect of Global History*, Oxford University Press, 2016, pp. 25-27.
⑥ ［英］杰弗里·巴勒克拉夫：《当代史学主要趋势》，第 206 页。
⑦ Diego Olstein, *Thinking History Globally*, Palgrave Macmillan, 2015, pp. 144-145.

"联系"嵌入到全球范围内的结构转型过程之中,这是全球史方法的特点。[1]对相互联系的强调表明了西方全球史学者内部形成的一些共识,同时也佐证了巴勒克拉夫在学术判断上的前瞻性。

作为一个变动剧烈的历史时代中的代表人物,巴勒克拉夫全球史研究的意义也许更多地在于他提出了什么问题和为解决这些问题提供了何种可能的途径,而不是他到底解决了多少问题。在这个意义上,巴勒克拉夫最杰出的贡献就是在20世纪中期为西方史学界甚至整个国际史坛的世界史研究和编撰提供了一个新的出发点。这个出发点也许并不是唯一的,但它毕竟是重要的,因为它大大扩展了人们对世界历史的认识。正如巴勒克拉夫所说,历史学家的观点越是全球化,越是摆脱国家或地区的偏见,他就越是接近于获得能对当前有效的关于过去的观念。[2] 换言之,研究主体只有从实事求是的态度出发,才能更有效地触摸到历史真相。

四 巴勒克拉夫全球史研究的历史局限

实际上,正如有学者指出,巴勒克拉夫强调历史研究的"全球性",只是恢复了社会历史进程的本来面目,以及在此基础上强调历史研究从事实出发应有的研究思路和价值取向,在"欧洲中心论"占绝对统治地位的欧美史学界,这确实是不容易的。[3] 巴勒克拉夫的全球史观提供了对世界史的一种新观点和新视野。但是,构建一个充实有效的世界史理论框架,即能够说明人类历史在漫长时间和广阔空间中如何演变的框架,情况无疑是很复杂的。巴勒克拉夫在向世人展现他深邃的历史洞察力的同时,却无法提供一个充实精深的理论框架。尽管巴勒克拉夫探讨了全球史观在实践上的可能性,并竭力通过自己的史学实践去证明它,但是仍然可以看出,全球史的理想和现实之间

---

[1] Sebastian Conrad, *What is Global History?*, Princeton University Press, 2016, pp. 62-65.
[2] Geoffrey Barraclough, *History in a Changing World*, pp. 180-182.
[3] 于沛:《全球史观和中国史学断想》,《学术研究》2005年第1期。

存在着明显的距离。这正说明了个人总是受到所处历史时代和本身民族、政治或文化等立场的影响,巴勒克拉夫自己对此也有所认识,但他毕竟无法摆脱这种羁绊。

第一,虽然巴勒克拉夫积极探索了全球史的理论和方法问题,并且取得了比较显著的成果,但是,作为一种历史观念和社会意识形态,全球史观最根本的局限就在于它无法像马克思世界历史理论那样从生产和交往相结合的角度提供理论分析工具,也就是说,全球史强调了全球范围内的相互联系,但是没有深入挖掘各种联系背后的动力问题。所以,全球史观实际上更多的是一种把世界视为一个整体,并从宏观的、联系的角度出发考察人类社会演变的研究方法和历史思维。正如有学者指出的,虽然不同的国家和民族都从全球的角度考察世界的历史,但是对全球历史的认识,既不会得出全球同一的答案,也不会因"全球史"而代替各个民族和国家自己的历史;民族的多样性,决定了历史判断的多样性,即使在全球史的架构中,也不会改变这一基本事实。[①] 全球史编撰中"全球性"的实现依赖于研究主体是否具有宏观的历史视野,但研究主体本身毫无疑问都带有各自民族性和时代性的烙印,这就决定了全球史容易表现为研究主体各自的全球史。

第二,巴勒克拉夫的全球史研究实际上是以对历史考察的全球视角取代以往对历史进行考察的欧洲视角。巴勒克拉夫指出,对于大多数欧洲人来说,他们价值观的优越性以及文明发展不可阻挡的潮流是其信仰的主要内容,而欧洲文明的发展是以牺牲"停滞不前"的东方诸文明为代价的;今天,很难让人相信19世纪末新帝国主义轻易获得成功时所抱有的那些乐观盘算,人们对于欧洲有力量保持它们在世界中赢得的地位的自信,以及它们的自恃和欧洲文明优越感,看来只不过是一系列的幻觉而已。[②] 在历史学领域,这种研究方法在驳斥那些假定欧洲中心前提的各种论断方面自有其积极的学术价值,但是却

---

① 于沛:《全球史:民族历史记忆中的全球史》,《史学理论研究》2006年第1期。
② [英]杰弗里·巴勒克拉夫:《当代史导论》,张广勇、张宇宏译,上海社会科学院出版社2011年版,第42—44页。

无法从深层次上批判和清除已经在全世界范围内广泛传播，并且暗含在整个人文社会科学体系中的"欧洲中心论"。这里涉及的一个重要问题就是，非西方世界的历史学家虽然很自然地会基于自己的传统，从自己的立场出发开展研究，但是他们使用的工具却是欧洲（或北美）制造的。① 巴勒克拉夫虽然认识到了这个问题，但是如何解决这个问题，他没有提供切实有效的答案。

第三，巴勒克拉夫虽然一再强调研究历史要具有全球性眼光，但是他始终无法彻底摆脱"欧洲中心论"的束缚，他的史学实践本身与全球史的理想仍然存在着差距。巴勒克拉夫本人毕竟是深受西方传统史学熏陶的历史学家，我们在他的著作中仍然能够发现"欧洲中心论"对他的影响，巴勒克拉夫有时会自觉不自觉地流露出"欧洲中心论"的口吻。这种不自觉的意识流露充分说明了"欧洲中心论"在西方学术界影响的深度和广度。当然，解决这个问题并不容易。美国学者柯文曾经指出，"我们中间没有任何人可以完全从紧紧裹着自己的这层'文化皮肤'中抽脱出来"②，西方史家面临的严重挑战并不是要求他们彻底干净地消除种族中心的歪曲，因为这是不可能的，而是要求他们把这种歪曲减到最低限度，从一种西方中心色彩较少的新角度研究历史，要做到这点是可能的。③ 换言之，"放眼世界，展示全球"容易做到，但是"不带成见和偏私，公正地评价各个时代和世界各地区一切民族的建树"在实践中却并非易事。

最明显的表现就是，巴勒克拉夫的世界历史阐释框架在整体上还是没有摆脱西方冲击引起东方反应的解释模式，这样造成的实际后果就是使得对西方作用的夸大和"欧洲中心论"都是不可避免的。他的一些具体论断如 1500—1815 年间世界历史的主要特征是欧洲的扩张和欧洲文明向全球的传播；各种冲击的力量从欧洲向外扩展；1500 年以前是世界冲击欧洲，1500 年以后是欧洲冲击世界，等等，都反映出

---

① Geoffrey Barraclough, *Main Trends in History*, p. 99.

② ［美］柯文：《在中国发现历史——中国中心观在美国的兴起》，林同奇译，社会科学文献出版社 2017 年版，第 207 页。

③ 同上书，第 107 页。

上述问题。不过，这在西方学术界可以说是一个根深蒂固的问题，从巴勒克拉夫、麦克尼尔、斯塔夫里阿诺斯、本特利以来，至今仍然没能获得根本性的解决。也就是说，西方学术界始终不能彻底摆脱"欧洲中心论"长期以来的影响，始终无法科学、系统地认识和评价非西方国家和民族在人类文明发展中做出的历史贡献。如何对人类历史发展进行整体和宏观的把握，成为世界史或全球史编撰中的一个长久议题。

五　巴勒克拉夫全球史研究对中国世界史研究的意义

贯穿巴勒克拉夫全球史研究的宗旨就是对人类历史和人类命运的深切关怀。巴勒克拉夫强调全球史在时间和空间方面都应当是全球性的，他阐释"世界历史的本质"的方法，或者说他的全球史编撰思路，是从全球视野出发，在考察规模较大的综合体单位（如地区、文明、规模较大的国家）的基础上，通过比较的方法来说明不同的国家、地区和文明之间的差异以及它们之间的相互作用，探索超越政治和文化边疆的相互联系和相互关系，关注不同地区的人类所面临的问题和对这些问题的不同反应，这无疑具有积极的学术价值，同时为世界史研究指出了一种新的趋向。而且，巴勒克拉夫认为，对于历史学的科学性要求而言，全球史是其中应有的组成部分，全球史观不仅在欧洲，而且在世界上其他地区也是适用的。全球史观不仅具有破除"欧洲中心论"偏见的积极意义，而且也是对"二战"后新时代即全球化时代中历史学发展的理论探索和有益尝试。正是在这个意义上，他一再强调要实现真正全球的视野，要警惕源自民族主义的狭隘思维，认为亚洲和非洲的历史学如果想要结出丰硕的果实，就必须像欧洲的历史学一样，置于全球的背景之中。①

---

① ［英］杰弗里·巴勒克拉夫：《当代史学主要趋势》，第179页。

20世纪中期以来,关于全球史的探讨从未停止。中国学者在构建自己的世界史理论体系时也不能回避这个问题,或者说,关于全球史的研究能够为我们解释和反思世界历史提供了一种可能的路径。在这个意义上,巴勒克拉夫的全球史研究在挑战西方传统历史学的同时,无疑为中国的世界史研究提供了积极的参照和借鉴意义。

首先,我国的国力不断提高、国际地位不断上升,这就要求相应地有中国特色的世界史理论研究,阐明中国人对人类社会发展演变的基本观点和看法。在此过程中,如何克服对西方学术观点的单纯介绍和片面模仿,从整体上把握国际史坛的发展潮流、去粗取精为我所用,进而建立有中国特色的世界史研究体系,成为中国世界史学者面临的一个重大问题。从巴勒克拉夫全球史观所开启的西方全球史研究路径不断取得新的研究成果,同时也日益向更加深入的层次和方向发展。近年来一些全球史著作都提出了相当精到的见解,但是如何对人类历史发展进行整体把握这个核心问题仍然没有获得根本性的解决。中国学者完全可以在对全球史进行更加深入挖掘的基础上,建设自己的话语系统。

其次,在全球史的具体研究方法上,巴勒克拉夫主张历史学应当借鉴其他相关学科的积极成果,采用跨学科的研究方法,尤其提倡开展深入的历史比较研究,从而开辟通往"真正的世界史"的道路。目前,中国的世界史研究还没有与人类学、社会学、考古学等相关人文学科建立紧密的联系,还不能充分吸收相关学科的成果和营养。中国的世界史学科已经形成一个不断发展的科研和教学队伍,这一点与西方国家是类似的。但是由于种种原因,中国的世界史研究在借鉴吸收相关人文社会科学研究成果方面仍然有进一步提高的空间,如果不能有所改进,在对原有问题的深入研究和探索新的学术增长点方面,我们可能会被西方学术界抛在后面,无法实现本质性超越。

最后,巴勒克拉夫认为,只有真正全球性的历史,才能满足人们探寻历史学实质性意义的目的,这表明巴勒克拉夫虽然是通过对世界形势和欧洲形势变化的把握和理解来阐发自己的全球史理念,从而使历史学能够适应全球政治和文明的新环境,但他的思想并非仅仅局限于20世纪中叶的国际环境,其突出表现就是对历史学实质性意义的强调。实际上,世界史理论研究的本身也是世界历史的一部分,中国世界史学界应当不断发展自身将世界历史理论化的道路和途径,使自身话语权在全球化时代得到实现。无论如何,包括中国在内的非西方国家的经历和视角都是考察世界历史不可缺少的部分。在像巴勒克拉夫这样的西方学者努力摆脱"欧洲中心论"束缚、探寻历史学实质性意义的时候,非西方学者更应当具有清醒的理论自觉。我们自身的历史经历应当用来形成我们自己对世界历史的认识和理解,我们的文化要有自己阐述世界历史的理论方式,从而获得更加深刻的历史洞察并把握世界历史的全貌。

  毫无疑问,深入了解世界史对人们更好地认识本国、本民族和世界的发展变化具有重要意义。或者正如麦克尼尔所说:一部透彻的世界史可望培养个人与整个人类休戚与共的感情,缩小各集团冲突的毁灭性,而不是如狭隘史学那样不可避免地加剧冲突;这作为我们时代历史专业的道德责任,确实深深地打动着我;我们需要发展一种世界范围的历史,为人类全部复杂性造成的多样化留有充分的余地。① 还有学者指出,在被排除于时尚潮流外相当长时间之后,世界历史现在则经历了一个具有重大意义的复苏,集中起更新了的意义用以构造一个可以用来追溯人类跨时空历史的宏伟框架;产生了一种摆脱幽闭于一个特殊的历史时期、特别的民族甚至一个大陆视野的成文历史局限的愿望,摆脱那些熟悉而褊狭的历史阐释施加于人们的束缚并非易事,结果,世界史学家正在从事一种框架的辩论,这种框架对于促进一种世界历史的视野是最具重要作用的。② 实际上,人类社会的发展从来没有完全相同的路线,每个民族或文明都拥有各自的发展道路,在人类历史的早期是这样,时至今日也同样如此。因此,从根本上说,世界历史的发展是整体性和多样性的辩证统一。

---

  ① [美]威廉·H.麦克奈尔:《神话—历史——真理、神话、历史和历史学家》,王加丰译,《史学理论》1987年第1期。
  ② [英]巴里·布赞、理查德·利特尔:《世界历史中的国际体系——国际关系研究的再构建》,第6—7页。

当前，从全球范围来看，如何克服世界史编撰中的"欧洲中心论"倾向，仍然是横在历史学家面前的一个不容忽视的问题。经济全球化进程的日益发展已经对历史学提出了新的理论挑战，也许这种挑战同时也是全球史的终极目标，这就是究竟如何避免各种各样的片面性，构建科学、系统的世界历史阐释体系。关于这个问题，需要指出的一个基本事实是，不同地区和不同时代的人类认识世界的视角是多元的，并且由此产生了不同国家、不同民族各不相同的历史观。为了获得更加深刻的认识，在历史研究中，尽管认识的客体可能各不相同，但是认识的主体必须自觉站在世界历史的高度，始终保持全球的视野。①

---

① 参见于沛《全球史观和中国史学断想》，《学术研究》2005年第1期。

结语

新时代呼唤有中国特色的世界历史学

巴勒克拉夫在《当代史导论》中曾经指出,世界历史的这个新阶段,是各国社会和国际社会的结构以及世界力量的平衡的根本变化的产物,这是一个在大陆性的规模上重新调整的时期,也是一个科学知识和成就经历了突破、科学和技术结成了一体的时期,这种发展在50年之前就具有了在不可想象的程度上改变了过去所有时代创造的人们生活的物质基础的力量,但同时又使人们直接面对自我毁灭的可能性;人们迅速面临人类生存的新境地,处于一个不仅具有空前潜力而且具有暴力、非理性和野蛮等各种导致灾难的潜在危险的世界之中。[①]这种基本判断今天看来仍然具有合理性。21世纪以来,特别是最近十年以来,在人类社会生产力加速发展的同时,各种复杂的历史和现实问题混合发酵,造成了一个前所未有的、剧变的全球化时代。在当代中国,时代的发展已经向世界历史学提出新的要求和挑战,这就是尽快构建有中国特色的历史认识和阐释体系,向世界阐明我们对人类发展和世界历史的观点和看法。笔者以为,在世界史研究中,应当大力弘扬中华民族精神,不断赋予中国世界史研究鲜明的民族特色和时代特色,并以此为核心,进一步推动马克思主义理论中国化的进程,进一步深化中国史学优秀传统与当代世界史研究实践的紧密结合,进一步加强中国世界史研究与国际史坛的交流与合作,广泛汲取营养,将当代中国的世界历史学推向新的发展阶段。

在漫长的历史发展过程中,中华民族形成了以爱国主义为核心的团结统一、独立自主、爱好和平、自强不息的民族精神。中华民族精

---

① [英]杰弗里·巴勒克拉夫:《当代史导论》,第24—25页。

神是中国文化的精粹,是中华民族自尊心和自信心的思想基础,更是千百年来中华儿女为祖国富强而努力奋斗的精神源泉。正是在这个意义上,中国共产党在十六大报告中指出,要把培育和弘扬民族精神作为文化建设的一个极为重要的任务,使广大人民在建设有中国特色社会主义的征途上,始终保持奋发有为、昂扬向上的精神状态。这既是科学论断,也是时代要求。作为民族文化精粹的民族精神,是构成国家综合国力的一项十分重要的内容。

没有民族精神,一个民族就无法自立于世界民族之林。精神力量和物质力量一样,都是国家自立自强的基础。特别是在危难关头,民族精神所蕴涵和引发的力量往往能够产生十分巨大甚至是决定性的作用。例如,抗日战争期间,中华民族万众一心,共抗外敌。郭沫若先生明确提出,我们不仅要争取民族的自由、祖国的独立,而且要争取民族文化的伟大复兴,复兴民族就是要复兴我们中华民族的精神。[①] 钱穆先生则指出:近百年来的中国,不幸而走上一段病态的阶段,这本是任何民族文化展演中所难免的一种顿挫,又不幸而中国史上之一段顿挫时期,却正与欧美人的一段极盛时期遭逢而平行;国内一般知识分子,激起爱国忧国的热忱,震惊于西洋势力之咄咄可畏,不免而对其本国传统文化发生怀疑,乃至于轻蔑,而渐及于诅咒,因此而种种空洞浅薄乃至于荒谬的国史观念,不胫而走,深入人心;然而此种现象,亦依然还是一时的病态,并没有摇动到中国传统文化之根底;只看此次全国抗战精神之所表现,便是其明证;试问若非我民族传统文化蕴蓄深厚,我们更用何种力量团结此四万万五千万民众,对此强寇作殊死的抵抗?[②] 这正是当时中国思想界重视民族文化和弘扬民族精神的表现。

进入21世纪以来,世界形势的变化、国家发展的实践,都要求

[①] 郭沫若:《理性与兽性之战》,《复兴民族的真谛》,《中国现代思想史资料简编》第4卷,浙江人民出版社1983年版,转引自郑大华《论抗战时期钱穆复兴中国文化的思想及评价》,《齐鲁学刊》2006年第3期。

[②] 钱穆:《中国历史研究法》,生活·读书·新知三联书店2001年版,第144—145页。

我们在新的历史条件下大力弘扬我们的民族精神,不断从精神层面推动物质国力的发展,从而使国家在精神和物质双重层面都焕发出更强的创造力和凝聚力。"欲知大道,必先为史"。作为文化中的文化,历史学在承担这一使命时具有义不容辞的责任和义务。民族精神的发扬应当与中国世界史研究的具体实践紧密结合在一起,这是毋庸置疑的。对中国的世界史研究来说,这不仅是时代赋予的使命,而且也是时代赋予的契机。在此过程中,世界史研究工作者应当不断发展自身将世界历史理论化的道路和方式,使外部世界能够更好地了解中国、认同中国,更好地塑造和树立中国的国际文化形象。

首先,时代的发展要求中国的世界史研究不断实现自我突破,不断彰显中华民族的历史文化特色。改革开放 30 多年来中国社会现实的发展,为中国的世界史研究提供了深厚的社会基础,同时也对中国世界史研究的自我突破提出了迫切的要求。建立在世界范围内能够获得认同的世界史研究理论体系,成为中国世界史学者面临的一个十分重大的现实问题。事实上,中国是一个历史非常悠久的、历史学资源非常丰富的大国,世界史研究的中国视角将为认识人类社会和世界历史进程提供更为全面和多样的借鉴与参照。可以说,中国的历史经历和视角是科学研究世界历史不可缺少的组成部分。中国学者不应妄自菲薄,应当深入挖掘和不断发扬中国史学的优秀传统。在长期的发展过程中,中国历史学形成了众多优秀的传统。例如,撰写前朝史的制度与历史撰述的连续性;深刻的历史意识和恢宏的历史视野;史家的角色意识与社会责任的一致性;史学的求真与经世的双重使命;坚守史学的信史原则与功能信念,等等。[①]中国丰富的历史学编纂实践和深厚的史学传统,实际上是中华民族和中华文明坚韧性的一种表现。中国传统历史学积累的丰富理论宝藏,反映了中国人在历史学方面所达到的高度的理论思维。其精神实质与理论取向,与马克思主义唯物史观内在汇通。唯物史观与中

[①] 瞿林东:《中国史学的理论遗产》,北京师范大学出版社 2005 年版,第 22—24 页。

国史学优秀传统的互动是不断深化的。马克思主义唯物史观之所以被中国史学界广泛接受，中国历史学原有的求真致用等传统无疑是其中十分重要的原因；而在唯物史观的指导下，中国历史学的求真致用等传统也被推向了新的理论高度和深度。这两个方面是相辅相成的。充分继承和发扬中国传统史学中的优秀传统，才能使中国的世界史研究具有坚实的历史根基，更好地确定中国和中国的历史文化在世界历史进程中的定位。

其次，在世界史研究中发扬民族精神是马克思主义中国化进程的内在要求。马克思主义自诞生以来，历经种种考验，已经被历史和实践证明为科学的真理，其理论和实践生命力长盛不衰。尤其是马克思世界历史理论，作为一种革命性的思维方式和科学的世界观念，它为我们深入理解人类历史和改造世界提供了理论支持，并且为当代的世界史或全球史研究和编撰提供了方法论指南。自觉回答现实生活不断提出的问题，实现历史和现实的统一，在这个建设过程中，应当注意加强对中国马克思主义史学发展成果的梳理和总结工作，推动其与世界史研究实践的进一步结合。中国马克思主义史学自诞生之日起，就同社会生活保持着密切的联系，李大钊、郭沫若、吕振羽、翦伯赞、范文澜、侯外庐等堪称中国马克思主义史学的优秀代表，他们为丰富、发展和完善中国马克思主义史学的理论，做出了重要的贡献。[①]一个世纪以来，中国马克思主义史学的发展几经曲折，积累了宝贵的经验和成果，是当代中国马克思主义史学进一步发展的前提和基础，也是中国世界历史学重要的理论资产。对其进行细致、系统的梳理和总结，能够在新的历史条件下有力地促进马克思主义基本原理与当代中国社会生活实践的紧密结合，进而不断加强原创性的世界史理论研究，尤其是能够加强世界史研究者与中国史研究者的交流与合作。缺乏深厚中国史背景的世界史研究无法对中国与世界的关系进行深入的全面性研究。刘家和先生指出，需要治中国史和治外国史两方面的学

---

① 于沛：《史学思潮和社会思潮——关于史学社会价值的理论思考》，北京师范大学出版社2007年版，第75—76页。

者进行合作，我们的世界历史才能具有中国人的研究特色和自己的贡献。① 对中国马克思主义史学发展成果的梳理和总结等工作能够为世界史研究者与中国史研究者的交流合作提供良好的契机，进而在宏观历史理论研究、历史编纂研究等多方面获得更多的成果。

再次，当代中国世界史学科自身的发展也要求在新的历史条件下不断发扬中华民族精神。中国的世界史研究，从其萌生之时开始，由于社会历史条件的影响，就天然地与对时代主题的回应和对民族精神的弘扬紧密地联系在一起。19世纪中后期以来，从"睁眼看世界"开始，在中华民族遭遇亡国危机的时候，在中国人民历经艰难险阻终于建立新中国的时候，中国的世界史研究始终高扬爱国主义的旗帜，积极回应救亡图存和民族复兴的时代主题。正如有学者指出，中国世界历史研究的突出优点和特点，是和时代的脉搏一起跳动，始终贯穿于中国人民争取民族解放，建立独立、自由、民主、富强的国家历史进程中，表现出鲜明的民族精神。② 时至今日，随着经济全球化进程的不断演进，随着中国改革开放30多年来的不断发展，中国的世界史研究也面临着新的历史任务，这就是在前辈学者们已获得成果的基础上，在中国社会现实不断发展的基础上，努力为中国历史学和中国民族文化的发展开辟更加广阔的世界舞台，使世界对中国人的历史和现实有更加深入的了解和认同。这一新的历史任务使得在世界史研究中弘扬中华民族精神成为逻辑上的必然。其中的一项重要内容就是要加强对中国世界史学科自身理论资产的系统梳理和反思总结工作。目前，中国的世界史研究中存在着一种非正常的现象，这种现象主要表现为对中国传统史学和中国马克思主义史学的优良传统视而不见；而对外国史学理论的意义和作用则盲目夸大，不加分析地生搬硬套、乱发议论、夸夸其谈，用一些晦涩的"新概念"、"新术语"非常轻率地否定中国史学理论与方法。③ 这种非正常现象的危害是显而易见的。

---

① 刘家和：《谈世界古代史研究中要处理好的一些关系》，《北京师范大学学报》（社会科学版）2003年第1期。

② 于沛：《史学思潮和社会思潮——关于史学社会价值的理论思考》，第57页。

③ 同上书，第139—140页。

关键是要破除这样的现象，破除对西方史学理论的盲目迷信。在这个问题上，加强对西方史学理论的批判吸收自然是必要的，但是同时更要加强对中国世界史学科自身理论资产的梳理和反思，拂去历史的尘埃，使众多为中国的世界历史学做出重大贡献的前辈先贤的思想焕发出应有的光辉。这样才能无愧于历史和时代，才能站在巨人的肩膀上望得更远。

例如，20世纪20年代，陈衡哲先生在《西洋史》中明确写到，历史不是叫我们哭的，也不是叫我们笑的，乃是要求我们明白它的；我们研究历史时，应该采取这个态度。① 何炳松先生在《世界简史》序言中写到，试看寻常所谓外国史或世界史，多半是欧洲中心扩大起来的西洋史；欧洲固然是现代世界文化的重心，值得我们格外的注意；但是我们中国人既系亚洲民族的一分子，而亚洲其他各民族在上古和中古时代对于世界的文化又确有很大的贡献，似乎不应因为他们久已衰亡，就可附和欧洲史家的偏见，一概置之不理；因此著者很想在本书中用一种新的立场，把亚洲匈奴人、安息人、月氏人、突厥人、蒙古人等向来受人轻视的民族，根据他们在世界文化史上活动和贡献的程度，给以相当的位置，而加以叙述。② 雷海宗先生也明确指出，在学习世界历史的过程中要注意两个问题，第一要注意中国与世界其他地区的联系和彼此间的相互影响；第二要注意中国对世界人类文明发展的贡献。③ 虽然此处不能一一列举，但是，这些前辈的史学思想，直到今天仍然熠熠生辉，对当代中国的世界史研究具有积极的学术价值和指导意义。

实际上，在历史研究中发扬本民族的民族精神，是每个国家的历史研究者都要面对的工作和任务。例如，美国学者威廉·J.班尼特在他的《美国：最后的最好希望》一书序言中明确指出，此书的目的之一，就是要激励一种新的、开明的爱国主义，这正是当代美国所需要的；爱国主义观念在美国各种大众文化形式中传播，包括电影和电

---

① 陈衡哲：《西洋史》，中国工人出版社2007年版，第4页。
② 何炳松：《世界简史》，中国工人出版社2007年版，"序言"，第3页。
③ 雷海宗：《伯伦史学集》，中华书局2002年版，第578页。

视,但是进入20世纪90年代后事情发生了变化,人们对美国的伟大和美国理想的确信已经淡漠了,媒体中充斥着对美国的冷嘲热讽,美国在世界舞台上的动机也遭到了很多人的怀疑,有些美国人似乎认为美国和美国的领导人是世界上最坏的;因为美国人的精神在倒退,所以我们必须讲授历史;班尼特警告说,美国人历史记忆的消除,最终会导致美国精神的腐蚀,所以他要从基础开始,使美国历史受到更多的关注,鼓励美国人通过深入思考的方式继续热爱或开始热爱自己的国家。[①] 又如,美国全球史的领军人物威廉·H.麦克尼尔的《西方的兴起》,以及杰里·本特利、赫伯特·齐格勒所著的《新全球史:文明的传承与交流》,这是两本被西方学者视为真正世界史的著作,即便如此,两书中作者的美国视野也是清晰可见的。再如,旧金山州立大学的非洲史和世界史教授特雷弗·R.盖茨主编出版了《全球史的非洲之声:1500年至今》。盖茨指出,尽管那些影响世界各地的历史事件已经进入了世界历史的教程,但是非西方人民的经历及其对这些事件的理解,仍然被遮蔽,这在最近1500年的非洲历史中表现得非常明显,世界史学家在研究非洲人时,在很大程度上仍然将之视作其他民族计划和行动的对象,而不是具有自己视野和能力来讲述自身历史的人类;作为首部此类教材,该书的重点便在于从非洲的视角重新讲述重要事件及趋势的全球意义,如大西洋奴隶制度、工业革命、殖民主义、"一战""二战"、非殖民化、争取妇女权利的斗争。[②]

上述事例印证了这样一个客观存在的事实,即不同地区和不同时代的人类认识世界的视角是多元的,并且由此产生了不同国家、不同民族各不相同的历史观,各种历史观中都蕴涵着不同民族各自的民族精神和民族特色。历史学家如何在自身立场与全球视野之间保持相应的平衡,是世界历史学的恒久研究课题之一。

随着经济全球化进程的日益发展,史学的国际交流日益频繁,观

[①] William J. Bennett, *America: the Last Best Hope*, Vol.1, *from the Age of Discovery to a World at War*, Nelson Current, 2006.

[②] Trevor R. Getz, ed., *African Voices of the Global Past, 1500 to the Present*, Westview Press, 2014.

念和观点的差异也不断呈现。针对这种现象，笔者以为，应当从自身实际出发，使理论方法论的研究与历史研究实践建立更加紧密的联系，扎扎实实地做好马克思主义理论与中国世界历史学紧密结合并构建马克思主义史学理论新形态的工作；做好中国史学优秀传统的继承和发扬工作；做好外国史学理论成果的批判吸收工作，在此基础上，努力构建有中国特色的世界历史学的阐释体系和话语系统。这个过程不仅是中国人解读世界历史的过程，同时也是当代中国文化自立于世界文化之林的建设过程。

参考文献

中文

[美] 阿尔温·托夫勒：《第三次浪潮》，朱志焱译，生活·读书·新知三联书店1983年版。

[法] 阿努瓦·阿布戴尔-马里克：《文明与社会理论》，张宁、丰子义译，浙江人民出版社1989年版。

[英] 阿诺德·汤因比：《历史研究》，曹未风等译，上海人民出版社1997年版。

[英] 爱德华·H. 卡尔：《历史是什么?》，吴柱存译，商务印书馆1981年版。

[美] 爱德华·W. 萨义德：《东方学》，王宇根译，生活·读书·新知三联书店1999年版。

[美] 爱德华·W. 萨义德：《文化与帝国主义》，李琨译，生活·读书·新知三联书店2003年版。

[美] 埃德蒙·帕克三世、大卫·克里斯汀、罗斯·E. 杜恩：《世界史：大时代》，杨彪等译，华东师范大学出版社2012年版。

[英] 埃里克·霍布斯鲍姆：《如何改变世界：马克思和马克思主义的传奇》，吕增奎译，中央编译出版社2014年版。

[美] 艾米·斯图尔特：《鲜花帝国：鲜花育种、栽培与售卖的秘密》，宋博译，商务印书馆2014年版。

[英] 艾瑞克·霍布斯鲍姆：《极端的年代》，马凡等译，江苏人民出版社2011年版。

[英] 艾瑞克·霍布斯鲍姆：《霍布斯鲍姆看21世纪》，吴莉君

译，中信出版社 2010 年版。

［英］艾瑞克·霍布斯鲍姆：《断裂的年代：20 世纪的文化与社会》，林华译，中信出版社 2014 年版。

［美］安妮·马克苏拉克：《微观世界的博弈：细菌、文化与人类》，王洁译，电子工业出版社 2015 年版。

［德］贡德·弗兰克：《白银资本——重视经济全球化中的东方》，刘北成译，中央编译出版社 2000 年版。

［德］安德烈·冈德·弗兰克、巴里·K.吉尔斯主编：《世界体系：500 年还是 5000 年？》，郝名玮译，社会科学文献出版社 2004 年版。

［英］巴里·布赞、理查德·利特尔：《世界历史中的国际体系——国际关系研究的再构建》，刘德斌主译，高等教育出版社 2004 年版。

白寿彝主编：《中国通史》第 1 卷，上海人民出版社 1989 年版。

［英］杰克·古迪：《偷窃历史》，张正萍译，浙江大学出版社 2009 年版。

［英］彼得·弗兰科潘：《丝绸之路：一部全新的世界史》，邵旭东、孙芳译，徐文堪审校，浙江大学出版社 2016 年版。

曹义恒、曹荣湘主编：《后帝国主义》，中央编译出版社 2007 年版。

陈立柱：《西方中心主义的初步反省》，《史学理论研究》2005 年第 2 期。

陈启能主编：《"二战"后欧美史学的新发展》，山东大学出版社 2005 年版。

程光泉主编：《全球化理论谱系》，湖南人民出版社 2002 年版。

陈志强：《论吴于廑"整体世界史观"》，《世界历史》2013 年第 2 期。

［美］大卫·哈维：《新帝国主义》，初立忠、沈晓雷译，社会科学文献出版社 2009 年版。

［美］大卫·克里斯蒂安：《时间地图：大历史导论》，晏可佳等

译,上海社会科学院出版社 2007 年版。

［英］戴维·赫尔德、安东尼·麦克格鲁:《全球化与反全球化》,陈志刚译,社会科学文献出版社 2004 年版。

［美］戴维·S. 兰德斯:《国富国穷》,门洪华等译,新华出版社 2010 年版。

［美］丹尼尔·R. 布劳尔:《20 世纪世界史》,洪庆明译,东方出版中心 2013 年版。

［英］德里克·希特:《公民身份——世界史、政治学与教育学中的公民理想》,郭台辉、余慧元译,吉林出版集团有限责任公司 2010 年版。

方汉文:《比较文明史——新石器时代至公元 5 世纪》,东方出版中心 2009 年版。

方晋等:《新兴经济体崛起——理论、影响和政策分析》,中国发展出版社 2012 年版。

［美］菲利普·费尔南德兹—阿迈斯托编著:《世界:一部历史》第 2 版下册,钱乘旦审读,叶建军等译,北京大学出版社 2010 年版。

［美］菲利普·费尔南多—阿梅斯托:《文明的口味:人类食物的历史》,韩良忆译,新世纪出版社 2013 年版。

丰子义、杨学功:《马克思"世界历史"理论与全球化》,人民出版社 2002 年版。

［美］曼弗雷德·B. 斯蒂格:《全球化面面观》,丁兆国译,译林出版社 2013 年版。

高岱、郑家馨:《殖民主义史》总论卷,北京大学出版社 2003 年版。

［美］格奥尔格·伊格尔斯、王晴佳著,苏普里娅·穆赫吉参著:《全球史学史——从 18 世纪至当代》,杨豫译,北京大学出版社 2011 年版。

郭小凌:《从全球史观及其影响所想到的》,《学术研究》2005 年第 1 期。

［美］哈立德·科泽:《国际移民》,吴周放译,凤凰出版传媒集

团、译林出版社 2009 年版。

［德］哈特穆特·凯博：《历史比较研究导论》，赵进中译，北京大学出版社 2009 年版。

［美］海斯、穆恩、韦兰：《世界史》，冰心、吴文藻、费孝通等译，翦伯赞作序，世界图书出版公司 2011 年版。

［德］汉斯·约阿施、［德］克劳斯·维甘特主编：《欧洲的文化价值》，陈洪捷译，社会科学文献出版社 2017 年版。

何芳川：《世界史体系刍议》，《史学理论研究》2005 年第 3 期。

何平：《20 世纪下半叶西方史学认识论的发展》，《史学理论研究》2001 年第 1 期。

何平：《文化与文明史比较研究》，山东大学出版社 2009 年版。

何兆武、陈启能主编：《当代西方史学理论》，中国社会科学出版社 1996 年版。

［德］黑格尔：《历史哲学》，王造时译，上海书店出版社 1999 年版。

［英］贾斯廷·罗森伯格：《质疑全球化理论》，洪霞、赵勇译，江苏人民出版社 2002 年版。

姜芃等：《世纪之交的西方史学》，社会科学文献出版社 2012 年版。

［英］杰弗里·巴勒克拉夫：《当代史导论》，张广勇、张宇宏译，上海社会科学院出版社 1996 年版。

［英］杰弗里·巴勒克拉夫：《当代史导论》，张广勇、张宇宏译，上海社会科学院出版社 2011 年版。

［英］杰弗里·巴勒克拉夫：《当代史学主要趋势》，杨豫译，上海译文出版社 1987 年版。

［英］杰弗里·巴勒克拉夫：《当代史学主要趋势》，杨豫译，北京大学出版社 2006 年版。

［英］杰弗里·巴勒克拉夫主编：《泰晤士世界历史地图集》，生活·读书·新知三联书店 1982 年版。

［美］杰里·本特利、赫伯特·齐格勒：《新全球史：文明的传承

与交流》，魏凤莲等译，北京大学出版社 2007 年版。

［美］杰里·本特利、赫伯特·齐格勒：《新全球史：文明的传承与交流》第 5 版，魏凤莲译，北京大学出版社 2014 年版。

［美］杰里·H. 本特利：《新世界史》，夏继果、杰里·H. 本特利主编：《全球史读本》，北京大学出版社 2010 年版。

［美］杰里·H. 本特利：《20 世纪的世界史学史》，《史学理论研究》2004 年第 4 期。

［美］柯娇燕：《什么是全球史》，刘文明译，北京大学出版社 2009 年版。

［英］柯林武德：《历史的观念》，何兆武、张文杰译，中国社会科学出版社 1986 年版。

［美］柯文：《在中国发现历史——中国中心观在美国的兴起》，林同奇译，社会科学文献出版社 2017 年版。

雷海宗：《世界史上一些论断和概念的商榷》，《历史教学》1954 年第 5 期。

李飞：《20 世纪以来两次重大金融危机的研究与思考——基于实体经济与虚拟经济互动视角》，《中国财经信息资料》2012 年第 9 期。

李世安：《全球化与全球史观》，《史学理论研究》2005 年第 1 期。

李通玄：《新华严经论》，西北大学出版社 2005 年版。

李友东：《东西方文明比较中的两种不同视角》，《史学理论研究》2014 年第 1 期。

［英］理查德·奥弗里（Richard Overy）：《泰晤士世界历史》，原版主编为杰弗里·巴勒克拉夫（Geoffrey Barraclough），毛昭晰等译，希望出版社、新世纪出版社 2011 年版。

［美］理查德·戈夫等：《20 世纪全球史》第 7 版英文影印版，李世安导读，北京大学出版社 2011 年版。

［美］林恩·亨特：《全球时代的史学写作》，赵辉兵译，大象出版社 2017 年版。

刘北成：《重构世界历史的挑战》，《史学理论研究》2000 年第

4 期。

刘德斌：《"全球历史观"的困局与机遇》，《史学理论研究》2005 年第 1 期。

刘家和、廖学盛主编：《世界古代文明史研究导论》，北京师范大学出版社 2010 年版。

刘军：《全球化与全球化史观：一种长时段的观点》，《史学理论研究》2005 年第 1 期。

刘同舫：《马克思人类解放理论的叙事结构及实现方式》，《中国社会科学》2012 年第 8 期。

刘新成：《全球史观与近代早期世界史编纂》，《世界历史》2006 年第 1 期。

刘新成主编：《全球史评论》第 1 辑，商务印书馆 2008 年版；《全球史评论》第 2 辑，中国社会科学出版社 2009 年版；《全球史评论》第 3 辑，中国社会科学出版社 2010 年版。

[英] 罗兰·罗伯逊、扬·阿特·肖尔特主编：《全球化百科全书》，中文版主编王宁，凤凰出版传媒集团、译林出版社 2011 年版。

马克思、恩格斯：《德意志意识形态》，《马克思恩格斯选集》第 1 卷，人民出版社 1995 年版。

马克思：《〈政治经济学批判〉导言》，《马克思恩格斯选集》第 2 卷，人民出版社 1995 年版。

《马克思恩格斯全集》第四十七卷，人民出版社 1979 年版。

《马克思恩格斯文集》第一、三、七卷，人民出版社 2009 年版。

马克垚：《编写世界史的困境》，刘新成主编：《全球史评论》第 1 辑，商务印书馆 2008 年版。

马克垚主编：《世界文明史》，北京大学出版社 2004 年版。

马俊峰：《马克思世界历史理论的方法论意义》，《中国社会科学》2013 年第 6 期。

[法] 玛丽-弗朗索瓦·杜兰等：《全球化地图：认知当代世界空间》中文第 2 版，许铁兵译，社会科学文献出版社 2011 年版。

[美] 迈克尔·哈特、[意] 安东尼奥·奈格里：《帝国》，杨建

国、范一亭译，江苏人民出版社 2005 年版。

孟广林：《世界历史研究的"通观"——吴于廑先生的学术境界》，《史学集刊》2013 年第 4 期。

[法] 米歇尔·波德：《资本主义的历史——从 1500 年至 2010 年》，郑方磊、任轶译，上海辞书出版社 2011 年版。

[美] 帕特里克·曼宁：《世界史导航：全球视角的构建》，田婧、毛佳鹏译，商务印书馆 2016 年版。

[美] 帕特里克·曼宁：《世界史学家、联合国教科文组织与全球研究机构的未来》，陈欣言译，刘新成主编：《全球史评论》第 5 辑，中国社会科学出版社 2012 年版。

[美] 皮特·N. 斯特恩斯等：《全球文明史》第 3 版，赵轶峰等译，中华书局 2006 年版。

[美] 彭慕兰：《大分流：欧洲、中国及现代世界经济的发展》，史建云译，江苏人民出版社 2003 年版。

[美] 彭慕兰、史蒂夫·托皮克：《贸易打造的世界》，黄中宪译，陕西师范大学出版社 2008 年版。

齐世荣：《编写一部简明的世界通史是时代的需要》，刘新成主编：《全球史评论》第 2 辑，中国社会科学出版社 2009 年版。

齐世荣：《吴于廑先生与我国世界史学科的建立》，《武汉大学学报》（人文科学版）2013 年第 6 期。

钱乘旦：《关于开展"世界史"研究的几点思考》，《史学理论研究》2005 年第 3 期。

钱乘旦：《现代化研究远未过时》，《历史教学问题》2011 年第 1 期。

瞿林东、邹兆辰等：《唯物史观与中国历史学》，上海人民出版社 2013 年版。

任东波：《"欧洲中心论"与世界史研究》，《史学理论研究》2006 年第 1 期。

[美] 萨拉·罗斯：《茶叶大盗——改变世界史的中国茶》，孟驰译，社会科学文献出版社 2015 年版。

世界银行：《2011年世界发展指标》，王辉等译，中国财政经济出版社2011年版。

［美］史景迁：《文化类同与文化利用》，廖世奇、彭小樵译，北京大学出版社1997年版。

［德］斯宾格勒：《西方的没落》，齐世荣等译，商务印书馆1963年版。

［美］斯塔夫里阿诺斯：《全球通史：从史前史到21世纪》，吴象婴、梁赤民、董书慧、王昶译，吴象婴审校，北京大学出版社2006年版。

宋鸿兵编著：《货币战争》，中信出版社2011年版。

［英］特里·伊格尔顿：《马克思为什么是对的》，李扬、任文科、郑义译，新星出版社2011年版。

［美］腾尼·弗兰克：《罗马帝国主义》，宫秀华译，上海三联书店2008年版。

田家康：《气候文明史：改变世界的8万年气候变迁》，范春飚译，东方出版社2012年版。

田心铭：《论马克思主义的理论自觉和理论自信》，《马克思主义研究》2012年第10期。

涂成林：《世界历史视野中的亚细亚生产方式——从普遍史观到特殊史观的关系问题》，《中国社会科学》2013年第6期。

［法］托马斯·皮凯蒂：《21世纪资本论》，巴曙松等译，中信出版社2014年版。

王东等主编：《马克思主义与全球化——〈德意志意识形态〉的当代阐释》，北京大学出版社2003年版。

王立新：《在国家之外发现历史：美国史研究的国际化与跨国史的兴起》，《历史研究》2014年第1期。

王林聪：《略论"全球历史观"》，《史学理论研究》2002年第3期。

王晴佳：《历史思维的中国模式存在吗？——一种跨文化的分析》，董欣洁译，《史学理论研究》2013年第3期。

王晴佳：《西方的历史观念：从古希腊到现在》，北京师范大学出版社2013年版。

王晴佳、李隆国：《外国史学史》，北京大学出版社2017年版。

王斯德主编：《世界通史》第3编，《现代文明的发展与选择——20世纪的世界史》，华东师范大学出版社2001年版。

王正毅：《世界体系论与中国》，商务印书馆2000年版。

［美］威廉·恩道尔：《目标中国：华盛顿的"屠龙"战略》，戴健、顾秀林、朱宪超译，中国民主法制出版社2013年版。

［美］威廉·H. 麦尼尔：《竞逐富强——公元1000年以来的技术、军事与社会》，倪大昕、杨润殷译，上海辞书出版社2013年版。

［美］威廉·麦克尼尔：《世界史》第4版英文影印版，钱乘旦导读，北京大学出版社2008年版。

［美］威廉·麦克尼尔：《世界史：从史前到21世纪全球文明的互动》，施诚、赵婧译，中信出版社2013年版。

［德］沃尔夫冈·施特雷克：《购买时间——资本主义民主国家如何拖延危机》，常晅译，社会科学文献出版社2015年版。

吴怀祺：《唯物史观与民族史学思想》，《廊坊师院学报》2013年第4期。

吴英主编：《马克思恩格斯列宁斯大林论历史科学》，于沛、董欣洁副主编，中国社会科学出版社2014年版。

吴于廑：《世界历史》，《中国大百科全书·外国历史卷》，中国大百科全书出版社1990年版。

吴于廑：《吴于廑学术论著自选集》，首都师范大学出版社1995年版。

夏继果、杰里·H. 本特利主编：《全球史读本》，北京大学出版社2010年版。

徐蓝：《从"西欧中心史观"到"文明形态史观"和"全球史观"——20世纪世界历史的理论、方法与编撰实践》，《历史研究》2004年第4期。

徐蓝：《20世纪世界历史体系的多样性与编撰实践》，《史学理论研究》2005 年第 3 期。

徐洛：《评近年来世界通史编撰中的"欧洲中心"倾向——兼介绍西方学者对"早期近代世界"的一种诠释》，《世界历史》2005 年第 3 期。

叶险明：《马克思超越"西方中心论"的历史和逻辑》，《中国社会科学》2014 年第 1 期。

［美］伊曼纽尔·沃勒斯坦：《"欧洲中心论"及其表现：社会科学的困境》，瞿林东主编：《史学理论与史学史学刊》2002 年卷，社会科学文献出版社 2003 年版。

［美］伊曼纽尔·沃勒斯坦：《现代世界体系》第 1 卷，尤来寅等译，罗荣渠审校，高等教育出版社 1998 年版。

［美］伊曼纽尔·沃勒斯坦：《现代世界体系》第 2 卷，吕丹等译，庞卓恒主译兼总审校，高等教育出版社 1998 年版。

［美］伊曼纽尔·沃勒斯坦：《现代世界体系》第 3 卷，孙立田等译，庞卓恒主译兼总审校，高等教育出版社 2000 年版。

［美］伊曼纽尔·沃勒斯坦：《现代世界体系》第 4 卷《中庸的自由主义的胜利（1789—1914）》，吴英译，社会科学文献出版社 2013 年版。

［德］于尔根·科卡：《20 世纪下半叶国际历史科学的新潮流》，景德祥译，《史学理论研究》2002 年第 1 期。

［德］于尔根·奥斯特哈默：《世界的演变：19 世纪史》Ⅰ，强朝晖、刘风译，社会科学文献出版社 2016 年版。

俞金尧：《关于全球史上跨文化交流的评估》，《北方论丛》2009 年第 1 期。

俞可平主编：《全球化：西方化还是中国化》，社会科学文献出版社 2002 年版。

俞可平：《全球化与新的思维向度和观察角度》，《史学理论研究》2005 年第 1 期。

于沛：《反"文化全球化"——经济全球化背景下对文化多样性的思考》，《史学理论研究》2004 年第 4 期。

于沛：《全球化和"全球历史观"》，《史学集刊》2001年第2期。

于沛主编：《全球化和全球史》，社会科学文献出版社2007年版。

于沛：《全球史观和中国史学断想》，《学术研究》2005年第1期。

于沛：《全球史：民族历史记忆中的全球史》，《史学理论研究》2006年第1期。

于沛：《中国世界历史研究的理论成就》，《社会科学战线》2012年第2期。

余伟民：《"中心观"与"中心论"》，《史学理论研究》2005年第3期。

于文杰：《百年中国世界史编撰体系及其相关问题辩证》，《贵州社会科学》2014年第4期。

俞吾金：《突破"欧洲中心论"的思维框架》，《学术月刊》1998年第5期。

［美］约翰·巴克勒等：《西方社会史》，霍文利等译，广西师范大学出版社2005年版。

［英］约翰·布罗：《历史的历史：从远古到20世纪的历史书写》，黄煜文译，广西师范大学出版社2012年版。

［美］约翰·R.麦克尼尔、威廉·H.麦克尼尔：《人类之网：鸟瞰世界历史》，王晋新、宋保军等译，北京大学出版社2011年版。

［美］詹姆斯·莫里斯·布劳特：《殖民者的世界模式——地理传播主义和欧洲中心主义史观》，谭荣根译，社会科学文献出版社2002年版。

张宇燕、徐秀军：《2011—2012年世界经济形势分析与展望》，《当代世界》2011年第12期。

中国社会科学院中国特色社会主义理论体系研究中心：《一个民族的历史是一个民族安身立命的基础——兼评历史虚无主义》，《求是》2014年第4期。

周谷城：《世界通史》，商务印书馆2009年版。

周谷城：《周谷城史学论文选集》，人民出版社1983年版。

朱佳木：《以唯物史观推进中国史学理论研究繁荣发展》，《河北学刊》2013年第3期。

2005年10月《"世界各国的世界通史教育国际学术研讨会"学术交流论文集》。

《不列颠简明百科全书》修订版第1卷，中国大百科全书出版社2011年版。

《列宁专题文集·论资本主义》，人民出版社2009年版。

［美］Anthony N. Penna：《人类的足迹：一部地球环境的历史》，张新、王兆润译，电子工业出版社2013年版。

［英］C. A. 贝利：《现代世界的诞生：1780—1914》，于展、何美兰译，商务印书馆2013年版。

［美］J. M. 罗伯茨：《全球史》上册，陈恒等译，东方出版中心2013年版。

［美］J. R. 麦克尼尔：《阳光下的新事物：20世纪世界环境史》，韩莉、韩晓雯译，商务印书馆2013年版。

［美］L. S. 斯塔夫里阿诺斯：《全球通史——1500年以前的世界》，吴象婴、梁赤民译，上海社会科学院出版社1988年版。

［美］L. S. 斯塔夫里阿诺斯：《全球通史——1500年以后的世界》，吴象婴、梁赤民译，上海社会科学院出版社1992年版。

［美］L. S. 斯塔夫里阿诺斯：《全球通史》第7版，董书慧等译，北京大学出版社2005年版。

外文

Akita, Shigeru, *Gentlemanly Capitalism, Imperialism and Global History*, Palgrave Macmillan, 2002.

Amin, Samir, *Global History: A View from the South*, Pambazuka Press, 2011.

Andrea, Alfred J., Overfield, James, *The Human Record: Sources of Global History*, Wadsworth Publishing, 6 edition, 2008.

Aydin, C., *The Politics of Anti-Westernism in Asia: Visions of World*

Order in Pan-Islamic and Pan-Asian Thought, New York: Columbia University Press, 2007.

Barraclough, Geoffrey, *Papal Provisions: Aspects of Church History, Constitutional, Legal and Administrative in the Later Middle Ages*, Oxford, 1934.

Barraclough, Geoffrey, *An Introduction to Contemporary History*, Harmondsworth: Penguin, 1979.

Barraclough, Geoffrey, ed., *The Times Atlas of World History*, New Jersey: Hammond, c. 1989.

Barraclough, Geoffrey, *From Agadir to Armageddon: Anatomy of a Crisis*, New York, 1982.

Barraclough, Geoffrey, *History in a Changing World*, University of Oklahoma Press, 1955.

Barraclough, Geoffrey, *Main Trends in History*, New York: Holmes & Meier, 1991.

Barraclough, Geoffrey, *The Larger View of History*, Times Literary Supplement 1956: Special Supplement: ii.

Barraclough, Geoffrey, *The Medieval Empire: Idea and Reality*, London, 1950.

Barraclough, Geoffrey, *The Medieval Papacy*, W. W. Norton & Company, Inc., 1968.

Barraclough, Geoffrey, *Turning Points in World History*, Thames and Hudson, 1979.

Barraclough, G., *The Origins of Modern Germany*, W. W. Norton & Company, Inc., 1984.

Bayly, C. A., "Writing World History", in *History Today*, Vol. 54, No. 2, 2004.

Belich, James, Darwin, John, Frenz, Margret, Wickham, Chris, eds., *The Prospect of Global History*, Oxford University Press, 2016.

Bender, T., *Rethinking American History in a Global Age*, Berkeley:

University of California Press, 2002.

Bentley, Jerry H., *Old World Encounters: Cross – Cultural Contacts and Exchanges in Pre-Modern Times*, Oxford University Press, 1993.

Bentley, Jerry H., "A Basic, Briefly Annotated Bibliography for Teachers of World History", in Heidi Roupp, ed., *Teaching World History in the Twenty-first Century*, Taylor & Francis, 2010.

Bentley, Jerry H., "Cross–Cultural Interaction and Periodization in World History", in *The American Historical Review*, Vol. 101, No. 3, 1996.

Bentley, Jerry H., "*The New Global History* By Bruce Mazlish", in *Journal of Global History*, Volume 2, Issue 1, March, 2007.

Bentley, Jerry H., "The New World History", in Lloyd Kramer, Sarah Maza, eds., *A Companion to Western Historical Thought*, Oxford, Blackwell, 2002.

Bentley, J. H., "Myths, Wagers, and Some Moral Implications of World History", in *Journal of World History*, Vol. 16, No. 1, 2005.

Berger, Stefan, ed., *Writing the Nation: A Global Perspective*, Palgrave Macmillan, 2007.

Blackburn, R. J., "The Philosophy of Historiography?", in *History and Theory*, Vol. 39, May, 2000.

Blaut, J. M., *Eight Eurocentric Historians*, New York: The Guilford Press, 2000.

Boorstin, Daniel J., *The Americans: The Colonial Experience*, Random House, 1958.

Breisach, Ernst, *Historiography: Ancient, Medieval, and Modern*, Third Edition, The University of Chicago Press, 2007.

Bright, Charles, "*Global History: Interactions between the Universal and the Local* By A. G. Hopkins, ed.", in *Journal of Global History*, Volume 2, Issue 2, July, 2007.

Bruce, Mazlish, "Comparing Global History to World History", in

The Journal of Interdisciplinary History, Vol. 28, Winter, 1998.

Bulliet, Richard W., Crossley, Pamela kyle, Headrick, Daniel R., Hirsch, Steven W., Johnson, Lyman L., Northrup, David, *The Earth and Its Peoples*, Wadsworth, 5th edition, international edition, Cengage Learning, 2011.

Buzan, Barry, Lawson, George, *The Global Transformation: History, Modernity and the Making of International Relations*, Cambridge University Press, 2015.

Carr, David, "Place and Time: On the Interplay of Historical Points of View", in *History and Theory*, Theme Issue 40, December, 2001.

Chase, Kenneth, *Firearms: A Global History to 1700*, Cambridge University Press, 2003.

Cheng, Eileen Ka‐May, *Historiography: An Introductory Guide*, Continuum International Publishing Group, 2012.

Chidester, David, *Christianity: A Global History*, Penguin Books, 2000.

Christian, David, "*Globalization in World History* By Peter N. Stearns", in *Journal of Global History*, Volume 5, Issue 3, November, 2010.

Christian, David, "Scales", in Marnie Hughes‐Warrington, ed., *Palgrave Advances in World Histories*, Palgrave Macmillan, 2005.

Conrad, Sebastian, *What is Global History?*, Princeton University Press, 2016.

Cowen, Noel, *Global History, A Short Overview*, Polity Press, 2001.

Cox, Robert, "A Perspective on Globalization", in James Mittelman, ed., *Globalization: Critical Reflections*, Lynne Rienner Publisher, 1996.

Dewar, Kenneth C., "Geoffrey Barraclough: From Historicism to Historical Science", in *Historian*, Vol. 56, No. 3, 1994.

Duiker, William J., Spielvogel, Jackson J., *World History*, 6th edition, international edition, Wadsworth, Cengage Learning, 2010.

Duindam, Jeroen, *Dynasties: A Global History of Power, 1300 – 1800*, Cambridge University Press, 2016.

Esler, Anthony, *The Human Venture: A Global History*, Prentice Hall, 5 edition, 2003.

Evans, Richard J., "From Historicism to Postmodernism: Historiography in the Twentieth Century", in *History and Theory*, Vol. 41, February, 2002.

Falk, Richard, Szentes, Tamas, eds., *A New Europe in the Changing Global System*, The United Nations University, 1997.

Fay, Brian, "Unconventional History", in *History and Theory*, Theme Issue 41, December, 2002.

Ferguson, Niall, *Empire: How Britain Made the Modern World*, Penguin Books Ltd., 2004, and *Colossus: The Rise and Fall of the American Empire*, London, 2005.

Fernandez-Armesto, Felipe, "*What is Global History*? (Review)", in *Journal of Global History*, Vol. 5, Part 2, July, 2010.

Ferro, Marc, *Colonization: A Global History*, London and New York, 1994.

Fischer, E., *The Passing of the European Age*, Cambridge, Mass., 1943.

Foner, Eric, "American Freedom in a Global Age", in Carl Guarneri and James Davis, eds., *Teaching American History in a Global Context*, Taylor & Francis, 2008.

Furedi, Frank, *The New Ideology of Imperialism*, Pluto Press, 1994.

Gaddis, John Lewis, *The Landscape of History: How Historians Map the Past*, Oxford University Press, 2002.

Garraty, John A., Gay, Peter, eds., *A History of the World*, Volume III, *The Modern World*, Harper & Row, Publishers, Inc., 1972.

Getz, Trevor R., ed., *African Voices of the Global Past, 1500 to the Present*, Westview Press, 2014.

Gills, Barry K., Thompson, William R., eds., *Globalization and Global History*, London and New York, 2006.

Gowaskie, Joe, "The Teaching of World History: A Status Report", in *The History Teacher*, Vol. 18, No. 3, May, 1985.

Green, William A., "Periodizing World History", in *History and Theory*, Vol. 34, No. 2, May, 1995.

Grew, Raymond, ed., *Food in Global History*, Westview Press, 1999.

"G. Barraclough, 76, Historian", *The New York Times*, January 10, 1985.

Halecki, O., *The Limits and Divisions of European History*, London, 1950.

Hall, John R., "Cultural Meanings and Cultural Structures in Historical Explanation", in *History and Theory*, Vol. 39, October, 2000.

Harbison, E. Harris, "On Universal History", in *World Politics*, Vol. 9, No. 2, 1956–1957.

Hardy, G., "Can an Ancient Chinese Historian Contribute to Modern Western Theory? The Multiple Narratives of Ssu-ma Ch'ien", in *History and Theory*, Vol. 33, No. 1, 1994.

Headrick, Daniel R., "*The New World History: A Teacher's Companion* (Review)", in *Journal of World History*, Vol. 13, No. 1, 2002.

Hodgson, Marshall, *Rethinking World History: Essays on Europe, Islam and World History*, Cambridge University Press, 1993.

Hopkins, A. G., ed., *Global History, Interactions between the Universal and the Local*, Palgrave Macmillan, 2006.

Hopkins, A. G., "*The Global History Reader* By Bruce Mazlish and Akira Iriye, eds.", in *Journal of Global History*, Volume 1, Issue 1, March, 2006.

Hunt, Lynn, *Writing History in the Global Era*, W. W. Norton &

Company, 2014.

Iggers, Georg, "Historiography from a Global Perspective", in *History and Theory*, Vol. 43, No. 1, 2004.

Iriye, A., *Global and Transnational History: The Past, Present and Future*, New York, Palgrave, 2013.

Jomo, K. S., Shyamala, Nagaraj, eds., *Globalization Versus Development*, Palgrave, 2001.

Kansteiner, Wulf, "Finding Meaning in Memory: A Methodological Critique of Collective Memory Studies", in *History and Theory*, Vol. 41, May, 2002.

Kelly, Donald R., *Foundation of Modern Historical Scholarship*, New York, 1970.

Kramer, Lloyd, Maza, Sarah, eds., *A Companion to Western Historical Thought*, Blackwell Publishing, 2006.

Lockard, Craig A., *Societies, Networks, and Transitions, A Global History*, 2nd edition, international edition, Wadsworth, Cengage Learning, 2011.

Manning, Patrick, *Navigating World History: Historians Create a Global Past*, Palgrave Macmillan, 2003.

Martin, Raymond, "History as Moral Reflection", in *History and Theory*, Vol. 39, October, 2000.

Matthew, H. C. G. Harrison, Brian, eds., *Oxford Dictionary of National Biography*, Volume 4, Oxford University Press, 2004.

Mazlish, Bruce, Buultjens, Ralph, eds., *Conceptualizing Global History*, Westview Press, Inc., 1993.

Mazlish, Bruce, *Globalization and Transformation*, Transaction Publishers, 2015.

Mazlish, Bruce, *The New Global History*, Routledge, 2006.

McNeill, William H., *A World History*, New York, Oxford University Press, 1967.

McNeill, William H., *The Rise of the West: A History of the Human*

Community, Chicago University Press, 1963.

McNeill, William H., "The Changing Shape of World History", in *History and Theory*, Vol. 34, 1995.

McNeill, William H., "The Rise of the West: After Twenty-five Years", in *Journal of World History*, Vol. 1, No. 1, 1990.

Mead, Walter Russell, *God and Gold: Britain, America, and the Making of the Modern World*, Vintage Books, 2007.

Noble, Thomas F. X., et al., eds., *Western Civilization-The Continuing Experiment*, Houghton Mifflin Company, 1998.

Northrup, David, "Globalization and the Great Convergence: Rethinking World History in the Long Term", in *Journal of World History*, Vol. 16, No. 3, 2005.

Olstein, Diego, *Thinking History Globally*, Palgrave Macmillan, 2015.

Osterhammel, Jürgen, Petersson, Niels P., *Globalization: A Short History*, Princeton University Press, 2005.

O'Brien, Patrick, "Historical Foundations for a Global Perspective on the Emergence of a Western European Regime for the Discovery, Development, and Diffusion of Useful and Reliable knowledge", in *Journal of Global History*, Volume 8, Issue 1, March, 2013.

O'Brien, Patrick, "Historiographical Traditions and Modern Imperatives for the Restoration of Global History", in *Journal of Global History*, Volume 1, Issue 1, March, 2006.

Palti, Elías José, "The Nation as a Problem: Historians and the 'National Question'", in *History and Theory*, October, 2001.

Pannikar, K. M., *Asia and Western Dominance*, London, 1953.

Pollmann, Thijs, "Coherence and Ambiguity in History", in *History and Theory*, Vol. 39, May, 2000.

Radkau, Joachim, *Nature and Power: A Global History of the Environment*, translated by Thomas Dunlap, Cambridge University Press,

2008.

Robertson, Robbie, *The Three Waves of Globalization: A History of a Developing Global Consciousness*, London: Zed, 2003.

Robertson, R., *Globalization: Social Theory and Global Culture*, London, 1992.

Roupp, Heidi, ed., *Teaching World History in the Twenty-first Century*, Taylor & Francis, 2010.

Rupert, Mark, Smith, Hazel, eds., *Historical Materialism and Globalization*, London and New York, 2002.

Sachsenmaier, Dominic, *Global Perspectives on Global History: Theories and Approaches in a Connected World*, Cambridge, 2011.

Sachsenmaier, Dominic, "Global History: Challenges and Constraints", in Donald A. Yerxa, ed., *Recent Themes in World History and the History of the West*, The University of South Carolina Press, 2009.

Sachsenmaier, Dominic, "World History as Ecumenical History?", in *Journal of World History*, Vol. 18, No. 4, 2007.

Schatzki, Theodore R., "Nature and Technology in History", in *History and Theory*, Theme Issue 42, December, 2003.

Schinkel, Anders, "History and Historiography in Process", in *History and Theory*, Vol. 43, February, 2004.

Schneider, Axel, Woolf, Daniel, eds., *The Oxford History of Historical Writing*, Volume 5: *Historical Writing Since 1945*, Oxford University Press, 2011.

Scholliers, Peter, et al., eds., *Writing Food History: A Global Perspective*, Berg Publishers, 2012.

Schuurman, Frans J., ed., *Globalization and Development Studies*, London, 2001.

Skocpol, T., ed., *Vision and Method in Historical Sociology*, Cambridge, 1984.

Spakowski, Nicola, "National Aspirations on a Global Stage: Concepts of

World/Global History in Contemporary China", in *Journal of Global History*, Volume 4, Issue 3, November, 2009.

Stavrianos, L. S., Andrews, Loretta Kreider, et al., *A Global History of Man*, Boston, Allyn and Bacon, 1962.

Stavrianos, L. S., "Review: *The Rise of the West: A History of the Human Community* by William H. McNeill", in *The American Historical Review*, Vol. 69, No. 3, Apr., 1964.

Stavrianos, L. S., "Review: *An Introduction to Contemporary History* by Geoffrey Barraclough", in *The Journal of Modern History*, Vol. 37, No. 2, Jun., 1965.

Stavrianos, L. S., "The Teaching of World History", in *The History Teacher*, Vol. 3, No. 1, Nov., 1969.

Stavrianos, L. S., "The Teaching of World History", in *The Journal of Modern History*, Vol. 31, No. 2, Jun., 1959.

Stearns, Peter N., *Globalization in World History*, London and New York: Routledge, 2010.

Stearns, Peter N., Seixas, Peter, Wineburg, Sam, eds., *Knowing, Teaching, and Learning History: National and International Perspectives*, New York University Press, 2000.

Stearns, Peter N., *Western Civilization in World History*, Routledge Publisher, 2003.

Stearns, Peter N., *World History, The Basics*, Routledge, 2011.

Stein, Robert M., "The Task of the Historian", in *History and Theory*, Vol. 40, May, 2001.

Stuchtey, Benedikt, Fuchs, Eckhardt, eds., *Writing World History 1800–2000*, Oxford University Press, 2003.

Stueber, Karsten R., "The Psychological Basis of Historical Explanation: Reenactment, Simulation, and the Fusion of Horizons", in *History and Theory*, Vol. 41, February, 2002.

Suarez, Michael F., S. J., Woudhuysen, H. R., eds., *The Book: A*

Global History, Oxford University Press, 2013.

The 19th International Congress of Historical Sciences, OSLO, 2000.

Tignor, Robert, Adelman, Jeremy, Aron, Stephen, et al., *Worlds Together, Worlds Apart: A History of the World from the Beginnings of Humankind to the Present*, W. W. Norton & Company, 2008.

Tosh, John, ed., *Historians on History*, Second Edition, Taylor & Francis, 2009.

Tucker, Aviezer, "The Future of the Philosophy of Historiography", in *History and Theory*, Vol. 40, February, 2001.

Wang, Q. E., "Encountering the World: China and Its Other (s) in Historical Narratives, 1949–89", in *Journal of World History*, Vol. 14, No. 3, 2003.

Wang, Q. E., "History, Space, and Ethnicity: The Chinese Worldview", in *Journal of World History*, Vol. 10, No. 2, 1999.

Weber, Erik, De Mey, Tim, "Explanation and Thought Experiments in History", in *History and Theory*, Vol. 42, February, 2003.

Weymans, Wim, "Michel de Certeau and the Limits of Historical Representation", in *History and Theory*, Vol. 43, May, 2004.

Wolf, Eric R., *Europe and the People Without History*, University of California Press, 2010.

Wood, Ellen Meiksins, *The Origin of Capitalism*, Monthly Review Press, 1999.

Woolf, Daniel, *A Global History of History*, Cambridge University Press, 2011.

Woolf, Stuart, "Europe and Its Historians", in *Contemporary European History*, Vol. 12, No. 3, Aug., 2003.

World Bank, *Global Economic Prospects and the Developing Countries*, Washington, D. C., 1992.

Wright, Donald R., *The World and a Very Small Place in Africa*, Taylor & Francis, 2010.